犁齋法制史料叢編之二

景印大理院民事判例百選

黃源盛 纂輯

黃源盛教授纂輯民初大理院民事判例真跡景印百選序

*黃靜嘉

大理院之存續在民國初年之北洋政府時期，期間為一九一二至一九二八年，約達十七年之久。嗣國民政府定都南京，該大理院之功能，即由新設的最高法院所取代。按我國第一部現代化民法典各編，係於一九二九及三〇年間，由國民政府立法院在南京所制定，並於一九二九、一九三〇年及一九三一年五月先後施行。故自斯時起始，最高法院審理民事案件，已有該民法典可資準據。惟在大理院存立的十七年間，就民事案件，其所適用的制定法源（Statutory Law），限於《大清現行刑律》中的民事有效部分與少數特別民事法規。大理院於其適用各該制定法源之過程中，並行使了篩選、取捨及修正之權。又大理院就其適用之條理法源，則多採擇歷次之民律草案之相關規定，不啻賦與「準民法」法典之地位。回顧此後歷史，大理院可謂曾以其判決為日後國府新民法之過渡，或為之完成了若干先期工作。

由於上述之原因，為研究瞭解我國現代化的民事法制之演進，大理院之民事判例，誠為不可或少的參考資料。多年來，坊間僅有郭衛先生編輯之《大理院判決例全書》（台北：成文出版社，一九七

* 作者曾任中國法制史學會理事長，現任聯合法律事務所所長。

二年台一版）。該書所收民事判例，約占全書近一半篇幅。惟該全書所收入者並非各該原判例之全文，而僅為抽離案情事實之「判決要旨」，亦無從窺知作成判決之法曹，於達成其結論前其推理之依據及論辯過程，誠為莫大憾事。幸經黃源盛教授自南京「中國第二歷史檔案館」取得現存大理院判例之全文，並經整編就緒，預期繼本書首選之百例之後，所有現存判決例之全文「標點版」亦期盼能在短期內得以問世，以慰學人之渴望。

本書係就現存大理院全部判決真跡，選出其中百案予以景印，俾法學者得快先睹。當日此種判決之原文，均係以楷書工筆繕寫，一字不苟。邏輯推理及文字表達，亦具相當水準。更正之處，並經相關人員加蓋名章，以示負責。凡此，均可看出當日該院法曹及吏員之敬業及嚴謹。其相關人員之楷書書法，顯出一種美感與水準。此於當日或不足為奇，且為那時官署依常規處事之定型作品。茲值二十一世紀之初葉，身為迭經鉅大世變之孑遺，觸摸並檢視八十餘年前大理院法曹及吏員之案牘舊跡。回想昔日國事蜩螗，京華煙雲，瀰漫不確定之感，且常有欠薪之事，法曹及吏員在生計上常朝不保夕。他們仍兢兢業業，黽勉從事。心念法制之締造及提升，為長期累積努力之成果。今日之司法雖仍多令人詬病之處，然仍可謂規模粗具，而充分法治的公民社會，尚非遙不可及。回顧來時路，仍不能不對這些前人，由衷感到一些敬意也。

二〇〇七年除夕　新加坡凱悅酒店旅次　時年八十又三

代序

——民初大理院民事審判法源

*黃源盛

一、緒說

在長達兩千多年的傳統中國法制長廊裡，儘管王朝遞嬗，立法頻仍，但始終未曾出現過一部獨立的「民法典」。觀乎歷朝歷代所頒布的法典，從李悝的《法經》（西元前四〇六年）到清末的《大清現行刑律》（一九一〇年），以當今的法律分類概念，基本上，性質均屬「刑法典」；祇不過，這些法典的內容往往涵蓋了有關民事、訴訟和行政等方面的規範事項，並且大都以刑罰制裁作為其法律效果，因而有被稱為「諸法合體，民刑不分」者。實際上，傳統中國法制究竟有無「民法」？如果有，是「民刑不分」？還是「民刑有分」？抑或「不分之中又有分」？說法並不一致[一]。

---

* 本書纂輯者，現任國立政治大學法律學系教授、中央研究院歷史語言研究所兼任研究員。

一 關於此類問題的論述，楊鴻烈謂：「如以中國上下幾千年長久的歷史和幾百種的成文法典而論，公法典佔絕大的部分，純粹的私法典簡直找不出一部，在現時應該算是私法典規定的事項也包含在這些公法典裡面，從來沒有以爲是特種法典而獨立編纂的。……」詳參氏著，《中國法律思想史》，（台北：台灣商務，民國八十二年三月版），頁從法制歷史的發展面看來，在任何國家的法史學研究中，對於「法的淵源」之探討都是不可或缺的，甚至是首要的課題；可以說，法制史的研究是從對「法的淵源」論述開始的。關於「法的淵源」，一般習稱為「法源」，其含義有廣有狹，有哲學性意義的法源、歷史性意義的法源以及形式性意義的法源等說，本文指的是裁判官所據以為判決的審判依據，亦即法規範的存在形式。而有關「法源」的解析，有著一條必經的途徑，就是要著眼於現實的訴訟場景，透過裁判案例，來揭示什麼是被當作審判的依據[二]？

四〇〇—四〇三。張晉藩曾指出：「在豐富而又悠久的中國古代法律史中，雖無現代民法的概念，但卻存在著財產關係與人身關係和相應的法律調整……有人甚至斷言，中國古代沒有民法，只有刑法，顯然這是不符合中國法律歷史的實際的。」詳參張氏著，《清代民法綜論》（北京：中國政法大學出版社，一九九八年二月），頁一。此外，日本學者寺田浩明研究清代司法制度，認爲雖不存在現代所謂「民事審判程序」與「刑事審判程序」之類程序性質上的區分，但事實上仍有以民事案件和微罪案件爲主要對象，州縣地方官就擁有最終處理權限的「州縣自理」審判，和以較重大的犯罪案件爲對象，程序上採取「必要的覆審制」，在州縣以上的不同級別分配最終處理權限的「命盜重案」審判，而從清代的訴訟檔案也可發現，當事人的狀紙上分別加蓋有「刑」或「錢」字樣。凡上種種，似可證明，傳統法制有類似於「民事」或「刑事」的區分。以上詳參寺田浩明，〈清代司法制度研究における法の位置付けについて〉載日本，《思想》，第七百九十二號，（東京：岩波，一九九〇年六月），頁一七九—一九六。另參閱田濤、許傳璽、王宏治編，《黃岩訴訟檔案與調查報告》（上卷，黃岩訴訟檔案）（北京：法律出版社，二〇〇四年十一月），頁二七六、二七八、二八一、二八二、二八三、二八七、二八八、二八九、二九〇、二九二、二九三、二九四等。

二　參閱滋賀秀三，《清代中国の法と裁判》，其中第四，〈民事的法源の概括的検討——情・理・法〉，頁二六三—三〇四。（東京：創文社，昭和五十九年（一九八四）十二月）。大村敦志，《法源・解釈・民法学》，頁二一一—七八（東京：有斐閣，一九九五年十二月）。另參閱張正學，〈法院判斷民事案件適用之法則〉，載《法律評論》，第帝制中國時期，並無一部當代意義的正式「民法典」，這已是不爭之論，問題是，沒有「民法典」是一回事，有無「民事規範」又是一回事；即使有「民事規範」，其間有無所謂「權利與義務」的內涵呢？如果有，那是什麼？如果沒有，那又是為什麼？及至晚清變法修律期間（一九〇二—一九一一年），在法理派「參考古今，博稽中外」的強力主導下，引進西方近代法典編纂技術，舶來「六法」區分的概念，清政府才於一九一一年九月完稿《大清民律草案》，這是中國法制史上首部民事實體法，但也未及頒布，清廷已傾。不禁想問：當時審判官員在面對具體案件時，到底是如何理解所謂「理之曲直」或「罪之有無」的民．刑界限？有關這些問題，深刻論述不多，見解也很多樣[三]。

之前，我曾以民初北洋政府時期（一九一二—一九二八年）的最高審判機關「大理院」為例，作過些初探的工作[四]。循著這個脈絡，本文對於傳統中國法制中有無「民法」一事，囿於主題，不擬論列。僅想針對清末司法新制，如何從「民刑混沌」到「民刑分立」的嚆矢與轉化作扼要的敘述；而最主要者，想針對民初大理院民事裁判的「法源性」再做進一步的闡明。尤其，要對下列幾個問題作一些精進的思考：在立法功能不彰及成文法闕如的年代，大理院如何去探尋民事規範的法源？當法源相

二四九—二五〇期，（民國十七年四月八日及十五日）。

三　關於這一課題的綜合分析，請參閱徐忠明，〈關於中國古代「民法」問題借題發揮〉，收於氏著，《思考與批評：解讀中國法律文化》，頁一〇五—一三四，（北京：法律出版社，二〇〇〇年十月）。

四　詳參黃源盛，〈民初大理院司法檔案的典藏整理與研究〉，載台北，《政大法學評論》，第五十九期，一九九八年六月。再參〈民初大理院〉，載台北，《政大法學評論》，第六〇期，一九九八年十二月。另參〈民初大理院關於民事習慣判例之研究〉，載台北，《政大法學評論》，第六十三期，二〇〇〇年六月。

互衝突時，規範間的效力高下又該如何解決？在民國初期，帝制中國的最後一部傳統刑法典《大清現行刑律》，如何改頭換面，變成民事裁判的法源依據？大理院時期「判例要旨」的性質是否屬英美法系中的判例法（Case law）？民國正式的「民法典」尚未出世前，曾有《大清民律草案》的編纂，該部民律草案的性質及地位究竟該如何看待？此外，大理院的民事判決先例在法學方法上的運用，究竟留給世人哪些值得省思的課題？

二、晚清「民刑分立」的立法濫觴與司法實踐

有清末季，沈家本（一八四〇—一九一三年）膺命修律後，考慮到新刑典的制定，非旦夕所能完成，也洞察到推行新律的社會條件並未成熟，禮教派人士對草擬中的《大清新刑律》尤橫加阻撓，而舊有的《大清律例》又未合時用。在「新律之頒布，尚須時日，則舊律之刪訂，萬難再緩」的前提下；光緒三十四年（一九〇八年）正月二十九日，修訂法律大臣沈家本、俞廉三等奏請重新進行以前因更改官制、人員調動而中止的對《大清律例》的全面改造工作，期能完成修改、修併、移併及續纂等項。奏云：

家本上年進呈刑律，專以折衝樽俎，模範列強為宗旨。惟是刑罰與教育互為盈朒，如教育未能普及，驟行輕典，似難收弼教之功。且審判之人才、警察之規程、監獄之制度，在在與刑法相維繫，雖經漸次培養設立，究未悉臻完善。論嬗遞之理，新律固為後日所必行，而實施之期，殊非

急迫可以從事。考日本未行新刑法以前，折衷我國刑律，頒行《新律綱領》，一洗幕府武健嚴酷之風，繼復酌採歐制，頒行《改定律例》三百餘條，以補綱領所未備，維持於新舊之間，成效昭著。五

至此，沈氏乃師法鄰國日本往例，將局部修改《大清律例》的原初計畫，提昇為綜核現在通行章程，而對舊有律例做全盤性的大翻修。同時，為使《大清律例》能貫徹其為刑事法典的單純本務，乃定名為《現行刑律》六，企圖以漸進方式，立推行新律基礎。

五 參閱故宮博物院明清檔案部編，《清末籌備立憲檔案史料》下冊，頁八五一，（北京：中華書局，一九七九年七月）。

六 光緒三十四年正月二十九日〈修訂法律大臣沈家本等奏請編定現行刑律以立推行新律基礎摺〉。《現行刑律》的編定，名目上係指光緒三十四年正月二十九日，修訂法律大臣沈家本、俞廉三奏請編定。惟實際上此項編訂已開始於初訂律奏進之前，即光緒三十一年三月十三等日，以〈修訂法律大臣奏請先將例內應刪各條分次開單進呈摺〉，分三次奏准，共刪三百四十四條，再光緒三十三年十二月初七日，又以〈修訂法律大臣奏遵議滿漢通行刑律摺〉，奏准刪改四十九條，經此兩次刪改之律例文，因其已經奏准之故，除非被修復，當時即已確定失效，或被變更，詳參《大清法規大全》㈢卷，〈法律部〉，頁一六七九—一七四四。另參，戴炎輝，〈清現行刑律之編定〉，（上）（續），載於台北，《法學叢刊》第七十七、七十八期，（民國六十四年一、四月）。又中國歷代刑律，均泛名為「律」，從無正名為「刑律」者，《大清律例》沿《明律》之舊，於〈名例律〉之外，分為〈吏律〉、〈戶律〉、〈禮律〉、〈兵律〉、〈刑律〉、〈工律〉六門，一似〈刑律〉之外，吏、戶、禮、兵、工五律均非刑事法者。光緒三十四年，修訂法律大臣奏請編訂《現行刑律》，經憲政編查館會法部議准，《現行刑律》之名始出現，宣統二年四月初七日奉上諭頒行，其名始正。

(一) 立法開端

光緒三十四年五月十八日，憲政編查館奕劻（一八三八—一九一七年）與法部奉旨議奏沈家本等奏摺，對其修法旨趣與所採行方法表示贊同，宣統元年（一九〇九年）正月十一日，時任京師高等檢察廳檢察長的徐謙（一八七一—一九四〇年）奏請「將現行刑律參照新刑律妥為釐訂」，提出新法未實行舊律未遽廢之時，宜編定過渡法典予以調和，並提出五點具體建議：㈠分別民刑。㈡重罪減輕、輕罪加重。㈢停止贖刑。㈣婦女有罪，應與男犯同一處罰。㈤次第停止秋審[七]。同年十二月十四日，憲政編查館奏請「飭修訂法律大臣另編重訂現行律片」，重申以修訂舊律為主的漸進方式之同時，也肯定徐謙所列舉五端，請旨飭下修訂法律大臣按照徐氏所奏，再行考核中外制度，參酌本國情形，詳加討論，悉心審訂，另定體例，編《重訂現行律》。在此《重訂現行律》未頒布以前，《現行刑律》戶役內承繼、分產以及男女婚姻、典賣田宅、錢債違約各條，應屬民事者，自應遵照「奏定章程」，毋庸再科罪刑。宣統二年（一九一〇年）四月七日，法律館、憲政編查館會奏〈呈進現行刑律黃冊定本請旨頒行摺〉，《欽定大清現行刑律》頒行，律三八九條，條例一三二七條，附〈禁煙條例〉二〇條，〈秋審條款〉一六五條。在該奏摺中，奕劻特別強調：

七　詳參清史館，《大清宣統政紀實錄》，第二十六卷五、六，宣統元年正月十一日。（台北：華文書局，一九六八年。），另參陳新宇，〈「分別民刑考」—以《大清現行刑律》之編纂為中心〉，載《法制史研究》，第十期，頁二五三—二八四（台北：中國法制史學會、中央研究院歷史語言研究所主編，二〇〇六年十二月）。

《現行律》戶役內承繼、分產、婚姻、田宅、錢債各條，應屬民事者，毋再科刑，仰蒙俞允，通行在案。此本為折衷新舊，係指純粹之屬於民事者言之，若婚姻內之搶奪、姦佔及背於禮教違律嫁娶，田宅內之盜賣、強佔，錢債內之費用受寄，雖隸於戶役，揆諸新律俱屬刑事範圍之內，凡此之類均照《現行刑律》科罪，不得諉為民事案件，致涉輕縱。

可以看出，上述徐謙所奏，獲得憲政編查館的支持，尤其是其中的「分別民刑」一項。而憲政編查館所說的「奏定章程」，即是光緒三十三年（一九〇七年）十一月二十九日清廷所頒行的《各級審判廳試辦章程》[八]，該章程第一條規定：「凡審理案件分刑事、民事二項，其區別如左：一、刑事案件，凡因訴訟而審定罪之有無者，屬刑事案件。二、民事案件，凡因訴訟而審定理之曲直者，屬民事案件。」。之後，《上海地方審判廳收理民刑訴訟案件辦法通告》乃明確指出：「凡關於戶婚、田土、錢債、契約、買賣糾葛，但分理之曲直者，為民事。凡關於命盜、雜案一切違犯法律行為，定罪之輕重者，為刑事。」[九]從此，清末籌辦地方各級審判廳，分有民事專科，必須明確區分民事案件與刑事

八　宣統元年（一九〇九）十二月二十八日清廷再頒布《法院編制法》，《各級審判廳試辦章程》與《法院編制法》是清末諸省各級審判廳設立的主要法源依據，依《各級審判廳試辦章程》第一一九條規定，該章程的施行期間爲自各級審判廳開辦之日始至《法院編制法》和《民事刑事訴訟法》頒行止，然由於清廷未能及時頒行正式的訴訟法，故該章程在晚清始終有效，惟與《法院編制法》牴觸的具體條文失其效力。

九　其他例如《各級審判廳試辦章程》第十四條規定：「刑事廳票如左：一、傳票傳訊原被告及其他訴訟關係人等用之。二、拘票拘致犯徒罪以上之被告及抗傳不到或逃匿者用之。三、搜查票搜查罪人及證據用之。第十五條則規定民事廳

案件。

仔細翻閱《大清現行刑律》條文，其中確實存在著若干關於民事方面的規定，且就條文的結構形式看，也不再附予刑罰制裁的法律效果，而是獨立作為純粹的「民事」規範。當然，這樣的立法構造也並非從《大清現行刑律》才開始出現，在《大清律例》的律條中已曾有過，祇不過這一次擴大了這種趨勢[一〇]。例如〈戶役門〉•「立嫡子違法」條例：

> 無子者，許令同宗昭穆相當之姪承繼，先儘同父周親，次及大功、小功、緦麻。如俱無，方許擇立遠房及同姓為嗣。若立嗣之後，卻生子，其家產與原立子均分。并不許乞養異姓為嗣，以亂宗族。立同姓者，亦不得尊卑失序，以亂昭穆。

再如〈婚姻門〉•「男女婚姻」條例：

> 嫁娶皆由祖父母、父母主婚，祖父母、父母俱無者，從餘親主婚。其夫亡，攜女適人者，其女從母主婚。若已定婚，未及成親，而男女或有身故者，不追財禮。

票如左：一、傳票同前條第一項。二、搜查票因查封時遇有隱匿財產者者用之。」又如第三十八條規定了判決書不同的格式與內容。詳參鑄新公司編譯所編纂，《各級審判廳試辦章程》，（蘇州：編纂者刊，一九一三年四月）。

一〇　參閱《欽定大清現行刑律•戶役》「立嫡子違法」條例；以及〈婚姻〉「男女婚姻」條例，宣統二年（一九一〇）四月。

又如〈田宅門〉．「典賣田宅」條例：

告爭家財田產，但係五年以上，並雖未及五年，驗有親族寫立分書，已定出賣文約是實者，斷令照舊管業，不許重分再贖，告詞立案不行。

（二）司法轉型

清宣統年間（一九〇九—一九一一年）各行省省會，商埠審檢兩廳，已依次成立，行政司法逐漸劃分，而前面提過，終清之世，清廷始終未曾頒布過獨立的民事法典，《大清現行刑律》無論就形式結構或實質內容，主要還是刑事制裁的性質。民、刑案件究竟如何區隔？在傳統中國法制與新式歐陸法學分類交替的情境中，對於這組「民刑分立」概念的認知，各級審判廳是否能確切地掌握？以當年留存下來少量的裁判史料《各省審判廳判牘》二二來作觀察的據點，或許有助於釐清上開疑

二二 《各省審判廳判牘》又名《新刑案彙編》，是民國初年，上海法學研究社主人汪慶祺聯合社員將各省審判廳已發現之批詞、判牘、公牘之類，廣為搜羅，在一九一一年冬季編纂，一九一二年春成書。該書發行的目的，為供各省審判、檢察廳人員，與注意司法者檢閱參考之用，其內容分為〈批詞〉、〈判牘〉、〈公牘〉、〈章程〉、〈規則〉、及〈附刊〉等六門，舉凡與司法有關的資料，大部分都收錄其中。至於所錄判牘，當時實際上究是在「民事庭」或「刑事庭」中審理？無從確悉。該書原稿係由筆者影印自日本，東京大學東洋文化研究所圖書室。

義。「判牘」即判決書，是審判廳或推事對於進入訴訟程序的各類案件認定事實及適用法律，所做出的意思決定。《各省審判廳判牘》輯入清末高等及初級審判廳的一百九十五則案件，依照《大清現行刑律》的體例列置，計編成〈戶婚〉、〈田宅〉、〈錢債〉、〈人命〉、〈族制〉、〈市廛〉、〈盜竊〉、〈鬥毆〉、〈訴訟〉、〈贓私〉、〈詐偽〉、〈姦拐〉、〈雜犯〉、〈禁煙〉等十四門，限於篇幅，僅舉該書判牘六，〈市廛門〉「局騙工資」一案為例：

【事實】

緣楊榮聲、周輔臣均籍隸巴縣，宣統二年正月間，楊榮聲承認法商吉利洋行做豬毛包工，立有合同，係由周輔臣擔保。殊楊榮聲僅做月餘，無銀墊辦，憑原證轉交周輔臣接包，領銀摺據當交周輔臣手執，伊幫周輔臣經理，每年工資銀壹百廿兩，生意賺折與伊無涉，書有幫工字約。至年底工竣結算，楊榮聲尚過用資銀二百兩零，推緩退還，後見周輔臣獲利甚多，自悔失計，捏稱伊認洋行包工，周輔臣係與管帳，彼此爭執投理，眾勸周輔臣給楊榮聲銀貳百兩了事，楊榮聲不休，遂以做吉利洋行包工工資及賺項共柒千餘金，均由周輔臣串通該行經理人藺澤安、陳樹勳等局騙等情赴廳起訴。經本廳牒請關道照會領事，查明該行工資實已付楚，所稱周輔臣等吞騙，應與該行無涉，覆請查照。本廳當即傳集察訊，旋因楊榮聲與周輔臣帳目糾葛，不能不澈查明晰，特移請商會查算，嗣准商會覆稱：楊榮聲承認包工，實係轉交周輔臣接包，所幫周輔臣工資業多用二百餘金，勸令周輔臣再行從厚給息，彼此未允等由前來。本廳傳案集證，覆訊明確，應即據理判決。

【判決理由】

查此案楊榮聲承包吉利洋行洗扎豬毛，原係周輔臣擔保，嗣因無銀墊辦，仍憑原證轉交周輔臣接包，此等輾轉承包在商場已成習慣，當即質之原日證人，均稱實有其事，自屬非虛。若如楊榮聲所稱周輔臣係與管帳，當在洋行上貨取銀，楊榮聲理應親身赴領，何以領銀摺據轉在周輔臣之手？其為轉交接包，毫無疑義。況幫工周輔臣又經立約畫字，本廳當庭查對筆跡，其畫押實係楊榮聲親筆，自非周輔臣偽造，楊榮聲何得於多用工銀外，反復捏情妄控？推原其故，雖由周輔臣得利過豐，艷羨生心，捏詞妄控，其情殊屬不合。惟周輔臣接包之後獲利較優，飲水思源，楊榮聲稍向分潤，亦未為過情之舉，判令周輔臣從厚幫給，以酬其情。著再幫給銀五百兩，限閏六月內繳案具領，俾斷葛藤，遵依各結完案。合同字約二紙塗銷附卷，訟費銀拾兩由楊榮聲、周輔臣分繳，此判。（民）

【評析】

本案，重慶地方審判廳在判決理由中謂：「楊榮聲承包吉利洋行洗扎豬毛，原係周輔臣擔保，嗣因無銀墊辦，仍憑原證轉交周輔臣接包，此等輾轉承包在商場已成習慣，當即質之原日證人，均稱實有其事，自屬非虛。」此為本案證據調查部分，查證此事屬實，又進一步肯認「輾轉承包」是屬民間習慣。依據民事習慣，周輔臣包工的地位既獲得確認，然而，審判廳一方面認為楊榮聲「理曲」，周輔臣「理直」。同時又云：「周輔臣接包之後，獲利較優，飲水思源，楊榮聲稍向分潤，亦未為過情之舉，判令周輔臣從厚幫給，以酬其情。」此種論證方式，是非曲直雖已判明，卻未必真正反映出權利義務的法律責任歸屬。

從上述案例看來，分明是原告楊榮聲「反復捏情妄控」被告周輔臣，目的是求財，誣告之事項包括被告「串通」洋行經理人進行「吞騙」等，如此嚴重之誣陷，究屬刑事案件或民事案件？從其判決結果言，似被歸為「民事類」，這或與本案是在「民事庭」提出有關。其實，晚清關於律例中的〈婚姻〉、〈田土〉、〈錢債〉、〈市廛〉等類案件究屬民事案件乎？刑事案件乎？具體實踐時，很難掌握明確的標準，全賴審判推事的自由裁量，此或因清末設立新式審判廳尚在幼稚時期，其據以審判之法源依據仍繼續援用《大清現行刑律》有以致之。可以說，清末雖然在各級審判廳的審理機制內區隔了民、刑案件的分類作法，但是絕大多數的審判官員，對於這套舶來的民刑區分概念，往往只是作望文生義的理解，尚無法運作自如，例如，當年主導設立天津各級審判廳的袁世凱（一八五九—一九一六年）就說：

> 各國訴訟，民刑二事，辦法迥乎不同，蓋民事只錢債細故，立法不妨從寬；刑事繫社會安危，推鞫不可不慎。[二二]

就連法部大臣在奏《酌擬各級審判廳試辦章程》時也道：

> 閭閻之釁隙，每因薄物細故而生，苟民事之判決咸宜，則刑事之消弭不少。惟向來辦理民事案件，僅限於刑法之制裁，今審判各廳既分民事為專科，自宜酌乎情理之平，以求盡乎保護治安之責。

二二　參閱袁世凱，〈保定府知府凌福彭卓異引見臚陳政績片〉，載《袁世凱奏議》，卷四十二，（天津，天津古籍出版社，一九八七）。

細細體會彼等說法，顯然認為，民法相對於刑法，只是情節輕微的「民間細故」，而無論民法或刑法規範的存在，其最終目的也無非都在於定分止爭、安寧秩序。基於這種觀念，似乎不難理解何以上引實例，勝訴的「理直」一方還要付給敗訴的「理曲」一方銀錢，此種企圖情法兩盡的「酬情」權宜措施，好似促進溫情脈脈的和諧社會的必要調節手段，從這一點看來，當時所謂「民」與「刑」之間的距離，只不過在一線之隔而已！也難怪《各省審判廳判牘》雖雜糅有民事案件，卻又名《新刑案彙編》，而在該書所收錄的二百九十五則「判牘」裡，雖在部分案件的末尾附記有分屬「民」、「刑」字樣，其中被歸為刑事者有二十九件，被歸為民事者有二十一件，但仍有一百四十五件以「留白」處理，是編纂者的疏忽？還是陷入了「理之曲直」或「罪之有無」分屬案件歸類性質的窘境？

三、民初大理院民事紛爭解決的法源順序

時至民國初期，北洋軍閥專橫，政權更迭頻繁，就刑事與民商事等法律雖先後設「法典編纂會」、「法律編查會」及「修訂法律館」等機構持續起草，但刑律仍援用蛻變自宣統二年的《大清新刑律》而成的《暫行新刑律》（一九一二年）[一三]。至於最切於人事的民商事方面，因仍無現成法典可依，而

一三 《大清新刑律》最後正式名稱為《欽定大清刑律》，惟學界多以《大清新刑律》稱之。另外，北洋政府於一九一二年設立「法典編纂會」，隸屬於法制局，一九一四年「法典編纂會」改為「法律編查會」，隸屬於司法部，一九一八年撤銷「法律編查會」，改立「修訂法律館」。至於有關《暫行新刑律》的詳細內容，請參閱黃源盛，〈民初暫行新刑律的歷史與理論〉，載台北，《刑事法雜誌》，第四十一卷六期，一九九六年十二月。

職司審判的推事又不能以法無明文而拒絕裁判，對此，其判決根據的法源性究應為何？理論與實際的運作又是如何？這是一個相當有趣，也頗值得關切的問題。

一般來說，在英美法系國家，法律係由法院創造，判決即為法源，無待深論。而在歐陸法系國家，法律係由立法機關制定，法院專司審判，其對具體案件所謂的「判決」是否即為具有約束力的法源，爭議頗多。而眾所公認，傳統中國法制，民事法向無獨立專典。綜觀《唐律》以降，歷代立法者不以刑法、民法判然分離為必要，而併合民事規範於刑律之中。自晚清變法修律以迄民國初期以來，其間雖曾二度草擬民法典，惟因均未頒行，也無正式民法典可言；而當時的制定法祇限於少數單行民事法令，當然不足以適應社會的需要。因此，民初遇有法律缺而不備時，大體上是依據下列方法加以救濟：

1. 清宣統二年四月間所頒行的《大清現行刑律》中不與共和國體相牴觸的「民事有效部分」。
2. 民國成立以後所公布的民事特別法令。
3. 民事習慣、民法草案、判例、法理及學說等。

由此看來，民國初期民事紛爭的審判依據，成文法部分主要係源自《大清現行刑律》中的「民事有效部分」及少數民事特別法規[一四]；不成文法部分則有習慣法、判例、民法草案、法理及學說等所構成。要問的是，民事審判法源的先後順序如何？該由誰來認定？依據甚麼作認定的基準？

或許是歷史的巧合，近世以來，如《德國民法第一草案》（一八八八）第一條：「法律無規定之

一四　參閱黃源盛，〈帝制中國最後一部傳統刑法典—兼論晚清刑事法近代化的過渡〉，收於《刑事法學之理想與探索㈣—甘添貴教授六秩祝壽論文集》，頁五〇五—五四六，（台北：學林出版社，二〇〇二年三月）。

事項，準用關於類似事項之規定。無類似事項之規定時，適用由法規精神所生之原則。」《瑞士民法》（一九〇七年）第一條規定：「凡在本律文字，或精神以內之事件，均受本律之支配；如審判官裁判時無可適用之律文，應依習慣法；如無習慣法，應依如審判官自為立法者時所欲定之規則，惟應斟酌於學說及法理。」日本明治八年（一八七五年）六月八日，《太政官布告》第一百零三號「裁判事務心得」第三條載稱：「於民事裁判，有成文法者，依成文法；無成文法者，依習慣；無習慣者，則推考條理而判斷之。」[一五]清末宣統三年間《大清民律草案》第一條，乃本於瑞士及日本民法（明治三一年，一八九八年）的立法例，規定「民事，本律所未規定者，依習慣法；無習慣法者，依條理。」然該草案終大理院時期並未頒布施行，值此成文法闕漏不備，而民事紛爭日益繁多之際，法院判斷案件自苦無所依據。於是，大理院的推事們，很靈敏地，於民國二年上字第六四號判例採取該條的法意，提出解決之道：

> 本院查：判斷民事案件應先依法律所規定，無法律明文者，依習慣法，無習慣法者，則依條理，蓋通例也。現在民國民法法典尚未頒行，前清《現行律》關於民事各規定繼續有效，自應根據以

一五　參閱我妻栄編集，《旧法令集》（東京：有斐閣，一九六八年），頁三二。另參閱大河純夫，〈明治八年太政官布告第一〇三號『裁判事務心得』の成立と井上毅㈠㈡㈢〉，載日本，《立命館法學》，一九八九年三・四號，一九九三年一號，一九九四年二月。另參閱野田良之，〈明治八年太政官布告第百三號第三條の『條理』についての雑觀〉，載日本，《法學協會百週年紀念論文集》，第一卷（東京：有斐閣，昭和五十八年（一九八三）十月）。

為判斷。一六

然其所謂「法律明文」、所謂「習慣法」、所謂「條理」，其涵義各為何？實質的內涵又如何？其所適用的先後次序是否絕對地不容許有例外？與帝制時期的傳統審判相比較，新舊的「法律」、「習慣法」和「條理」在「形式上」與「實質上」有何差異？大理院的民事判決究竟有何創新或進步？凡此皆在在擾人清思。茲分述如下：

(一)法律

「法律」的意義如何？依權力分立後的民主共和政體來說，應係指出自於國家權力，經有權機關以立法程序所制頒的人類社會生活規範。不過，大理院上述該判例所謂「應先依法律所規定」的「法

一六　詳參黃源盛纂輯，〈大理院民事判例全文彙編〉（點校本），第一冊，頁七—一二，二〇〇五年修訂稿版，尚未正式刊行，國立政治大學基礎法學中心典藏。迨民國七年（一九一八）大理院統字第七百九十四號解釋例，又載稱：「絕產應歸國有，律有明文，而繼承人未確定之遺產，應歸何人管理，則毫無規定，自應依法律無明文適用習慣，無習慣適用條理之原則，以資解決。」判例稱習慣法，解釋例已易爲「習慣」，至於「習慣法」與「習慣」有何區別，此處不贅。

律」，是否即採如此狹義的見解，仍須斟酌。

由於民初政局渾沌，正式憲法並未產生，惟《中華民國臨時約法》第十六條規定「中華民國之立法權以參議院行之」，第二十八條規定「參議院以國會成立之日解散，其職權由國會行之。」故依照《約法》，民初的最高立法機關自為國會，其後的《袁氏約法》或《曹錕憲法》也都明定法院有「依據法律」審判民事訴訟的義務。然十餘年來，國會隨政潮浮沈，並未能善盡立法之職，行政機關為應實際的需要，乃逕行制定各種法規，頒布施行。其有關民事者，如《國有荒地承墾條例》（一九一四年三月）、《礦業條例》（一九一四年三月）、《管理寺廟條例》（一九一五年十月）、《清理不動產典當辦法》（一九一五年十月）等，皆係中央行政機關制定頒布者。其有由省行政機關制定，呈准中央最高行政機關者，如《修正直隸巡按使呈報直省旗產圈地售租章程》（一九一五年八月）是。其有由省行政機關制定，咨明司法部者，如《奉天永佃地畝規則》（一九一八年二月）是。又有由司法機關制定，由行政機關核定者，如《京師拍賣舖底人對於房東接租暫行簡章》是[一七]。凡此等規範，無論其名稱為「條例」、為「規則」、為「章程」、為「辦法」，既為名義上「立法機關」所容許，又為實際之所需要，人民之所遵行，在這樣特殊過渡時代不得已的情勢下，謂其為廣義性質的「法律」，似也未嘗不可。

簡要地說，此之所謂「法律」，係指當時最高立法機關及經其授權或經其容許的機關所訂頒的法

一七 以上各項條規之詳細內容，請參閱蔡鴻源主編，《民國法規集成》，（合肥：黃山書社，一九九九年）。

則；包括條例、章程、命令及規則等，是當時北京政府所公布施行者，不含各省省政府所頒發施行的「省令」。

以現代法學觀念言，大抵上，「法律」的位階效力是高於「命令」的。然而，在民國初年，政局動盪、兵馬倥傯，國會經常無法正常運作的情況下，期待制頒完全符合現代「法律」形式意義的民事法規範顯然過於苛求。我們也可以從大理院眾多的民事判決中得悉，特定行政機關所頒布的「命令」是具有與「法律」相同的效力。不過，難得的是，在大理院時期，已有法律與命令區分的位階概念。經查大理院三年上字第五九五號判例，對於山主或施主處分廟產，如有正當理由，而住持、僧道無故拒絕同意，或有特別習慣法則，認許施主、山主得獨立為處分時，其效力為何？曾明確表示：

> 又況內務部公布之《寺院管理規則》第四條，雖有住持及其他關係人，非經行政長官許可，不得將寺廟財產變賣抵押之規定。然此項規則係為行政上便利起見，對於行政長官明定其應有之職權，而非對於住持及其他關係人畀以處分廟產之權利。故該條所稱住持及其他關係人，自應以習慣法則及條理上可認為有處分權者為限，是本案被上告人對於該廟產所為處分是否有效，仍不得不依前開法則為斷。

又例如大理院四年上字第二七號判決說：

> 本案上告人對於所負元本債務之存在及其數額，與夫宣統三年十二月以後之利息未行支付，均無

爭執。惟援引前直隸都督所批准之京商還債辦法，請求分年還本並停付利息。本院查民法法例，預定清償期限之債權期限到來，債權人自得向債務人請求清償，苟非得債權人同意，不能主張延長期限，此定則也。本案被上告人對於上告人所主張之債權，無論元本與利息既均經上告人承認屬實，而又逾期已久，則其債權之發生不問為何原因，按諸上開法例，自不得以上告人一面之意思，即主張延長期限。至該省行政長官對於受災商人所定之辦法，無論其內容若何，而事關私法上之權利義務，亦不過一種勸諭，決不能有拘束債務人之效力。

另如大理院統字第一三五二號，民國九年六月二十八日大理院覆總檢察廳函也明示：

本院查直隸省財政所單行條例，雖係該省省議會議決，由省令頒行。然查《省議會暫行法》，省議會議決本省單行條例之權限，以不牴觸法律命令者為限，即據省官制，省長發布之省單行章程，除係執行法律與大總統令外，並須為其所委任，亦不得與現行法令牴觸。遍查現行法律及大總統令，此項財政所單行條例，省長並無發布之權，且與《大總統令頒縣官制》第一條顯有牴觸，省議會亦即無議決此項牴觸官制之條例權限。復按行政法法理，無權限之行為與普通違背法令不同，根本上不能認為有效。

從以上幾號實務見解看來，大理院已想認真區分「法律」與「命令」的不同，認為在私法效果上，凡經法定程序所通過頒發之「命令」，與「法律」同具效力，不過，行政長官所發布的「單純命令」，倘非該省之單行章程，不但沒有拘束法院的效力，對於當事人而言，也無拘束力[一八]。

（二）習慣法

從世界法律發展演進史看，在十八世紀以前，或因法典未備，或因社會關係單純，西洋各國幾以習慣法為主要法源。迨十九世紀，各國法典的制訂如雨後春筍般的出現，司法判決乃籠罩在「法典萬能」的思潮影響下；惟二十世紀以降，社會情況多元且變遷快速，成文法已不能單獨肆應實際需要，因此習慣法與法理的地位又與日俱增，成文法、習慣與法理三者間的關係，可以說仍深切難離。

傳統中國關於民事規範，如親屬、繼承及物權關係等規定，亦大多淵源於習慣。蓋習慣之能存在，

一八　須再一提的是，大理院十一年上字第二九一號判例云：「本院按此項縣諭係督促倒號清理債務之辦法，即依前清舊制，亦不能謂有法律上之效力。」雖然此則判例是關於前清「命令」的問題，仍可看出，並非所有命令皆有法律拘束力，至少縣諭層次的命令便無拘束法院之效力，而大理院四年上字第二四六一號更謂：「本院查前清兼理司法之知縣衙門因行政上之必要，固得頒發與法律同一效果之命令，但卻不能即以命令消滅特定之債權。」大理院認爲，即使知縣衙門有發布具法律效果的命令之權，但是此乃行政的權限，並不能藉以改變當事人間私法上權利義務關係，據上述兩號判例推論，大理院似乎認爲縣知事所發布之命令，關係私法事項者並無拘束力，法院爲民事審判者，並不須受此等命令之拘束，與「教令」或「省單行章程」不可相提並論。有關民國初期民事命令的性質及其適用實態，可參考黃聖棻，〈大理院民事判決法源之研究〉，（台北：國立政治大學法律學研究所碩士論文，二〇〇三年七月），頁三七—五二。

足證人心已認知其為合理；而法律，理論上應為民意的表現，如果沒有正當理由，自不能予以漠視。且社會既有此習慣，人民必習之以為安，法律如無其他理由，徒為違反習慣的規定，適足以紛亂社會的秩序。所以，法律之順於習慣者，行之甚易；違於習慣者，自難推行；法律如無明文規定，法院依習慣以為判斷，顯然較容易於折服訴訟當事人。

不過，民初以來，習慣法僅有補充法律的效力，法院並無必須適用的義務；綜觀大理院歷來判決或判例，亦認為違背公共秩序及利益的習慣為無效。而所謂「違背公共秩序及利益」的意義，是從最廣義的解釋。非但有悖於社會安寧、公眾福址、經濟流通、公共政策及善良風俗的習慣，皆包含其內。即雖無悖於現在的利益，但足以妨礙將來文化的進步及社會發展的習慣，也不能認為有效，蓋法律並非僅以維持現在的公共秩序及利益為目的，尚具有充實文化生命的使命。例如大理院三年上字第七三三號判例謂：

> 習慣法成立要件有四，而以無背於公共秩序為要件之一。本案上告人主張之舊習，具備其他條件與否，茲姑不論，但因其船長之故意或過失所加於他人之損害而可以免責，則因貪利而為過重之積載，或過量之拖帶，將亮無民事上之責任。弁髦他人之生命、財產，其弊何可勝言！是故，此項舊習即使屬實，而為公共秩序計，亦斷難予以法之效力。一九

一九　參閱同上註十六，黃源盛纂輯，前揭書，第一冊，頁二六。

在水上客貨運輸的過程中，船長因故意或過失致造成他人之損害，對於此種損害賠償的案件，《大清現行刑律》中並無明文，必須依習慣法或條理加以裁判。而按照水鄉舊習慣，或許基於水上運送的高風險考量，船長雖有故意或過失致人損害的後果，並不負賠償責任。如此，舊習慣在利益的衡量上明顯輕重失衡，對於運送人過於保障，而輕忽乘客或受託人的權利，此舉無異鼓勵船長貪利而為過重之積載或過量拖帶。衡諸近代民法「過失原理」，有損害之過失及損害結果，侵權行為人就應負損害賠償責任；尤其，考慮乘客或受託人的生命、財產利益應凌駕於船主所負擔之水上運送高風險，本案大理院最終為求維護公共秩序，斷然否定了舊習慣的適法效力。

又例如大理院四年上字第二八二號判例，對於湖南瀏邑習慣，凡賣業必先儘親房，外姓不得逕行奪買之案，表示：

> 賣業先儘親房之說，則以該邑習慣為據，茲姑不論是否有此項習慣之存在，既屬限制所有權之作用，則於經濟上流通及地方之發達均有障礙，亦難認為有法之效力。[20]

實質上來看，習慣固以多年慣行的事實及普遍一般人的確信心為其基礎，惟在形式上，仍須透過法院的適用，始能認其具有法的效力。大理院為杜絕爭議，早在二年上字第三號的判例，對於習慣法

二〇　參閱同上註一六，黃源盛纂輯，前揭書，第一冊，頁五五—五七。

的成立，即言其四個要件[二]：

1.要有內部要素，即人人有法之確信心；

2.要有外部要素，即於一定期間內，就同一事項反覆為同一之行為；

3.要係法令所未規定之事項；

4.要無悖於公共秩序及利益。

本案係爭事實，源於吉林舊慣，凡土地買賣，本族、本旗、本屯有先買之權，必此項人無意購買，始得外賣。大理院認為：此種習慣不僅限制所有權的處分作用，即與經濟的流通與地方的發達均不無障礙，為公共之秩序及利益計，斷難予以法之效力。

其後，大理院又於六年上字第一四二二號判例中，再度明示：

> 習慣法之成立，固以多年慣行之事實及普通一般人之確信心為其基礎，而此項事實與確信心尤必為法所未定之事項，或與法律規定有特異之點，始得認其成立。如多年慣行之事實及普通一般人之確信心，與當時通行之法規全然符合者，則不過為人民奉行法規之事實與法規之印象，而不能於法規以外，成為獨立之習慣法，毫無可疑。

二 參閱同上註一六，黃源盛纂輯，前揭書，第一冊，頁一—六。

但是，上述這些要件都只是習慣法成立的內容實質要件，對於幅員遼廣的中國而言，「十里不同俗，百里不同風」，習慣法應否更具有地理區域的要件？該由誰來負舉證責任？如何為證據調查？而習慣法的效力是否一律應優於「條理」？尤其，大理院的判決動輒以所謂「公共秩序」、「公共利益」、「經濟秩序」、「交易安全」等近代西方民法新的概念來作為過濾、淘汰舊習慣的理由，對於一已行之久遠，且為某特定族群所充分確信的習慣，是否會傷及人民的法律生活感情而扞格難入？就民初法制實態而言，是個頗費思量的難題。

實際上，民初的中國社會是一個無數舊勢力應改造而未改造，無數新勢力求生而不得生的時期。部分既存的習慣，常常與社會現實的需要相反，而成為社會上許多新制度與新事業發展的障礙，在此種情境下，身為司法機關龍頭的大理院乃掌握了契機，往往在判決中巧妙運用，直接或間接促進這些習慣的改變，似乎不再給這些所謂「不良習慣」有被適用的機會。

傳統中國關於民事的規範，歷來既甚多存於習慣；在新的民法典未頒佈以前，法院誠有不能不援用習慣的理由。而大理院時期是否大量的採行「習慣」，以做為審判的根據？對於所謂「有背於公共秩序及利益」的習慣，又採取了哪些革新的態度？習慣是否須經司法機關適用於裁判後，始具有法律上的效力？凡此種種，已另有專章詳細論列過[二二]，此處不贅。

二二　參閱黃源盛，〈民國初期的民事審判與民間習慣—以大理院裁判史料爲中心的考察〉，收於《法制與禮俗》（台北：中央研究院歷史語言研究所國際會議論文集，二〇〇二年六月）。

（三）條理

條理，有稱之為「法理」者，係指自法的根本精神演繹而得的普遍理則。簡單地說，「法理」是法之所以為法的理由或依據，也可以說是法的基礎和必備的要素。即適應時代環境需要，合乎理性的公平正義規則，它是法律價值的淵源，含有系統的自然法則之意。其性質為主觀乎？客觀乎？學說至為紛歧二三。一般而言，主觀的公平正義觀念不能人人盡同，往往因人性論、歷史觀、價值觀甚至方法論而殊異其趣。倘審判官能任意依其主觀的理念為斷案的基礎，則易流於專橫武斷，甚至涉於離奇荒

二三 關於「法理」與「條理」有無分別，說法不一。有認爲兩者意義不同者，其說略以「法理」乃指「客觀的正當法理」而言，而「條理」則係指「主觀的自然道理」而言，參閱黃右昌，《民法總則詮解》（台北，黃宏建出版，一九六〇），頁六四。按日本法律通稱爲「條理」，《大清民律草案》前三編爲日籍修律顧問松岡義正所起草，其〈總則編〉開宗明義之第一條，或即根據於日本的「裁判事務心得」，及一八九八年之《日本民法》立法例而來。其立法理由說：「條理者，乃推定社會上必應之處置也，例如事親以孝，及一切當然應遵守者皆是。」此顯然是採狹義的解釋。至於何謂「法理」？向來學者眾說紛紜，有謂「法理」，即事物當然之理者；有謂「法理」，即從法律全體精神所生之原理者。有以爲「法理」，係指法律通常之理（General Principle of Law）而言，與事物當然之理固有不同，即與從法律全體精神所生之原理亦屬有異。詳參胡長清，《中國民法總論》（上海：商務印書館，民國二十三年），頁三二—三三。此外，張偉仁對「法和法理」也有深刻的論述，詳閱氏著，〈中國傳統的司法和法學〉，載《法制史研究》，第九期（台北：中國法制史學會．中央研究院歷史語言所主編，二〇〇六年六月），頁二〇七—二〇九。又有關「法理」在民事法上之地位，詳參黃茂榮，《法律漏洞及其補充的方法》（台北：植根法學叢書，基礎法學㈠，一九八七年八月），頁九七—一一六。

誕。當事人上訴時，又易為上級法院所廢棄；訴訟當事人所信的公平正義，反不易求得，而判決基礎亦易生搖盪不定的狀態。所以，審判官的採用條理，不得不取則於外界，應尋取社會一般所信的合乎「天理人情」等具普遍性與恆久性的是非善惡準則，以為斷案的標準。然此種準則何自而生？何自而來？又不一其說。

據觀察，大理院實際上所採用的條理，除《大清民律草案》及《民國民法草案》等兩次草案內容曾做為條理，酌採適用外，其淵源之犖犖著者，尚有如下數端：⑴大理院判例、⑵法律的類推適用、⑶學說見解、⑷外國的法例、⑸義理與倫理道德規範等，在此無法一一細說。其中，最有爭議的是，「判例」的性質到底何屬？在本文的後階段將有較詳細的論說。茲先舉大理院二年上字第六四號判決為例：

依《大清現行刑律》「民事有效部分」的「立嫡子違法」條，不准立異姓子為嗣。而該案例中，有伍何氏買異姓兒為嗣孫，其行為是否違反「強行法規」而無效？其後所選任之「監護人」，是否具有法律上之效力？大理院判曰：

本院查：判斷民事案件應先依法律所規定，無法律明文者，依習慣法；無習慣法者，則依條理，蓋通例也。現在民國民法典尚未頒布，前清《現行律》關於民事各規定繼續有效，自應根據已為判斷。至反於強行法規之行為，法律上蓋認為無效，無效行為與取消行為異，審判衙門應不待當事人之聲明，當然認定其無效，即不得以之為斷定權義關係發生之淵源，此民法通理，而我國現行民事法規亦已採行者也。本案上告人所主張之遺囑及被上告人所主張之親族會，於現行法上雖

> 無直接規定，然如律例中所稱遺命戶族公議，是即遺囑及親族會之變稱，惟監護人制度毫無明文之可言，而徵諸一般通認之習慣法，則又有與其異名同實者，託孤是也。託孤不必限於同宗，由最後行親權者之意思而定，且其效力恆強於他人之推選行為，是則本案已故伍何氏對於上告人假令果有遺囑，或對於被上告人果有函託，則已無親族會選任監護人之餘地，乃被上告人主張函託，復謂其親族會選任之有效，並以己為家長，當然應認為監護人為言，此種主張自非明確認定，其託孤事實為不存在，則法律上殊無理由之可言。[二四]

在傳統法時期，有資產之人，欲保全其未成年子女的財產，並為約束其行為，通常由其父母於生前或以遺囑「託孤」；其託孤之對象，不限於親屬，即友朋、宗親、鄉黨等亦可，惟一般多由親屬中選任，且大率由伯叔父充任。此案，伍何氏買異姓兒為嗣孫，其行為是否違反「強行法規」？應依何種方式指定「監護人」？倘其行為已違反強行法規而無效，「被監護人」於法律上既非有效存在，是否無論依何方式指定何人為「監護人」均無所用？大理院為了解決紛爭，不得不盡力找尋民事法源，乃對於當代民法上的監護人制度徵諸傳統觀念上的所謂「託孤」，其對於「條理」之推闡可真用心良苦！

此外，《大清現行刑律》「民事有效部分」的「婚姻門．出妻」條，律文曰：「若夫妻不相和諧而兩願離者，不坐。」而大理院七年上字第一三二號判例說：

二四 參閱同上註一六，黃源盛纂輯，前揭書，第一冊，頁七—一二。

按現行法例，夫婦協議離異，應由自身作主，他人不能代為主持。妾與家長協議解除關係，當然應予準用。

又據大理院七年上字第一八六號判例曰：

妾與家長間名分之成立，應具備如何要件，在《現行律》並無規定明文，依據條理正當解釋，須其家長有認該女為自己正妻之外之配偶，而列為家屬之意思；而妾之方面，則須有入其家長之家，為次於正妻地位眷屬之合意，始得認該女為其家長法律上之妾，若僅男女有曖昧同居之關係，自難認其有家長與妾之名分。

夫婦之倫，合之以義，而實聯之以情，情已離者，不能強之使合，即強合之，亦無益而有害；上述律文僅規定「若夫妻不相和諧而兩願離者，不坐。」被轉化成「夫妻不相和諧得兩願離異」，觀乎大理院上開妾與家長得依協議解除關係的判例，實即由該條「類推適用」所得的「條理」。

實際上，根據粗估所得，大理院判決中運用「條理」以作為審判依據者，為數相當多，甚至有可能超過「依法律明文」或「依習慣法」者；惟其所使用的「判決用語」並未統一，最常出現者，有依「民事法理」、「民法通理」、「現行法例」、「民事法例」、「民事法條理」、「現行規例」、「現行法則」、「至當之條理」、「民事法則」、「民商事條理」、「民事法之大原則」、「一般法例」以及「民商事法例」等等。

舉例來說，誠實信用原則乃民法中重要的「法理」之一，如果從法律進程著眼，其由來已遠。「行使權利，履行義務，應依誠實及信用方法」，斯即所謂為「誠信原則」，為司法實務上最重要的概括條款，不僅具有補充、驗證實定法的機能，亦為法解釋的基準，乃法律倫理價值的最高表現，猶若滾滾紅塵中的「淳風良俗」，而被稱之為「帝王條款」。至於所謂的「情事變更原則」、「權利濫用禁止原則」、「暴利禁止原理」、「一般惡意的抗辯」、「禁止反言原則」、「不正競業禁止的法理」等，莫不源於誠信原則，也莫不受此大原則的支配。[二五]

不過，誠信原則的法理，或吸收於法律明文中，或潛藏於習慣內；終僅屬於一些抽象的價值理念，其如何能讓審判者直接適用於個別具體的案件，這是必須仔細體察的。我曾針對大理院十八則有關誠信原則的判例與解釋例，作過詳細的解析，發現大理院解釋法律疑義，往往不厭長篇累牘，論證學理，引證事實，備極精詳。至於適用法例，推闡法理，也常常能克服法律無明文，亦無習慣可援引的窘境，靈活運用法理，創造新的補充規範，尤其善用誠信原則的義理，使民事糾紛的解決益臻合理與妥當[二六]。

最後，要再回過頭來處理 個問題，即大理院判斷民事案件所適用的規範，是否嚴格遵守法律、習慣法、條理之順次而毫無例外？從大理院的判決（例）看來，倒也未必。例如依《大清現行刑律》

二五　參閱楊仁壽，《法學方法論》（台北：作者印行，民國七十五年十一月），頁一七〇—一七四。

二六　詳參黃源盛，〈大理院關於誠信原則的法理與運用〉，收於氏著，《民初法律變遷與裁判》（台北：國立政治大學法學叢書四十七，二〇〇〇年四月）。

「民事有效部分」〈婚姻門・男女婚姻〉條規定：

> 若卑幼或仕官，或價買在外，其祖父母、父母、及伯叔父母、姑兄姊自卑幼出外之後為定婚，而卑幼不知自娶妻，已成婚，仍舊為婚。尊長所定之女聽其別嫁未成婚者，從尊長所定，自定者從其別嫁違者處八等罰。仍改正。

有疑義者，倘卑幼出外，尊長在家，兩不相謀，以致各自「定婚」，究以何人所定之婚約為有效？依律文來解，應視卑幼與其所自定者已否成婚為斷。如果卑幼已與自定之女成婚，則應視為有效，而使尊長所定之女別嫁。若卑幼尚未與自定之女成婚，則應視尊長所定為有效，而使卑幼自定之女別嫁。揆其用意，乃前者所以保全其女之貞潔，後者所以重尊長之命。然若卑幼尚未與自定之女成婚，而必欲與之成婚，或尊長許其與自定之女成婚，而強尊長所定之女別嫁，均為法所不許。即使實行結婚，亦應在改正之列，蓋本律規定有強行的性質，絕不容其故意違反。

然大理院十年上字第一一五八號判決謂：

> 按之《現行律》，定婚要件實已具備，則被上告人蔣興魁與上告人之父王善經所定婚約不可謂未經成立。惟父母為未成年之子女所定之婚約，至子女成年後，苟有一方子女不同意者，為貫徹婚姻尊重當事人意思之本旨，自無強令受該婚約拘束之理。本案被上告人尊富於五歲時，經其父蔣興魁訂立婚約，現在已逾成年，執意不允，至於削髮為尼以示決絕不嫁，是被上告人蔣興魁所定

婚約雖尚有效成立，（依契約原理，契約不能履行可為請求賠償之原因。）而照上開說明，被上告人尊富已居成年，不得同意，自難強令履行，原判因尊富不願履行婚約，更進而謂婚約未經成立，顯與認定事實有所牴觸，自難認為合法[二七]。

本案所引的判決內容中，雖未顯示出是屬於卑幼外出而尊長在家，因而致尊長與卑幼各自訂婚之案情。但很明顯，這號判決仍違反上述律文的規定，而另以「貫徹婚姻尊重當事人之本旨」的條理為根據。凡此類似法律規定已不合時宜，法院不予以尊重，另依習慣或條理以為判決者，其數量究竟有多少，有待來日詳予統計。

四、民初大理院判決（例）在法學方法上的運用詮釋

近代民主法治制度的確立是以權力分立，以及以憲法為最高位階性作為前提的。帝制中國未曾有以民主制度為基礎的憲法，國家各種事權皆一統於君主，因而不存在近代意義上立法、司法、行政權力的劃分問題。但是，傳統中國法時代，國家在中央一級，也有職能的區分，而由不同的機關分別執掌行政、司法兩權。惟立法一項，一般是由臣工草擬法案，終由君主裁可頒佈，並無專門常設機關。

二七 參閱大理院十年上字第一一五八號判決，經查該號判決並未選入為「判例」。詳參黃源盛主編，《大理院民事判決彙覽》，第十九冊，影印本，未刊稿，國立政治大學法學院基礎法學中心典藏。

迨及清末，實施變法修律，光緒三十二年（一九〇六年）七月始有《宣布預備立憲諭》的頒發，九月又有「改定官制」之舉。在預備立憲和官制改革的大背景下，權力分立的雛形乃現，同年九月二十日，頒旨：「刑部著改為法部，責任司法；大理寺著改為大理院，專掌審判。」此為大理院操獨立司法權之始。

民國建立以後，基本上沿襲清末定制，同樣以大理院為最高司法審判機關。而如果依照嚴格權力分立的理論，立法與司法自應分屬不同機關職掌，裁判官在任何情形下都祇能「適用」法律，甚至在無「法」可「司」的時候，也只有知會立法機關請求立法或修法。但實際上，政府的權力運作似乎無法如此簡單的切割，何況歷史的情境畢竟是現實的；在民初的十餘年間，刑事法雖大致上有成文法可依，惟確切說來；倘若民國元年無臨時大總統的那一紙命令[二八]，該法源亦無根據；至於民商法等法律的立法則又屬特殊情況。

由於政治大環境以及立法程序和立法技術上的困難，致使一部統一的民法典始終無法產生，而部分零散的特別民事法令也缺乏統一性，如此一來，民事審判的法源依據自是困境重重。立法機關未能完成的任務，等於推委給司法機關，特別是職司最高審判機關的大理院。民國初期，大理院面對的是這樣的民事法規範多元化的局面。《大清現行刑律》「民事有效部分」、民商事特別法、民商事習慣、民法草案、外國民法的立法例與學說見解等都可以作為裁判的依據，而每一種規範又各自為標準，卻又無法涵蓋全部民事法律關係，不足以建立統一民事法律體系。雜亂無章的法規範和日滋紛繁

二八 參閱「臨時大總統元年三月十日令」，見《政府公報》（台北：文海，民國五十七年影印本）。

的民事案件，置大理院於困阨之境，卻也為大理院有所作為提供了歷史的契機。

（一）《大清現行刑律》如何換裝成民事審判的法源依據？

民國肇建以後，於紀元即行公布《暫行新刑律》（一九一二年），該律係由清宣統二年十二月間繼受歐陸法的《大清新刑律》經過刪修後而成，施行至民國十七年（一九二八年）六月方才壽終，是北洋政府統治時期始終適用的刑法典。弔詭的是，同樣制頒於宣統二年間的過渡性傳統刑法典《大清現行刑律》，在這段期間內，不但沒有完全消失於法制舞台上，反而以另一種形式活躍於民國初期的司法實務中。據查，民國甫經成立，臨時大總統即於元年三月十一日頒令：

> 現在民國法律未經議定頒布，所有從前施行之法律及新刑律，除與民國國體牴觸各條，應失效力之外，餘均暫行援用，以資信守，此令。

之後，參議院於民國元年四月三日議決：

> 嗣後，凡關於民事案件，應仍照前清《現行律》中規定各條理辦理[二九]。

二九　參閱《法令輯覽》，（北京，北京政府印鑄局編，民國六年四月）。

由以上兩項文件看來，清代施行的一切法律，除與共和國體牴觸者外，概為民國政府所承受。而這項承受，其後亦經大理院三年上字第三〇四號判例所確認：

本院按：民國民法法典尚未頒布，前清之《現行律》，除制裁部分及與國體有牴觸者外，當然繼續有效。至前清《現行律》雖名為《現行刑律》，而除普通刑事部分外，關於特別刑法、民商事及行政法之規定仍屬不少，自不能以名稱為刑律之故，即誤會其已廢。三〇

從編制體例觀察，《大清現行刑律》「民事有效部分」，依然沿襲《大清律例》的舊制，律文以門相率，門下分條，條例附於相關律文之後。或許想問，《大清現行刑律》終究是一部刑事法典，刑事規範如何轉換成民事規範而被援用？當時既未將「民事有效各條」一一抉出，纂輯成書，則何者有效？何者失效？援用時是否會取捨互異而疑義滋生？

實際上，刑法規範大部分是所謂強行的命令或禁止規定，而依近代民法理念，民事法律行為如果違反強行規定，效力或屬無效，或得撤銷。因此，這些原本屬於刑事規範的條文，自然而然地順勢轉化成民事的規定而被適用。換言之，在民國初年，若民事法律行為屬於《大清現行刑律》所不禁止的行為，例如「不坐」，則轉成為「有效」；至於被禁止的行為，通常被認定為「無效」或「得撤銷」的法律效果。例如，大理院八年上字第八三二號判例即指出：

三〇　參閱同上註一六，黃源盛纂輯，前揭書，第一冊，頁二二四—二三三。

> 民國民律未頒布以前，現行律關於民事規定除與國體有牴觸者外，當然繼續有效；即其制裁部分，如民事各款之處罰規定（例如處某等罰罪亦如之等語），亦僅不能據以處罰，關於處罰行為之效力仍應適用，以斷定其為無效或得撤銷。故若引用該律文以判斷行為之效力，而不復據以制裁當事人，則其適用法律即不得謂為錯誤。[三一]

如是，由原先的刑事規範轉換成民初用來斷定私法關係的民事規範，看來其承轉適用也有其法理脈絡可尋，並非過於突兀。從北洋政府十餘年間繼續適用《大清現行刑律》「民事有效部分」的內容及其運用實況考察，主要有「服制圖」、「服制」、「名例」、「戶役」、「田宅」、「婚姻」、「犯姦」、「錢債」、「河防」等部分。舉例來說：以「戶役門‧立嫡子違法」條做為法源者，律文載：「凡立嫡子違法者，處八等罰。其嫡妻年五十以上無子者，得立庶長子，不立長子者，罪亦同。」而大理院八年上字第二一九號判決謂：

> 按現行律例，無子立嗣不得紊亂昭穆倫序之規定，原為保護公益而設，應屬強行法規，其與此項法規相反之習慣，當然不能有法之效力。本案上告人之於孫全本係屬祖孫，昭穆並不相當，無論該地有無以孫禰祖之特別習慣，上告人均不能為全本之嗣，則當初被上告人之故翁書元兼祧全

三一 參閱同上註一六，黃源盛纂輯，前揭書，第一冊，頁八六。

本，無論是否合法，及是否由被繼人或親族會所擇立，要非上告人所能告爭。[三二]

以「婚姻門・男女婚姻」條作為法源者，如大理院八年上字第三二一號判決：

現行律載：「祖父母、父母俱無者，從餘親主婚。」等語，其於餘親主婚之順序雖未明定，然依據條理，其與訂婚男女同居而服制最近者，較別居之遠族，自應儘先有主婚之權。[三三]

以「婚姻門・妻妾失序」條做為審判依據者，如五年上字第一一六七號判決：

查現行有效之前清現行律，妻妾失序門內載：「若有妻更娶妻者，後娶之妻離異歸宗。」等語，是已有妻室之人，如果欺飾另娶，其後娶之妻，自在應行離異之列。

以「河防門．失時不修堤防」作為法源者，如大理院三年上字第五四〇號判例：

查現行有效之前清律例，關於河防內載：「若不先事修築圩岸，及雖修而失時者，處三等罰，其因而淹沒田禾者，處五等罰。」等語。尋繹律意，自係強制人民以修堤之義務無疑，現行律關堤

三二　參閱同上註一六，黃源盛纂輯，前揭書，第十冊，頁三七七—三七九。

三三　參閱同上註一六，黃源盛纂輯，前揭書，第九冊，頁一五四。

防之修築既有強行規定，即不容上告人有主張習慣之餘地。

以上相關部分，施行至民國十八年（一九二九年）十月《中華民國民法》公布施行後，才被廢止。因此，如果說，《大清現行刑律》「民事有效部分」為民初大理院時期的「實質民法」，誠有其道理在。申言之，它雖無民法典或民事法之名，然實為民事有效的實定法規範；從而，在理論上，位階高於習慣法及條理。

從實證的角度看，我們屢屢見到大理院運用《大清現行刑律》的實例，在為數相當多的大理院判決（例）上，在徵引某一「民事有效部分」時，每有「查現行律例」、「查現行有效之前清律例」、「按現行律載」等之類的用語，足以支持此項說法。據初步統計，《大清現行刑律》「民事有效部分」幾乎每一門每一條都有被大理院適用過，且有些條文還是一再被援用，顯見其重要性之一般。三四

僅管如此，「民事有效部分」終究不是以權利為本位的近代意義式的民事法律規範。而耐人尋味的是，大理院推事們常以權變的方式，用盡心力，企圖將傳統的刑律條文，透過新的法學解釋方法，使其與近代法學理論相結合；甚至時而將律文「舊瓶新裝」，以解決新時代所產生的社會紛爭問題。

此外，我們也可以清楚地發現，在大理院的判決（例）中，常有意無意地將當代民法私權利的觀念導入。雖然《大清現行刑律》是帝制中國最後一部傳統的刑法典，然而，大理院卻常透過近代歐陸

三四 詳參鄭爰諏編輯，《（清）現行律民事有效部分集解》（上海：世界書局，民國十七年十月）。另參閱黃源盛纂輯〈大清現行刑律之校註與研究〉，九十四年度行政院國家科學委員會專題研究計畫結案報告，尚未公開刊行，民國九十五年八月）。

法概念來闡釋其內涵，結果造成權利觀念得以蘊含於刑律條文之中。例如將尊長主婚制裁的相關規定，轉化成婚姻的「同意權」，大理院四年上字第一九〇七號判例：

孀婦改嫁或童養媳出嫁，未經有主婚權人主婚者，除有主婚權人得請求撤銷婚姻外，並准孀婦或童養媳撤銷，但當事人於改嫁締婚時，如達於成年而表示情願者，則不得自行主張撤銷。蓋主婚之制，本為尊重尊長權，並保護當事人之利益而設，自尊長權言之，如未經其主婚，應認其有撤銷之權，自不待言。而自當事人之利益言之，主婚之人概係關係較為親密之人，主婚既有一定，自可藉以杜絕希圖分產者之干預嫁事，而得保全其孀守或擇良改嫁之志願，故當然應認主婚人能有撤銷之權。惟當事人如果已達成年，改嫁締婚確係出自情願，並無受人誘脅之事實，而主婚之人又並未主張撤銷，固無准當事人撤銷之必要。

又如將承嗣如何處理的規定，轉化成「擇嗣權」，例如大理院三年上字第一一六〇號判例：

現行律載：「婦人夫亡無子守志者，合承夫分，須憑族長擇昭穆相當之人繼嗣。」等語，尋繹法文，其夫生存時既有立繼專權，及其亡故，則守志之婦承其夫分，亦得行擇繼之權，惟其夫得逕自立繼，而守志之婦因受以上條文限制之結果，其實施擇繼之權，原則上應經由族長行使之，至若族長或其他親族不得守志之婦之同意，而逕行為其夫立繼者，其所立之嗣，非經守志之婦確認，於法當然不發生效力。

再如將離異的事由，轉化成「離婚權」等案例，如大理院五年上字第七一七號判例：

凡妻受夫重大侮辱，實際有不堪繼續為夫婦之關係者，亦應准其離婚，以維持家庭之平和，而尊重個人之人格，至所謂重大侮辱，當然不包括輕微口角及無關重要之詈罵而言，惟如果其言語行動足以使其妻喪失社會上之人格，其所受侮辱之程度至不能忍受者，自當以重大侮辱論，如對人誣稱其妻與人私通，而其妻本為良家婦女者，即其適例。

由上述諸判例看來，大理院從原本一部缺乏私權概念的刑法典導出一系列當事人所得主張的民法上諸種權利，這不能不說是古今中外法制史上相當奇特的現象。不過，《大清現行刑律》畢竟是傳統中國刑律性質的法典，所體現的依舊是宗法倫理身分所蘊涵的秩序價值，以之用於解決民國時期的民事紛爭案件，其盡不合於社會實際，乃可想見。當茲民事法典未備之時，司審判者若仍須拘拘於此，終不免會有捉襟見肘的窘狀。例如大理院十五年上字第一四八四號判例云：

本院按：夫犯姦，通常固不可與妻犯姦並論，逕許離異。但若已因犯姦處刑，則情形又有不同，為保護妻之人格與名譽計，自應援用現行律「未婚男犯姦，聽女別嫁」之規定，許其離異。本件被上訴人因與于王氏和姦，經判決確定，處徒刑四月為不爭之事實，上訴人據此訴請離異，按諸上開說明，即得認為正當。其他所謂抑勒子婦通姦，受夫虐待遺棄等情，無論是否實在，可以不

問。[三五]

本例係離婚事件得援用《大清現行刑律》關於解除婚約規定的創例。從正面言，大理院毅然打破中國社會向來重男輕女的陋見，而闢成「夫妻齊一」的蹊徑，其正義、膽識，誠屬可敬；遺憾的是，大理院顯然陷於必須援引《大清現行刑律》以自苦，以至於無法更開懷地闡釋律文，也就不能完全迎合男女平權的時代呼聲！[三六]

（二）大理院時期的「判例」性質是否屬英美法系的判例法（Case law）？

前已屢屢述及，近代中國第一部民法典是於一九三〇年代前後，由南京國民政府的立法院所制頒。因此，在大理院存立的十七年間，就民事案件，並無一部獨立的「民法典」可資為審判的依據。從而，大理院在審理具體案件時，外觀上看來，似係「任由」法曹依其所信，就該案件為落實社會正義所應適用的具體規範與法理，形成「心證」而下判決，致有學者以之類比於英美法系國家法制下「法

三五　參閱同上註十六，黃源盛纂輯，前揭書，第九冊，頁六二一—六二三。

三六　當然，此種論斷或不免淪於「春秋責備賢者」之譏，蓋即使是美國的婦女，從一八二〇年代開始，經過近百年的爭取，遲至一九二〇年代才取得與男性平等的投票權（可見 Aileen Kraditor, The Ideas of the Woman Suffrage Movement，一八九〇—一九二〇），英國更晚，二十世紀初年的男女平權是相當有限的。

官造法」（Judge-made law）的情形，且遽認為依大理院所製作的判例性質，係屬英美法系的判例法（Case law）者[三七]。此一說法是否確當？在近代中國法制變革過程中，是否真正出現過世人所稱的英美法系國家的「判例法」？

要探討大理院時期的「判例」性質是否屬英美法系的判例法（Case Law），恐怕得先說明判斷的標準是什麼？一般來說，一個重要的標準是判例法必須符合兩個要件：⑴它是主要的法源。⑵它跟其他主要的法源係處於平行而不是等級的關係。John Henry Merryman 在其經典名著《The Civil Law Tradition》[三八]第四章〈法源〉（The Sources of Law）說：歐陸法系國家的法源有一個等級（hierarchy of sources of law），依次是憲法、法律、規章和習慣（constitution, legislation, regulations, and custom），而判例不是主要法源；英美法系國家的法源，主要是法規、判例和習慣（statutes, judicial decisions, and customary practices），就形式而言，法規（如美國某些州的州法）的權威性猶在判例之上，但在實踐時卻是平行而沒有等級的。究其實，傳統觀念中，英美及歐陸兩大法系的理論基礎及其方法論並不相同。前者審判法源以判

三七 胡長清：「縱謂自民元迄今（新民法實施），係採判例法制度亦無不可。」參閱氏著，《中國民法總論》（上海：商務印書館，民國二十三年），頁三八。另戴修瓚：「…然民商事等成文法典，多未頒行。當新舊過渡時期，不能無所遵循，大理院乃酌採歐西法理，或參照習慣，權衡折衷以爲判例。各法原創略具其中，一般國人亦視若法規，遵行已久。論其性質，實同判例法矣。」參閱郭衛編輯，《大理院判決例全書》，戴修瓚，〈序言〉，（民國二〇年六月）。另外，大理院推事鄭天錫也說：「大理院判決殆採取盎格魯薩克遜判例之法術，雖言理處，不無差異，然其準備法律規條之方法則一也。」參閱氏著，《大理院判例匯覽》，〈序言〉，（北京，民國九年），頁三。

三八 John Henry Merryman, *The civil law tradition: an introduction to the legal systems of western Europe and Latin America*, Stanford University Press，1969。

例為主，重視程序法優位，擁有獨特的法律分類與概念，在方法論上強調逐步驗證歸納的過程；而後者的審判法源顯然偏重成文法典，在法律體系方面擁有相同的分類，法律基本概念具相類似性，在方法論上注重並趨向於井然有序完整體系的演繹過程。可以這麼說，在英美法系國家法曹判案時，所探求者是應適用之具拘束力的判決先例；而歐陸法系法曹判案時，所探求者為應適用之成文法典及其附隨的法律解釋。而世人對於此兩大法系的優劣曾經爭論不休過，如今兩大法系之間，固仍存在基本性的歧異，此涉及歷史、文化與民族性諸般因素，尚難遽期其統合；但因在操作面已有相互借鏡並獲致若干折衷與調和，孰優孰劣？似乎已不再是絕對的了[三九]。

當今要再釐清的倒是，民初大理院真否採行英美法系的「判例法制」？大理院的「判例」性質該如何予以定性？這也是一個眾說紛紜的問題。

1.肯定說

就民初法制情勢而言，關於上級審判的「判例」，有無判決先例的拘束力？並無明文，《法院編制法》第四十五條，僅規定下級法院對於大理院發交的具體案件，不得違背該院法令上的意見；乍看

三九　參閱黃靜嘉，〈民初大理院及平政院之裁判檔案之整理與研究〉，收於氏著，《中國法制史論述叢稿》（北京：清華大學出版社，二〇〇六年七月），頁三二二。

之下，該院判例似無拘束一般抽象案件的效力。然同法第三十五條卻明言：「大理院長有統一解釋法令必應處置之權」。大理院院長職在綜理全院事務，由本條規定間接窺探立法者的真意，或可解為大理院有統一解釋法令之權。既有統一解釋法令之權，下級審倘違反大理院所下的判決先例，固可以破壞法令解釋之統一為理由予以撤銷，而利害關係人也可據以違反大理院的判例為理由，請求上級審變更或撤銷其判決，此就法律上的根據言，民初大理院的判例明顯有約束下級審的效力。

再就司法政策來說，民國初期，民商法典多未頒布，處理案件之人每苦於無所準據，雖說法律無明文者，可依習慣法；無習慣法者，可依條理。然習慣法常因地域而浮動不定，條理原為主觀的，可能因人而異。當時，若非有大理院的判例示其準則，判決必涉多歧，人民將不知何所適從，故創例之難，幾乎等同於立法！況國體初建，法學教育未能普及，下級審法官尚少富於經驗學識之人，此實無可諱言。倘聽其各依己見以下判決，而不以大理院的判例為其依歸，規範或將流於不安定的窘境。所以，民初大理院的判例，名實上其權威性幾與英美的判例法無異。

而從實際的情況來看，自民國二年以迄九年（一九一三—一九二〇年），幾凡有一判決即有一判例，其中尤以七年至九年，三年間所產生的判例為最多[四〇]。因彼時既乏法律明文可資依據，又無成例可以遵循，情非得已，每逢一案即成一判例。民國十年以後，判例明顯減少，此或因為已有成例可

四〇 據統計，民元以迄民十七年，大理院存續的十七年期間裡，大理院共有民事判例一千七百五十二則，而其中民國七年至民國九年，三年間所創的判例即有四百一十七則，約佔百分之二十四。

援，毋須別開新例。因此，有謂此種判例的產生實即逼近大理院的立法矣[四一]！

2. 否定說

雖然如此，仍有認為不能以大理院的判例，類比於英美法系國家之判例法者，理由何在？首先，必須再回眸一下清末民初繼受外國法的歷程。晚清實施變法修律之際，對於繼受的對象，究宜採英美法系？抑或採歐陸法系？從文獻上看來，並未產生激烈的論辯過，似乎也理順成章地在原則上決定採用歐陸型的成文法制。納悶的是，當時與沈家本共同受命膺任修訂法律大臣的伍廷芳，不但擁有英美法的法學博士學歷，又具有英國大律師（barrister）的資格[四二]，觀其所受的法學訓練，係屬英美式而非

四一　參閱余棨昌，〈民國以來新司法制度——施行之狀況及其利弊〉，載《法律評論》，第二十四期，民國十七年三月。按余氏曾任大理院推事、庭長及院長等職。

四二　伍廷芳（一八四二—一九二二），字文爵，號秩庸，廣東新會人。咸豐十一年（一八六一）畢業於香港聖保羅書院（st.Paul's College），光緒二年（一八七七）再畢業於倫敦林肯法律學院（Lincoln's Inn），獲英國大律師資格，即應香港政府之聘，爲法官兼立法局議員。一八八二年充當直隸總督北洋大臣李鴻章幕僚，一八九六年候補道任出使美、西、秘等國。一九〇二年召回，以候四京任修訂法律大臣（一九〇二—一九〇六），會辦商務大臣、外務部右侍郎、刑部右侍郎等職。一九〇七年再度出使美、墨、秘、古，兩年後被召回。一九一二年民國成立後，任南京臨時政府司法總長，一九一六年任段祺瑞內閣外交總長，一九二一年五月，孫文在廣州就職非常大總統，伍氏爲外交部長兼財政部長，一九二二年兼任廣東省長，同年病逝。主要著作有：《中華民國圖治爭議》、《美國費城大書院演說》等。詳

歐陸式的，何以未發生本位思維的實質影響？在我看來，可能原因如下：

其一、在當時世界各大法系中，要屬歐陸法系為最強勢的法律文化，而以習慣法及判例法為主的英美法系，本質上係基於經驗主義與實證主義的分析哲學思維而來，是一種由下而上的自發性法律秩序，實際上較不適合作快速而有效的立法繼受。

其二、中華法系自戰國時代李悝的《法經》以迄清季的《大清律例》，本有血脈相承的法典編纂文明，而以成文法典為核心的歐陸法系，本質上就是一種自上而下的理性設計法律秩序，它蘊含著法典的權威，比較符合中國人的法律生活感情。

其三、晚清之所以要變法修律，有很大因素是受到日本明治維新繼受歐陸法成功的啟迪，兩國地理相鄰，政體民情最為接近；而在所邀請來的外籍修律顧問中，又以日籍人士為主，這些顧問所熟稔的是日本繼受歐陸法的經驗，很自然地，清廷步上了「以日為師」的後塵。

其四、伍廷芳當時常須分身於外交事務，真正負責修律的時間相當有限[四三]，是以修律之事，始終由沈家本一手主導。而從各種修律的紀錄或結果考察，在起草近代化的法典時，伍廷芳除了在程序法

參張雲樵，《伍廷芳與清末政治改革》（台北：聯經出版社，民國七十六年四月）。另參丁賢俊，喻作鳳編，《伍廷芳集》（上、下冊）（北京，中華書局，一九九三年八月）。

四三 光緒二十八年起至光緒三十二年間（一九〇二—一九〇六），修訂法律大臣爲沈家本、伍廷芳。光緒三十二年起至宣統三年間（一九〇六—一九一一）爲沈家本、俞廉三、英瑞（滿人）。宣統三年二月以劉若曾取代沈家本。詳參錢實甫編，〈修訂法律大臣年表〉，出自《清季新設職官年表》（北京：中華書局，一九六一年），頁五七。

上曾企圖引進一些類似英美法的程序規定外[四四]，對於實體法上之採取歐陸法的路線，事實上一直沒有異詞，也從未強烈主張應採取英美法過，致晚清法律近代化的主要法典，自始係一面倒地採取歐陸法系統。

另外，前面已提過，英美法系在方法論上強調逐步驗證的歸納過程。就判例法的演進，特別是從英國法演進為美國法而論，今日英美法系之判例法制度實已浸潤了美國實用主義（Pragmatism）的色彩，即實驗→錯誤→再實驗的過程。從而，在採例案法制的國家中，終審法院的判決雖常成為實證的判例法源，但實證的判例法源並不排除上訴法院甚至初審法院的判決，而且為數不少。反觀民初大理院判例的情形，除該院的判決先例外，上訴審及初級審的判決，殊無成為實證的判例法源的可能。實際上，大理院判例的製作，很容易讓人聯想到歐陸法系國家由終審法院獨占統一解釋法令之權的制度。因此，僅就大理院在民初法制下，得獨享統一解釋法令之權這一點來說，恐怕已難屬於判例法之行列[四五]！

四四　光緒三十二年（一九〇六），修訂法律大臣沈家本、伍廷芳等模範列強、仿效西法，採取實體法與程序法分別編纂的體例，編成《刑事民事訴訟法》，奏請試行。這是中國法律史上第一部單行的訴訟法草案，全文共五章，二百六十條，採行西方的陪審制、律師制和公開審判制。上奏後，立即遭到以張之洞為首的禮教派之反對。張之洞於光緒三十三年七月，上〈遵旨復議新編刑事民事訴訟法摺〉，大加撻伐，全盤否定，清廷從張氏之議，該草案未及審議，即告廢棄。詳參張之洞、劉坤一撰，《江楚會奏變法三摺》，光緒辛丑（一九〇一）九月，兩湖書院刊本（台北：文海出版社重印）。

四五　參閱同上註三九，黃靜嘉，前揭書，頁三二七—三二八。

3. 我的看法

關於大理院「判例」的性質，歷來說法不一，除了上述的判例法肯定與否定之說外，另有習慣法說、司法解釋說以及獨立法源說[四六]等。理論上，我認為宜採「條理說」為妥。

當然，判例是不是，或者應不應該成為「條理」的一種，往往視「條理」涵義的寬狹而定。在民初，除大理院外，無論高等審判廳或地方審判廳，其所做的判決書，除送達訴訟當事人外，皆無公布之方，外界亦缺少重視法院判決先例的習慣，大理院雖有判例的刊布，然究其效力如何？法律也無規定。惟依《法院編制法》第三十五條前段規定：「大理院長有統一解釋法令必應處置之權。」是故，大理院解釋法令的解釋例，經大理院長許可刊布者，固得解為基於大理院長解釋權的作用，有拘束下級法院的效力。

四六 主張習慣法說者，有曾任大理院院長的余棨昌等，余氏謂：「判例法乃廣義習慣法之一。其所以與一般之習慣法異者，蓋一般之習慣法淵源於一般人民自己所爲之慣行，而判決法乃淵源於法院之判決。」詳參余棨昌，《民法要論總則》（北平朝陽學院，一九三三年），頁二八。主張司法解釋說者有張生，張氏認爲「大理院民事判例」不具有法源性，而「判例要旨」才具有法源性，同時認爲把民事判例及其要旨定性爲判例法、條理或習慣法均不妥當，從而主張大理院民事判例要旨其性質應爲「司法解釋」。詳參張生，《中國近代民法法典化研究》（一九〇一—一九四九）（北京：中國政法大學出版社，二〇〇四年五月），頁六六—七三。而採獨立法源此說者，有黃聖棻〈大理院民事判決法源之研究〉，同上註十八，前揭論文，頁一五二。

然民事的判決先例，大部分為「創設性的判例」（Original precedents），其性質又如何解？按此種創設的判例，係法院於法律有欠缺時，以補充方式填補其漏洞，具有創新的意義，與僅係宣言成文法或習慣法內容以明法意的所謂「宣示性的判例」（Declaratory precedents）有所不同。觀諸《大清民律草案》第一條關於民事法律適用的順序，於「法律」、「習慣法」、「條理」之外，並未明列「判例」一項即可明白，所以，「判例」在理論上，實無拘束下級法院的根據，要僅如德、法、日各國法院的判決，可做為「條理」以資參考而已。

不過，從目前留存下來的大量大理院民事判例、解釋例全文統合分析，卻不難發現大理院在運作過程中，的確具有「司法兼行立法」的準立法機能傾向。就形式上言，大理院乃試圖創造一新法律的基礎，始終抱有一種「民法法典化」的理想，企求將判例、解釋例營造成法典的形式。細細翻閱大理院民事庭所為的「判例要旨」、解釋例，雖然是針對個案進行裁斷與闡明，惟在審判者與解釋者的心目中，似乎有意形成一些「普遍的規則」，並利用這些規則，把《大清現行刑律》「民事有效部分」、民事習慣、條理都納入到一個體系中，使之折衷調合，達到內在邏輯的穩定性。舉例來說，大理院判例的編纂方式，大致上，依各編分列章次，有成文法者依其所定；無成文法而有草案者，依清末「修訂法律館」各該草案所擬。而若連草案亦闕如者，例如，不動產典權係傳統中國固有的獨立物權，與近代所謂不動產質權的性質迥異；又如習慣法上的先買權、舖底權亦為具有歷史淵源的獨立物權性質，〈物權編〉為安頓其在整個民法體系的位置，均不能不另列專章以對。

而為了避免體系內部矛盾和便於司法運用，大理院所著成的民事判例、解釋例，採用統一的樣式加以匯編。根據《大理院編輯規則》規定，民法判例、解釋例依準《大清民律草案》的體例結構，以條為單位，按照編、章、節的順序編排。收入匯編的判決例，略去具體的案件事實，只錄入具有普遍規範性的部分，稱做「判決要旨」；解釋例亦採用概括的方式收入。屬於同一節而內容相關的判決例、解釋例，判例又置於司法解釋之前。隨著判例和解釋例的日積月累，大理院的民事判解匯編，逐漸結集而形成的民事法律體系；如果說，這就是大理院的「立法成果」也不過言！其結果，「承法之人無不人手一編，每遇訟爭，則律師與審判官皆不約而同，而以『查大理院某年某字某號判決如何如何』為訟爭定讞之根據」四七。

可以覺察到，民初社會新舊思想正加速交融更替，時勢給了大理院機會，大理院似也躊躇於如何創設平允的判決例，以向社會交代；例如，關於婚姻問題，在往昔為父母代訂，當時則講婚姻自由，且因潮流所趨，離婚案件日漸增多，審判機關安能固守舊理而不為所動？尤其，新聞媒體對於新思想極力鼓吹，司法當局也絕不能不顧時代新義。本文前已提過的大理院對於婚姻案件的判決，乃以「父母為未成年之子女所定之婚約，至子女成年後，苟有一方子女不同意者，為貫澈婚姻尊重當事人意思之本旨，自無強令受該婚約拘束之理。」，形式上是「判決例」，實質上也似「立法」！

表面上看，民元至十七年以來，下級審判廳均奉大理院判例為準據，論實際情形，可以說具有法律的效力，大理院即不啻兼有最高立法的任務。不過，嚴格說來，大理院的「判例」仍有別於英美法系的「判例法」體制：

一、大理院的判例是成文法典的補充形式，僅為法院裁判時所表示的法律上見解，並非法規的本

四七　參閱同上註三七，胡長清，前揭書，頁三六以下。

體。它一般不能與成文法典的原則和規定相違背，否則無效。換言之，民初時期的民事法源有一個「等級」關係，依序是法律、習慣法、條理，判例充其量只是成文法典原則與規定的具體解釋、價值補充和漏洞補充；而英美的判例法，「判例」是主要的法源，而與其它的法源處於「平行」，而不是「等級」的關係，具有不受限制和制約的法律效力。

二、在英美法系國家法院對於先前判例的運用，常將個別判例的內容區分為不具拘束力的內容（obiter dicta）及具有拘束力，且有關法律原則與內容的闡述（ration decidendi），而且在匯編判例時，也會將各該判例內的法律原則闡述撮出摘要，作為重要的參考。而民國初期由於成文法體系的存在，以及法律賦予審判官較大的自由裁量權和類推適用的權利，在判例的適用上，並不一味地遵從「先例拘束原則」（Stare decisis）。判例雖然被下級法院廣泛援用，但並未嚴格受制於既判力的拘束。

三、民國初期的判例，只有大理院可以頒布，所頒布的判例彙編僅錄「判例要旨」，並非登刊判決全文[四八]。而又不分主旨、傍論，似「凡認為文句通順，可成為抽象之原則者，即將之摘錄為判例要旨。」此仍係抽象的結論，與條文、解釋所差無幾。反觀同時期的其他國家，無論係用判例法的英美法系國家，或以判例補充成文法的德、日法系國家，其所頒布的判例彙編，殆多就該項判決的原案，同時宣佈其系爭事實、雙方所持法律上的理由，而最後乃表明法院所認定的結論以為判決。故所謂「判例彙編」者，實應指包括事實在內的整個案例而言，絕非僅止於從判決理由中摘取數句，更易數

四八 事實上，依據《大理院編輯處規則》第六條第二項規定：《大理院公報》「登載判例解釋，其要旨及全文一併登載，無要旨可以摘記者，則無庸摘記。」可惜該公報只於民國十五年三月、六月、九月發行三期。

字，即予「著成」。必如是，建立在「事實」平等原則判例規範的合法性基礎才能顯現；也唯有如此，方能由案件的內容推知法律與社會的呼應真況。

所以，我的結論是，大理院判例的性質，從理論上言，宜屬「條理」；而從實際上看，它具有創新規範、闡釋法律及漏洞補充等功能，可以說，「實際上創例視同立法」；換言之，它具有「裁判的準立法機能」，或者可以說，有「司法兼營立法」的功能傾向，但猶不能說它就是完全等同於英美法系的判例法性質。

（三）《大清民律草案》的性質與地位宜如何看待？

除了《大清現行刑律》「民事有效部分」外，尚須提及者，還有清末宣統三年的《大清民律草案》（民律第一次草案）及民國十四年《民國民律草案》（民律第二次草案）的存在。《大清民律草案》含〈總則編〉三二三條，〈債權編〉六五四條，〈物權編〉三三九條，〈親屬編〉一四三條，〈繼承編〉一一〇條，總計一五六九條；前三編由日籍修律顧問松岡義正主導起稿，後二編則由松岡氏協同國人朱獻文、章宗元、高种、及陳籙等人負責草擬，由於在晚清變法修律期間並未通過正式的立法審議程序，也未正式公布施行，自無法律效力；因此，民初參議院否決援用該民律草案。雖然如此，綜覽大部分大理院的判決（例），可以發現，《大清民律草案》對大理院法曹在判決過程中，形成「心

證」過程的影響相當大。四九

也許，大理院的法曹以及原被告兩造的在野律師們，依他們當時所受的法學訓練，顯然是較偏於傳統中國法或歐陸法系的思維模式，因此，在處理實際訟案時，很自然地會選擇或必須去適用成文法典。但是，在正式民法典及其附屬各法尚未訂頒，只有兩次民律草案存在的情形下，又不得不想盡辦法採用此等既成的民律草案，甚至參以各該民律草案的立法原則及說明，以做為斷案的法源依據。例如大理院四年上字第二一一八號判例說：

然查失火延燒是否需有重大過失始負賠償責任，在現行法上尚屬待決問題，惟即以需有重大過失論，重大過失即欠缺輕微注意之謂，故僅需用輕微注意，即可預見有侵害他人權利之事實而竟怠於注意，不為相當之準備者，即不可不謂有重大過失。

上述所援引的條理依據，在《大清民律草案》中即可找到相同的內涵，該草案〈債權編〉第八章「侵權行為」第九百四十五條規定：「因故意或過失，侵他人之權利而不法者，於因加侵害而生之損害，負賠償之義務。前項規定，於失火事件不適用之。但失火人有重大過失者，不在此限。」該條的立法理由說：「無論何人，因故意或過失侵害他人之人格或財產而不法者，均須賠償其所受之損害，

四九　由於《民國民律草案》（民律第二次草案）草就時間已近於大理院時期的末期，致被援引以為「法理」者少，故本文暫置不論。

否則，正當權利人之利益必至有名無實。惟失火如無重大過失，必責令賠償因失火而生之重大損害，未免過酷，此本條所由設也。」詳細比對上引判例所援用的法理，幾與民法草案雷同。

例如大理院三年上字第一九五號判例：

上告人引用民律草案第一百零三條：「向對話人間之要約未定承諾期間者，非及時承諾不生效力。」第兩百零四條所謂：「要約經拒絕者，失其效力。前項規定逾兩百零二條所定之期間者，準用之。」以及第兩百零五條所謂：「承諾非對話人之要約，須於要約人所定期間，或第兩百零二條內所定期間內承諾之。」的規定，主張其所為書函要約與委任余森庭之面商要約不生效力，不負契約上之責任。

大理院指出：民法尚未頒布，民律草案條文當然不能適用，本案上告人遽引該律草案條文，主張殊難認為正當；惟本案按民事法條理而論，契約的成立，應於要約到達後相當期間內為承諾之表示，若因行為地，或當事人間之通常慣例，或要約人之意思表示，其承諾為不必通知者，則自有可認為承諾之事實時，契約始為成立，否則承諾逾相當期間，於要約既失效力後始行到達者，則惟可視承諾為新要約，其契約並不因而成立也。本案大理院雖然駁斥《大清民律草案》的直接適用，但是觀其判決理由中所謂「民事法條理」的適用結果，其實與民律草案並無太大差異。再例如大理院三年上字六七八號判例：

> 前清民律草案未經頒行，當然不能適用，即作為條理觀之，民草第五九二條所稱依市場價格約定價銀等語，亦係指買賣時當事人協議，不逕自訂定價銀而以市場之價格為所買之貨之價銀者而言，至賣主於出售貨物時，已將其所訂之價，通知於買客，而買客對於賣主所定之價，並無異議，且收受其貨物者，在法律上自可推斷買客對於賣主所定之價已合法表示同意，此項價銀於法既可認為業經買賣當事人協議訂定，即無主張增減之餘地。

可以看出，大理院其實是把《大清民律草案》的規定轉換成條理來運用，事實上，通覽大理院的大多數判決，其適用的條理縱然與民律草案相同者，也從不直接援引民律草案以對，以避免法源位階錯置的誤會。

又例如大理院十二年上字第一八九四號判例，大理院於論證受典人若善意取得典權，所有人是否應償還典價始得收回原物時，藉由第三人善意受讓盜贓物，原所有人應支付對價始可回復其物的法理，以彼喻此，說到：

> 誠以社會進化，法律觀念自亦變遷，故各國立法例及學說多變其昔日絕對保護所有權主義，而著眼於保護交易之安全，雖關於此項法則之如何應用，因觀察點各殊，尚非一致。有偏重保護交易之安全者，即無論所有人之喪失占有是否由於己意，祇須取得人於占有之始，係善意無過失，即令其取得所有權，此假稱為絕對保護交易安全主義。亦有於保護交易安全之中，仍寓保護所有權之意者，此主義復因所有人喪失其所有物之占有是否由於己意有所不同，即（一）由於己意者

（如寄託物之類），若取得人於占有之始係善意無過失時，即令其取得所有權（參照德國民法九三二至九三四條、日本民法一九二條、一九五條、瑞士民法九三零條、民律草案一二七八條）。（二）不由於己意者（如盜贓遺失物之類），其主義更細別為二：（甲）取得人在原則上不能取得所有權，尚許所有人於相當期間內請求回復原物。而例外則如取得人係由拍賣場，或公共市場販賣同一種類物品之商人善意買得者，仍不許其回復（參照德國民法九三五條、民律草案一二七九條）。（乙）無論取得占有之情形如何，應許所有人於相當期間內請求回復原物，惟取得人係於拍賣場或公共市場販賣同一種類物品之商人善意買得者，則須所有人賠償對價，始能請求回復（參照日本民法一九三及一九五條、瑞士民法九三四條），此假稱為相對保護交易安全主義。凡此種種，在學理上有無絕對之是非姑置不論，要其為所有權追及效力之一大例外，不能不審度國情，因時取捨，則可無疑。

本案，大理院認為系爭關鍵全在上訴人受典該物是否屬於善意，並認為既有判例引用即時取得之條理，以說明非因己意喪失占有（如盜贓等物），買得人苟善意買得之情形，所有人非償還其對價，不能收回原物。因此，本於相同之法理，本件甚至是起於己意喪失占有，因此受典人取得典權果係善意，所有人必須償還典價，方許其收回原物。大理院於本案判決論證時，直接述及《大清民律草案》極為罕見。

事實上，此之民律草案代表了當時外籍修律顧問及本國主持草擬法案諸碩學之士殫智竭慮、積累多年之研究調查所得的結晶。惟其既尚為「草案」階段，做為一個當時在朝的法曹，他們或基於自身的使命感，或本於法律人的理想性，在適用的過程中，企圖檢驗草案條文的妥當性，甚至企求在將來從草案制定成正式民法典時，積累可供立法者參考的依據。

細讀《大理院判決例全書》[五〇]，其匯編方式，根據《大理院編輯規則》，略去個案的具體事實，祇摘錄具有普遍規則效力的「判決理由」部分，並按照《大清民律草案》的編排體例，以條為單位，依編、章、節的結構編排。其編制體例幾與《大清民律草案》相同；想像上，大理院法曹很有可能恆將民律草案備置案頭，遇有案情及爭點相當的訟案，即援引草案的相當條文，以製作判決。另外，觀時人所編纂之《大理院法令判解分類彙要》一書[五一]，更進一步將《大清現行刑律．民事有效部分》之相關規定依附於《大清民律草案》的編排體例之中。例如有關〈戶役門〉私創庵院及私度僧道，〈田賦門〉有關寺院莊田附於第三章第三節「財團法人」項下；再如〈錢債門〉違禁取利條列於第二編〈債權〉、第一章第一節之「債權之標的」項下；再如〈錢債門〉費用受寄財產條及〈雜犯門〉失火與放火故燒人房屋條附於第二章「契約」第十三節「寄託」項下等。

至於現今在法學方法論的討論上，為解決實際法律秩序中所遭遇的有法律漏洞的不圓滿性，而有所謂的「法官造法」現象。倘以此類彼，想問的是：當大理院的法官們在從事「漏洞補充」時，他們究竟想要根據何種「條理」，來填補所遭遇到的「漏洞」？

本文在前述中曾列舉多項具體的「條理」，例如「託孤」、「夫妻不相和諧得兩願離異」乃至於

五〇　此書爲郭衛所編輯，全書僅有「判例要旨」，而缺乏「判例全文」。（台北：司法院秘書處重印，一九七八年）

五一　詳參黃榮昌編輯，《最近修正大理院法令判解分類彙要》〈民例之部〉，（上海，中華圖書館印行，民國十年八月）

「妾與家長得依協議解除關係」、「誠實信用原則」、「婚姻應尊重當事人意思」、離婚事件應採「夫妻齊一」原則等等，面對這些具體的「條理」，令人好奇的是，上述大理院在民事審判中所實際援用，並且拿來作為「漏洞補充」依據的各種「條理」，它們是否又能夠回溯，或歸納至一個可以聲稱具有圓滿性，且具有內部一致性的民事法律體系呢？如果答案是肯定的話，在當時民刑分立才剛開始推展，且又欠缺獨立民事法典的情況下，大理院的推事們究竟要如何建立，或是要到那裡去尋找這樣一套具有圓滿性的民事法律體系呢？

或許可以這麼說，在當時雖尚無成文的民法典，然於大理院推事的心目中，一部「具有圓滿性的民事法律體系」的民法典卻可能是「隱然存在」的。事實上，大理院三年統字第一四四號解釋亦稱：「民法草案雖未頒行，其中與國情及法理適合之條文，本可認為條理，斟酌採用。」雖然，此民律草案當時只能做為「條理」法源而被援用，但引用民律草案而來的「條理」，其具有的規範效力似已非一般的條理可以比擬。如果這是合理推測的話，顯然民律草案已具有「準」民法典地位的傾向[五二]。

五、結語

民國初期的法律之所以不能及時制頒，也無法適用於全國，一方面，固與國權不能統一，政府權力基礎不穩固有關；他方面，也因為各省軍閥任意制訂「法規」，干涉司法所致。北洋政府時期的大

五二 此種觀點，最早由黃靜嘉所提出，本文亦持相同看法，可參閱同上註三九，黃靜嘉，前揭書，頁三二五—三二六。

理院，在如此惡劣的大環境裡，針對當時成文法大量闕如的情勢下，能不畏其難，大膽採用判決先例補充方法，肩負起「司法兼營立法」的雙重任務，不僅維護了法制更迭的過渡，而且推動了近代中國法制的前進，誠屬不易；而「制定法」與「判例」如此巧妙的結合，亦屬民國法制的另類異彩。當下觀察，在繼受外國法初期，大理院所扮演司法機制的角色，在法制史上的意義相當特殊：

其一、晚清變法修律乃至民國肇建，嘗欲步日本後塵，創立法典，自媲德、法，然屢修屢廢，至十六年尚無所成。十餘年來，民法「立法」的樞紐，乃寄望於司法機關，大理院判例實為該期間「私法」重要的審判根據。雖然如此，當時人民法律程度尚屬幼稚，涉訟者類皆爭於事實之存否而罕爭於法律適用之當否，是以該期間的判例，其所包涵的民事法律關係，僅占整部民法的少數部分，而其成長的步調也呈現徐緩的現象。不過，從內容上看，大理院十幾年來在權衡中西法理所取得的經驗和成就，已為其後創制民法典奠下紮實的基礎。許多具有指標性意義的民事判例原則，不僅為南京國民政府的立法院創制民法所採用，司法實務上也直接成為私法審判的依據。可以說，倘若沒有大理院十多年來的努力，立法院顯然無法在初建的短短兩三年內就頒行如此龐大的民事法典。

其二、大理院法曹的出身與能力迥異於當時的下級法院，人文薈萃[五三]；判決書的製作體例與文體

五三　或許是時勢因緣，民初大理院推事的出身，大都是自幼學習科舉志業，甚至博得功名職位者，深具傳統學問根柢；更重要的是，後來有機緣再接受西方新式的法學訓練，有別於古來的「訟師」或「法匠」。據民國十一年間（一九二二）的調查所得，大理院當時共有推事四十三人，此輩法界人員中，其四十人曾留學於日本，二人曾留學於歐美，僅有一人係專研傳統中國法律者。又據十五年（一九二六）九月間〈法權會議報告書〉所載：「本委員會各委員在京及各省所見之法界人員，均似有法律訓練。現任之推事及檢察官，多數已服務在十年以上，且頗多在國外畢業，尤以日

深受外來法律文化的影響，其中尤以日本為最，而從目前所留存下來的判牘看來，可讀性的確相當高。大理院推事既然大半以上都具有國外的學經歷背景，不論是長期留學或是短期遊學，渠等對於西方近代法學的概念自然耳濡目染。由於當時的民法學多半係透過日本間接輸入，而日本無論早期的繼受法國法或中晚期的繼受德國法，都是屬於羅馬法傳統下的法律體系，因此，大理院民事裁判中整個法學概念的思維幾乎為歐陸法系所籠罩。從其判決（例）中不難發現，所謂「意思表示」、「法律行為」、「物權行為」、「債權行為」、「撤銷權」、「同意權」等概念，對於當今的法律人而言，自是相當熟悉，而這些概念在傳統中國法律體系中，卻是陌生的語彙。非常奧妙的是，這些歐陸法學新概念經常被大理院的推事們用來詮釋傳統中華法系下《大清現行刑律》裡的律文，而運作起來似乎也還算順暢。不過，從大理院諸多判決（例）中，似可依稀看到，應用現代法律名詞於訴訟中，有時可能是源於當事人或其律師在訴訟時的主張，例如前揭所引大理院二年上字第六四號判決，在該案中，上告人主張「遺囑」，被上告人主張「親族會」，此一現象似顯露出，除大理院及其他的司法機構外，當時尚有若干曾經接觸，或受現代法學名詞、觀念薰陶的人士，在「舊法新用」的轉化過程中，發揮

本為多。當一九二五年（一九三六）時，大理院推事三十二人中，二十一人係在外國畢業者。」而根據筆者的調查統計，民國元年至十六年間，包括歷任院長及推事共計七十九人，其中學經歷已查清楚者有六十六人。在這六十六人當中，留學日本法政科者四十三人，畢業自美國、英國各大學法律科者，分別為五人及四人，而出身自新式京師法律學堂者有十人，舊式科舉出身者有四人。以上資料詳參〈法權會議報告書〉，載《東方雜誌》，第二十四卷第二號，民國十六年二月。至於有關「民國大理院歷任院長及推事略歷一覽表」，詳參同上註二六，黃源盛，《民初法律變遷與裁判》，頁四〇—五六。

某種催化作用，進一步促成大理院發揮以司法判決進行「準立法」的功能。

其三、大理院在民國八年之前，可以說，幾乎大多數的判決都可以做為「判決先例」，然而自民國八年以後，開始進行「判例要旨匯覽」的編輯工作，所謂「判例」係指業經編輯選錄的判決先例，而這樣的制度也幾乎影響其後國民政府的最高法院判例制度以迄於今的台灣。所不同的是，在民法典各編於一九三〇年代陸續頒布之後，由於成文法成為民事審判的主要依據，判例的功能也就相對弱勢化。

其四、民初由於民事、刑事審判法源截然二分，而民商法典未能即時訂頒，民事糾紛案件又層出不窮，究該如何應對？讓人意外的是，繼中華法系傾圮之後，值司法方向迷茫之際，大理院的推事們憑著睿智與膽識，在一片荒野法林中摸索前進，倒也建立出一套獨特的司法運作模式。而從我們多年整編的大理院民事判決（例）看來，就司法機制轉型期而言，如何從「民刑混同」過渡到「民刑殊途」，要想探究民事審判的法源依據，其重心顯然不在「民事法典」的有無，而是要由「司法實踐」中去尋繹！

編輯凡例

一、本百選的檔案史料，選自編者所纂輯的《大理院民事判例全文彙編》（未刊稿，共二十七冊；國科會專題研究計畫「民初司法檔案整編一九一二—一九二八年」成果報告）的內容。

二、《大理院民事判例全文彙編》所蒐錄的判決全文，大部分源自南京「中國第二歷史檔案館」原檔文獻中之原卷景印本，少數來自當年度之「司法公報」或各類「法學刊物」。至於其範圍，涵蓋大理院民國元年改組時起，以迄民國十七年止，具備完整判例全文者有一二六七案。

三、本百選所輯之判例，係摭選《大理院民事判例全文彙編》中，間取其楷法遒美，甚或有法理優長者，意在保存判決原本的遺產，俾供今昔相照。

四、本百選篩選方針，有關實體內容部分，係依大理院編輯處所編《大理院判例要旨匯覽正集》、《大理院判例要旨匯覽續編》之章次排序，分為總則、債權、物權、親屬、承繼等五編，每編各再分為若干節次，每編每節儘可能均衡選取判例數案，俾參考時，易得徑途。

五、本百選均係判決原本真跡，其間若干更正處，亦係經當時大理院法曹及吏員加蓋名章，以資明證；為忠於原本，不另添加任何文字、符號，以存其真。

六、本百選於卷首置有黃靜嘉先生所寫〈黃源盛教授纂輯民初大理院民事判例真跡景印百選序〉，另有纂輯者所撰〈民初大理院民事審判法源〉一文以代序。

景印大理院民事判例百選　目次

第三編　物權

第一編 總則

第二章 人

第二節 行為能力

【大理院民事判決】七年上字第九〇三號

【判例要旨】

妻就於其所有私產為行使權利之行為，而不屬於日常家事者，固應得夫之允許，但於夫棄其妻，或夫有不能為允許之情形（如夫受刑罰執行等事），則不在此限。

七八二

七八廿二

陳燦奎

大理院民事判決七年上字第九〇五號

判決

上告人錢徐氏 江蘇吳縣人住吳殿直巷年三十二歲

右代理人陸炳章 律師

費廷璜 律師

被上告人錢子蓮 江蘇吳縣人住婁門東北街年三十歲業商

右代理人沈兆九 律師

右上告人對於中華民國六年十月十六日江蘇高等審判廳就上告人與被上告人因欵項涉訟一案所為之第二審判決聲明上告本院審理判

塗乙字

判決原編　大理院

決如左

主文

原判除確認錢蘭記蘭記存欵為上告人私產之部分外撤銷發還江蘇高等審判廳迅予更為審判

理由

查本案訟爭錢蘭記蘭記及泰記三戶之存欵（即舊乙卯年十一月間經上告人分別存在保大怡豐保元三莊之欵計保大莊原存本銀七百四十八兩一錢一分怡豐莊原存本銀五百十七兩

六錢七分保元莊原存本銀一百十九兩一錢七分五厘除錢蘭記蘭記兩户業經原判認係上告人並無不服毋庸置議外(一)泰記一户存欵是否係上告人私產(二)並上告人就其私有之存欵動本取息應否得被上告人之允許兩造猶互有爭執核閱訴訟記錄(一)原判就泰記一户存欵不認為上告人私產係以兩造在第一審因和姦涉訟案内委員調查報告書内開泰記存欵已存有三十餘年且係錢姓到莊立户等語並上告人胞弟徐肖齋(即世德)之言為[illegible][illegible]於法雖不為無據惟

塗乙字　添弍字

塗弍字

判決用紙

徐肖齋即係被上告人之妻弟上告人並竭力攻
擊其言為偏袒則其言之是否可信不無疑義仍
須得有其他印証始可據為判斷基礎究難遽因
肖齋係上告人之胞弟徑予採用[illegible][illegible]至報告書
內雖載永豫莊執事徐姓稱有當時係錢姓先後
到莊立戶之語然其嗣後到案即稱壬子年分曾
由錢徐氏（即上告人）將泰記戶換名貽記等語是
泰記戶存欵係上告人到莊換立戶名即報告書
內所稱錢姓先後到莊立戶之語不足為非上告
人私有之反証且據上告人在原審抄呈壬子年

永豫莊存總內載之兩則(粘卷)其第二十三頁既有徐泰記存欵户名至四月初一日付銀七百元九十五兩四分清訖而第五十二頁於貽記户名項下則載四月初一日收銀七百九十五兩四分是貽記户之存欵即係徐泰記名存欵之更名已無疑義泰記户存欵何以賬內冠有徐姓原審並未予以釋明遽行否認為上告人私有顯非正當又查所抄壬子年賬內第二十三頁徐泰記户項下既載有舊集過來結存銀若干字樣則徐泰記户存欵究係何時存入是否在上告人出嫁以前亦

可令繳驗舊集賬簿（查上開報告書內載執事徐姓僅稱賬簿散缺不完並未聲明絕無舊賬）以資印証且據上告人在原審主張該欵先由伊故父存於福昌旋改存裕源嗣又改存永豫等語（見六年九月十二日訴狀）則福昌裕源之賬簿又應設法調閱以期案無遁飾凡此各節均未據原審依法查究遽謂泰記存欵並非上告人私產自不足以昭折服（二）至上告人就其私有存欵動本取息應否經被上告人之允許亦互有爭執本院按現行法例妻關於其所有私產為行使權利之行為

而不屬於日常家事者固應得夫之允許但於夫棄其妻或夫有不能為允許之情形（如夫受刑罰執行等事）則不在此限本案上告人既係被上告人之妻（六年十月十一日原審筆錄上告人稱錢子蓮是丈夫是分居而仍算夫妻的被上告人亦稱尚未離婚云云）則就其私有財產行使權利固非漫無限制惟兩造既已分居據上告人主張被上告人不為養贍已同遺棄如果屬寔則上告人就其私有存欵動本取息即可毋庸經被上告人之允許即令被上告人並非不為養贍而該存欵

之利息若素以供日常家用者則上告人之取息亦非一一須得被上告人之允許今原審並未就此審究釋明遂判令上告人就私有存款行使權利須受被上告人之限制究屬不無失當亦難即予維持

據上論結本案上告不能謂全無理由應將原判一部撤銷發還江蘇高等審判廳更為審判再本案上告要旨係關於實体法上及訴訟法上之論爭按照本院現行事例以書面審理行之特為判決如右

中華民國七年八月二日

大理院民事第二庭

審判長推事 李祖虞

推事 許卓然

推事 孫鞏圻

推事 曹祖蕃

推事 胡錫安

代理大理院書記官 陳燦奎

【大理院民事判決】

十年上字第一六一一號

【判例要旨】

現行民事法規，於禁治產制度雖無明文規定，然實際上因心神喪失等情形，可認為民事無能力人者，應由其同居近親任監護人之責，而代之為法律行為。其所謂同居近親，自應先父或母，依次始及於妻，尤為一定次序。故無能力人於有必要情形處分其財產時，有母在者，即由母代理，而不能由妻越權為之，若違此與他人訂立負擔義務之契約，並不得其母之同意或追認，則應認為無效。

中華民國十年十二月十二日
判決宣告
中華民國十年十二月十三日
原本領收
書記官錢承愷

大理院民事判決十年上字第一六一一號

判決

上告人雷瑨年五十三歲江蘇松江縣人住秀南橋

右代理人張尚律師

被上告人吴心箴年五十歲江蘇嘉定縣人住黃渡鎮

右代理人張嘉鎮律師

右上告人對於中華民國十年一月二十四日江蘇高審判廳就上告人與被上告人因債務涉訟一案所為二審判決聲明上告本院審理判決如左

主文

本案上告駁回

添註壹字

上告審訟費由上告人負担

理由

查現行法於禁治産制度雖無明文規定然寔際上因心神喪失等情可認為民事限制能力人者得由其同居近親任保護之責而代之為法律行為至所謂同居近親自應先父或母依次始及於妻尤為一定順序故限制能力人於必要情形處分其財產時有母在者即由母代理而不能以妻越權為之若違此而與他人訂立負担義務之契約並不得其母之同意或追認則不僅可以撤銷而當然斥為無效此固毫不容疑者也本案上告人主張與被上告人成立借貸行為并約定以塩引印諭三件作抵經

添注壹字

改易壹字

被上告人在第一審供稱不知其事我並未押過上告人亦稱全由被上告人之妻吳奚氏接洽是立約之時被上告人確在心神喪失之際並不能獨自表意已為兩造所不爭惟此項法律行為是否吳奚氏所能代理寔為解決本案重要問題據原審依法認定被上告人夫婦乘其母吳朱氏外出即取衣物偕同赴滬被吳朱氏覺察即登報聲明被上告人病狀以防有揑冒抵借款項情事是被上告人之保護人有吳朱氏在先且未放棄其權責果使被上告人因入院醫療急需款項至將產業押借亦必得其母之同意而不能由其妻擅自代之按之前開說明本極灼著乃上告人藉口於吳奚氏之代理行為而訴請被

塗去壹字

塗去壹字

改易壹字

塗去壹字

上告人復行債務殊非合法又查本院歷來對於卑幼私擅用財之解釋凡父亡母存家產雖已入於成年之子自己管理中而有擅自處分行為苟非其母之同意或追認亦得請求撤銷故縱令被上告人寔非限制能力之人而又雖有委任其妻為之代理然既經吳朱氏不為追認此項契約亦無存在之餘地況其所借之欵由吳奚氏之姻戚趙慕良為中則被上告人家有親母豈有不知之理乃上告人等目覩被上告人臥床不語絕不遲疑而聽其妻蓋章收欵且以價值二千元之抵品竟訂三千元之借約則謂非出於惡意抑又誰欺原審雖未能根據上述法理而駁斥上告人對於被上告人之請求則委無不

當上告意旨所稱吳奚氏有無合法代理之權乃被上告人夫婦間之內部問題等語尤屬強詞爭執毫無理由據上論結本案上告應予駁回本告審訟費依本院訟費則例應由上告人負担茲本案上告合於本院現行書面審理之事例故以書面審理特為判決如右

中華民國十年十二月拾弍日

大理院民事第一庭

審判長推事潘昌煦

推事陳[illegible]

推事殷汝熊

推事張式彝

判決用紙

推事徐觀

大理院書記官錢承愷

書記官王鈞善監印

第四節　住所

【大理院民事判決】　七年上字第八六三號

【判例要旨】

為人妻者，負與夫同居之義務，固不得不以夫之住所為住所，但其夫並無住所者，則妻自得獨立設定住所，無許其夫藉口同居義務，而強其妻隨同遊浪之理。

中華民國七年七月二十三日判決宣告
中華民國七年九月六日原本領收
書記官陳爍奎

大理院民事判決七年上字第八六三號

判決

上告人羅熙雲 安徽懷甯縣人住狀元府年二十七歲

被上告人葉其蓁 籍貫同上住省城內年五十六歲業商

右上告人對於中華民國七年二月二十三日安徽高等審判廳就該上告人與被上告人因請求領妻同居涉訟一案所為第二審判決聲明上告經總檢察廳檢察官熊兆周陳述意見本院審理判決如左

主文

本案上告駁回
上告審訟費由上告人負担
理由
本案上告人娶被上告人之女為妻於民國三年成婚至民國五年上告人父羅萬青因上告人不事正業將其夫婦分出另居被上告人遂以前曾與羅萬青約定其女與上告人成婚後不得與翁姑另居等情訴上告人父子於懷甯地方審判廳旋經戚友調處被上告人暫將其女領回顧養羅萬青除按月貼給被上告人養女費銀四元外

並將其子收居營業或另謀生計由兩造具狀和解在案自後上告人即與妻同居被上告人家中仍未從事正業迨民國六年十二月間上告人因欲領妻另度被上告人不允乃以被上告人霸女逐壻等情起訴為原審合法認定之事實亦為兩造所不爭茲應解決之爭點即被上告人應否即將其女羅葉氏交由上告人領出另行居住是也本院按現行法例為人妻者負與夫同居之義務固不得不以夫之住址為住址但其夫並無住址者則妻自得獨立設定

判決司法

添一字
塗二字

住址自無許其夫藉口同居義務強其妻隨同
遊浪之理本案上告人妻羅葉氏前因上告人
游蕩失業為其父羅萬青所屏棄乃於被上告
人與上告人父子涉訟和解以後居住被上告
人家中而上告人亦即至其妻居住之所與之
同居迄今一年有餘仍未能自立門戶是上告
人妻羅葉氏之在被上告人家中居住實不啻
自為住址之設定而其自行設定住址又確係
出於上告人游蕩失所之原因則原判維持第
一審判決將上告人對於被上告人所為領妻

另度之請求予以駁回按諸前示說明尚無不當上告人飾詞上告不得謂有理由至其所稱被上告人既有將女另嫁之心何妨各從所願請即判令上告人與羅葉氏離婚惟上告人親生之子不能聽其殘害應請判歸上告人領回一節查閱訴訟記錄上告人在本案第二審辯論終結以前迄未主張及此乃向本院上告審提出此項新請求顯為法所不許應毋庸議

依上論結應將本案上告即予駁回上告審訟費按照本院訟費則例應由上告人負担再本

判決用紙　　大理院

案上告係涉及實体法並訴訟法上見解之件
故本判決依本院現行事例以書面審理行之
特為判決如右

中華民國七年七月二十三日

大理院民事第二庭

審判長推事　余棨昌

推事　胡詒穀

推事　李祖虞

推事　李棟

推事　[illegible]

大理院書記官 陳爍奎

第三章　法人

第三節　財團法人

【大理院民事判決】　七年上字第八二二號

【判例要旨】

寺廟財產應由住持管理，除獨力建設之私廟外，雖在該寺廟之原施主（或其繼承人），苟未經住持同意，亦不能因撥充公益事項經費，逕以稟官處分廟產。

華民國七年七月十日
判決宣告
中華民國七年七月廿六日
正本領收
書記官繆祿[illegible]

大理院民事判決七年上字第八二二號

判決

上告人張克明 直隸淶水縣人住瓦宅村年六十一歲村正

趙伯勛 年四十七歲業農餘同上

胡文浚 年四十一歲餘同上

王錫榮 年六十六歲餘同上

宋植彬 年三十七歲餘同上

張逢源 年三十三歲餘同上

上告人之代理人 方錫光 律師

被上告人僧純魁 直隸淶水縣人住瓦宅村高明寺年三十九歲高明寺住持

添乙字

改乙字

代理人何垚鑫律師

右上告人對於中華民國六年十一月二十九日直隸高等審判廳就上告人與被上告人因廟產訟一案所為第二審判決聲明上告本院審理判決如左

主文

本案上告駁回

上告審訟費歸上告人負担

理由

查現行法例寺廟財產應由住持管理除獨力建

添乙字

設之私廟外雖在該寺廟之原施主（或其繼承人）苟未經住持同意亦不能撥充公益事項經費徑行稟官處分廟產此正當之解釋也核閱訴訟記錄本案被上告人所管理之高明寺其遠代寺僧宗派除明成化年間有開山住持淨議清乾隆年間有住持性學僅見當時修廟碑文外雖無確實譜牒可稽然自僧真山以後其徒為定禪海禪繼之者為識峯玉峯遞嬗傳法墓碣具在被上告人為識峯弟子清光緒二十五年間領牒受戒主持該廟已近二十年之久其有管理該廟財產之權絕無疑義上告人輒以並

非淨譲嫡派等詞希圖否認其管理權殊屬無據至該廟財産除由緒榮（即真山又称珍山）及被上告人名義所置田産共二十六畝上告人並無争執外其餘高明寺名義所置之五十畝及寺内樹株查據明成化十四年清乾隆四十四年及光緒六年修廟各碑記當時除由寺僧另自捐募外南北瓦宅村衆均經先後佈施則現在上開廟産内當然含有上告人等（即南北瓦宅村衆）祖先佈施之欵固無可疑然此項佈施之款一經捐成廟産則按照上開法例其管

理之權即應屬諸住持原施主而未經住持同意即不容因辦理公益事項需款之故徑行稟官處分原審綜此各點因就被上告人業經同意之限度判令每年補助該村辦學經費京錢三十吊而將上告人處分廟產五十畝及樹株之請求駁回自係合法上告論旨殊難認為有理由

依上論結本案上告應予駁回並按照本院訟費則例應令上告人負担上告審訟費再本件上告係並無法律上正當理由終應駁回之件

因按照本院事例以書面審理之特為判決如

中華民國七年七月十日

大理院民事第三庭

審判長推事 陸鴻儀

推事 許卓然

推事 孫鞏圻

推事 林鼎章

推事 胡錫安

大理院書記官 繆祿保

【大理院民事判決】九年上字第四五八號

【判例要旨】

由公眾捐集為地方公有之寺廟，其依法成立之代表地方公益團體，於該寺產處分之當否，亦應有權過問。

中華民國九年五月一日
判決宣告
原本交到九五廿日
公告送達
書記官 徐翔

大理院民事判決九年上字第四五八號

判決

上告人 敬存公司

代理人 蕭 環 律師

劉際奎 律師

廖德典 律師

被上告人 公善保安會會員

代理人 張正國

被上告人 公益保安會會員

代理人 李雲龍 黃陂人住漢口橫堤年五十五歲

判決用紙 大理院

奎乙字

被上告人上段同益保安會會員

代理人毛楚材 漢陽人住漢口中閘口年三十六歲

被上告人中段同益保安會會員

代理人祝福亭 孝感人住漢口大火路年四十三歲

被上告人下段同益保安會會員

代理人周昱薰 夏口人住漢口安徽會館年四十三歲

張炎庚 黃陂人年五十四歲餘同上

被上告人萬全保安會會員

代理人羅敬夫 漢陽人住漢口半邊街年六十二歲

被上告人普濟保安會會員

代理人朱靜安

被上告人清真保安會會員

代理人談秉仁

右從參加人 僧法周 黃陂人住漢陽棲賢寺年五十歲

僧景雲 黃陂人住漢口熊家巷老君殿年四十九歲

共同代理人朱友英 律師

右上告人對於中華民國八年六月三十日湖北高等審判廳就上告人與被上告人等因基地涉訟一案所為第二審判決聲明上告經本院審理判決如左

判決用紙　　大理院

主文

原判撤銷本案發還湖北高等審判廳迅予更為

審判

理由

上告論旨略謂原判違法關於寔体者一關於形式者二(甲)在寔体上棲隱十方兩寺在夏口地方(漢口夾街有古廟名十方禪林係寺僧自置至今尚在(棲賢歸元兩寺在漢陽地方此乃指寺之所在地而言非謂其所有權即屬之該地方也乃控告審毫無証據貿然指為陽夏地方公有其他三寺民姑無論惟

棲隱寺基地係民承買誠不可不辨查雲舟當年賣賣賤買均由自主果係地方公有何以無人過問今日止凡主賣當然以前事為師縱就判詞所云賣于棲隱寺為十方禪林是一句監院雲舟名下為業又一句亦于陽夏地方無與況一句分作二句其不通之點有二(一)須將賣于二字作二句共用(一賣于棲隱寺為十方禪林一賣于監院雲舟名下為業)其文方有講義然此適成二買主彼此又互相牴觸(二)如以賣于二字作上句獨用則下句之首必加一歸字(歸監院雲舟名下為業)方有根據否則上下隔絕

塗六字

不通雖朱程復生亦難註釋控告審有意斷為陽夏地方公有不獨不講文氣並將雲舟名下為業之字義顛倒是非而謬解之曰僧人得代表管業不知賣于棲隱寺為十方禪林監院雲舟名下為業一語明明由賣字一氣貫到業字中間無處可分最重要者在賣于雲舟名下為業等字名下二字係根挺雲舟二字其義乃私下項之意與代表二字恰成反對為業二字又緊接名下二字其義乃指朱宏大業王權移轉於雲舟名下之[illegible]雲[illegible]而為雲舟之業不與賣主及弟三人相干之意即在言外雲舟字下所

缺二字以賣約通例衡之不外師徒禪師等字要之均無關係總以雲舟為主至棲隱寺為十方禪林監院等字不過表示雲舟係棲隱寺僧人是時身為十方禪林監院此寔自然之解釋並無牽強如謂不當請觀下文自賣之後聽憑買主蓋造自住招租管業等語足徵非指賣于棲隱寺為十方禪林又觀契後司印契尾內右給業戶僧雲舟准此等語足徵確係賣于雲舟名下為業不但此也更有僧真祥粮券足為鉄証何也真祥乃止凡之師祖（見民國三年法庭記錄止

凡供我是光緒十三年到棲隐寺所有財產均是祖業協山真祥是我師祖云云」該地如非其有而粮奏上獨載其名公然以其所有意思占有之數十年何以平穩若是雖前有夏口地方團体訟爭該地亦不過稱係光緒三十一年充公夫既曰是年充公則是年以前地為私有無疑不然何至有充公之說乃控告審又認定同治元年買地時即為陽夏地方公有適與夏口地方團体之主張大相冲突(乙)訴訟權限為搆成訴訟之要件漢口救火會不下二十餘起無一非五方雜處之客商所立故命名

曰漢口某處商團保安會既謂之漢口商團（非夏口土著人民團体）自不能與夏口地方團体（夏口土著人民團体）混而為一則係爭地是否夏口地方公有究與商團無涉乃商團竟越權為夏口地方團体代爭無論其宣佈上之主張如何而在形式上決不能認為訴訟主体雖控訴審于本案開始辯論時本有該商團無訴權之宣示（有記録）奈該商團即于翌日勾串法周景雲二僧為主參加人控訴審因又容納該商團並未拒絕確似勾串有功特以訴權償之者不思止凡由光緒三十一年為該地涉

改亡字

改七字

訟至民國五年始結案民買受後為該地三事又
涉訟三載到止年七月尾始交清地價（有民與止凡
訴訟和約及止凡收字在卷）其中十四年之久該商
團與該僧如有正當理由何以彼此均不敢參加訴訟
必待止凡領價遠行後乃相繼而與民為難夫民之
交價既猶豫數年伊等縱有訴權亦應于事前向
止凡直接行使萬不能于事後向民間接行使[illegible]
承[illegible]老契粮券與[illegible]地方團体訟爭十
餘載則其與該地之權利関係自是大而且深
民買自止凡伊等突出而干涉徵論其毫無証據

加三字

塗二字

就令有之決不能謂止凡無權利關係即不能謂止凡非本案訴訟主体而不與之直接訴訟況前夏口地方團体称係光緒三十一年充公止凡僅提出是年以後之証據與之抗辯至原來管業之情形未生問題止凡即未詳述伊等今称原來即非僧人私有則僧人原來管業除老契粮劵外所有傳継移交對内對外一切証拠足以証明所有權者惟止凡知之非直接與止凡訴訟詎能得其真相是民等有訴權有証據亦當以直接止凡為限詎伊等于民之交價猶豫期内對于止凡默默無言及事

過境遷對于民之善意第三者又紛紛其說第一審因伊等為無理取鬧仍照前案維持買賣契約于法自無不合乃控告審不論伊等對于民有無干涉之資格純以法官成見將從前維持買賣契約之數案一概推翻此干涉民事之所為未審本何法律(丙)欲研究和解性質須先研究訴訟主体為何人前夏口訟爭該地係以閤邑為主体(在夏口公署有議事會參事會同勸學所出頭在夏口地方審判廳有公益保存會同勸學所各派代表到庭在湖北高等審判廳又挨鄉自治員同勸學所及高等小學〻校各代表

改乙字

到庭至和解時議參兩會及自治會早已解散故學界主和只取公益保存會同意不過閣邑惟一之爭點即前清充作夏口小學公產一語見該案一二兩審判詞是以學界代表始終不能退後況與爭各團体至和解時除公益保存會外僅界有學界團体存在則為學產言和當然以學界團体為主其主和性質又當然代表閣邑非僅代表學界又況和狀內既無學界一部和解之條件而和約內除學界代表陶蓬仙李海山簽字外又有公益保存會會長李玉階見夏口公署民國三年二月止凡呈請傳公

益保存會會長李玉階幹事黃竹生等簽字何得謂學界以外之人不受和約拘束控告審如故以學界二字為狹義的解釋則公益保存會在第一審判詞上有代表列為當事人第二審判詞上無之論狹義即當受原判拘束在後和解即不簽字亦應無詞夫公益保存會云者代表夏口閤邑保存公益之團体也學界既受和約拘束該會又受和約與原判兩項拘束則夏口地方人應無一不在拘束中故和局一成案即全銷地方並無不協議之申請該商團非籍隷夏口固不受和約拘束然該地在夏口地方既使夏

口地方人不能干涉更何有外人干涉之餘地至止
凡係屬雲舟之弟子及其處分該地之權有五可証
(一)止凡狀稱僧祖雲舟(二)原判認定該地係止凡之
祖雲舟自置(三)和約言定該地由止凡自由處分(四)
老契粮券在止凡手(五)止凡賣地得其徒心乘同意
依上論結止凡對于其祖業之處分權既無瑕可指
則買賣契約自當受法律保護況前有屢次確定之
案可拠而今之混爭者又為毫無關係之漢口商團
公善保安會及僧法周景雲寺在形式上不能與民
搆成訴訟也控訴審在寔体上置全部証拠及老契

全文于不講獨拈契中之一句斷句取義不但
與文理論理不合即與人情習慣亦相違反又追
加理由書略謂以漢口乃全國商人集合地即救火會
二十餘起而其會員籍隸夏口者不過百分之一二
故命名為漢口商團保安會以示不與夏口地方團
体混同之意則係爭地不論是否夏口地方利害関
係夏口地方團體願歸僧止凡自由處分彼無利害
關係之商團當然不能過問乃控告審當辯論之始
並有該商團無訴權之宣示後因其勾出僧法周等
為主參加人又不論是否具備干涉之資格而徑依

其申請將買賣契約推翻此干涉民事之所為未審本何法律(二)從前夏口訟爭該地之團體有六(前八月二十三見鄂呈上告狀)均以先年充作夏口小學公產為惟一之爭點其為一邑之訴訟無疑故學界代表到庭不論主訟主和其性質自是代表一邑況和解之日該六團体已解散一半(議參兩會與自治會)雖公益保存會與學界二團體一並存在但第一審以後該會並未為上訴代表僅有學界二團体與止凡為上訴相對人則為學產言和和約雖取該會同意然實以學界二團體為主其和解効力只須拘

東夏口學界即可拘束夏口人所以和局一成
案即完全了結控告審如故以學界二字為狹義解
釋則公益保存會在第一審有代表為當事人第二
審無之論狹義即已受原判拘束其會長李玉階等
後簽和約是又加一拘束夫公益保存會云者代表
夏口一邑保存公益之團體也該會既受原判與和
約兩種拘束則夏口地方應無人不在拘束中縱令
該商團果係夏口地方團體而對於該案亦不能復
生異議判云和解性質僅能拘束夏口學界未審是
何見解、以僧人爭棲隱寺基地在表面上似無不可然實體上必有利害關係之証拠方可與爭不然天下僧人多矣如漫無限制將訴訟不絕權利永無確定之日法周等毫無證拠專以僧人名義為與爭之資格控告審不之拒絕而乃准予所請未審拠何理由(四)止凡為該地所有權與夏口地方團體涉訟十餘載上告人買受後為行使所有權之三事又涉訟三載被上告人等如有正當理由何以彼時不參加訴訟而必待止凡領價遠行後始出而為夏口與止凡爭所有權顯係情虛理虧畏與止凡對質不知對於止凡為所有權之抗辯縱有訴權可使依法六

應於事前與上凡直接決不能事後與上告人間接對於上凡構成所有權之訴訟（其理由見前上告狀）乃控告審不論被上告人等有無訴權及其對於上告人有無直接關係而貿然為所有權之判決是謂手續不清(五)被上告人等依上四種形式既不能與上告人訟爭該地之所有權則法庭前已有兩案認定買賣有効判令該地歸上告人管業本案自應維持現狀決不能聽被上告人任意強佔縱舍上四種形式而強與上告人為所有權之研究而老契既載明賣於棲隱寺為十方禪林監院雲舟名下為業絕

無地方捐助字樣不論如何解釋總係雲舟自置（其理由詳前上告狀）不與地方相涉況契尾又載明業戶僧雲舟粮劵又載明花戶僧真祥（真祥是止凡之祖見前上告狀）該地如非該僧私有而該兩項所載何以無人干涉雖前有夏口地方團體訟爭該地亦祇稱光緒三十一年充公夫既曰是年充公則先是雲舟私産無疑不然何以有充公之說參觀互証無一非雲舟私有之明徵詎控告審竟置各証擬於不聞而徒將老契濫割語句濫解字義並將棲阬寺字下之為字移於其上謂老契既載明此項基地

塗加九字
塗去十字

為棲阬寺十方禪林已足証明棲阬寺確屬陽夏地
方公有即下文載有監院雲舟名下為業字樣亦不
過表示該寺僧人得代表該寺管業之意此直為變
更事實顛倒是非既於文理不通又於論理不合是
謂故意偏斷云云其他追加上告論旨略同
按現行法例凡寺廟及廟產由施主捐助者與僧人
自置之私產不同即凡公廟(與管理寺廟條例第一
条第一項相當者)廟產[illegible]至持[illegible]不能[illegible]原施主所
定目的自由處分[illegible]即其
處分非經原施主或其後裔全體或多數之同意不

能有效至私家獨力所建設確與管理寺廟条例第一條第二項相當者其處分寺產在原建主本有自由之權除有特別情事外尤非局外所能干涉（參照六上九八及六上六六六號本院判例）又由公家捐集為地方公有之廟其依法成立代表地方公益之團體於寺產處分之當否亦應有權過問本案訟爭棲隱寺之基地原由案外之僧止凡出賣與上告人為業究竟僧止凡之處分是否有效被上告人等是否有權告爭自當以該地究為僧人自置之私產抑如被上告人主張係由募化而來即施主捐置之

公共廟產上告人等是否原施主或其後裔及是否
有權代表地方公共利益以憑剖判原審雖以上告
人所呈工手老契內載敬恕堂將坐落循禮坊基地
一段出賣于棲隱寺為十方禪林監院雲舟名下為
業字樣認定確屬陽夏地方公有然其地既歸僧雲
舟名下承買為業並未載明雲舟僅係代表該寺管
業而查被上告人之代理人在原審供述買主雖為
僧雲舟而所有買價當然由募化十方而來則雲舟
之為買手並為被上告人所承認其夏口學界與僧
止凡之和解契約[illegible]承認止凡可以自由處分雖

僅[illegible]稱東夏口學界然既經原審認定此項契約屬實故非原募之施主或其後裔提出捐助或他証憑證明其買價原出自公衆之[illegible]貲則是[illegible]僧入私置即尚不無疑[illegible]如謂老契上文有十方禪林字樣即足証明其為公產則必凡為十方禪林之寺廟無論是否私入購建概屬公有又或凡在十方禪林之僧入必無自置之私產方與下文買王雲舟名下為業之字義可以貫澈否則兩造關於原買價是否募化互有爭執審判衙門為釋明事實關係仍不能不就此点予以審究乃原審徒執契中十方禪林之記

字第　月　組　　大理院

載遂於上開各節棄置未顧殊有理由未備之嫌且被上告人等公會擬其在原審供述都是以自治為目的如救火慈善等皆是並未擬主張係該寺原來捐助之施主是則雲舟購買此地縱如被上告人主張出自募化亦無自由處分之權而依前示法例既應由原施主或依法成立有權代表地方公益之團體監督故被上告人是否有權可以干涉殊亦不免疑問而參加被上告人之僧景雲現既住在老君廟僧法固則已為相[illegible]僧人雖主張光緒二十七年曾在該寺然查民國八年六月四日僧景雲供詞

塗三字

和尚進門就有份出門就無份的該僧等現既不在該寺則與訟爭寺產即已無關原審乃將被上告人等是否具備干涉之資格置之不論之列亦不足以昭折服故應認為有發還更審之原因

據上論結應將原判撤銷發還原高等審判廳更為審判又本案上告係為法律上之見解依本院現行事例即以書面審理行之特為判決如右

中華民國九年五月二十一日

大理院民事第三庭

審判長推事

年　月　日　　大理院

推事　陳爾錫

推事　張康培

推事　左德敏

推事　李棟

大理院書記官　徐毅

第五章　法律行為

第一節　意思表示

【大理院民事判決】　　四年上字第二二七號

【判例要旨】

依行為性質或習慣，通常認為法律行為內容之事項，如非行為人特表示除去之意思，則該事項即為其行為內容，有拘束行為人之效力。

中華民國四年三月四日
判決宣示
中華民國四年三月十八日
原本領收
書記官 彭昌楨
王[illegible]

大理院民事判決四年上字第二二七號

判決

上告人 何輝浦 廣東番禺縣人住南関順安福鹽店年三十

謝吉 籍貫同上住河南龍導尾年四十歲裝

被上告人 孫伍氏 籍貫同上住豪賢街六十二號年四十三歲

右上告人對於中華民國三年七月二十一日廣東高等審判廳就上告人與被上告人因解除契約爭執一案所為第二審判決聲明上告經本院審理判決如左

主文

加弍字

原判撤銷
本案發還廣東高等審判廳迅予更為審判

理由

本院按現行法例賃貸借契約雖經定有存續期間但當事人一造如依契約保留解除權而以某事實之發生為行使條件者則於該條件成就時聲明解約本案據原審合法認定事實上告人於宣統三年正月承批被上告人東塱鄉下龍灣圍因塘一號一百八十畝零圍邊坦五十畝有餘立有租約批明租銀每年六百五

改弍字

加弍字

十两零及鞋全果物等不計以十年為期自壬子年起業主出費修築續訂每年加租銀四十两限期按年二月八月两次交清豐年不增歉年不減如有欠租情事任由業主隨時取回字樣此項事實當事人两造并無爭執惟被上告人主張上告人本應於二八两月交租乃癸丑年租銀竟遲至十一月始行交納即為欠租等語為解約原因而上告人張癸丑年六月曾持租往交因被上告人避亂往港不能見面至十一月復往交納依該地方習慣交租時期雖

加弍字

改弍字

批約二月八月終在五月抄將穀變賣之後始行交納故於六月及十一月繳納并非欠租等語以為答辯據前開事實兩造既約定以上告人交租遲延為被上告人行使解除權之條件則被上告人聲明解約是否合法自當以上告人逾期交租是否負遲延責任為斷本院按現行法則依行為性質或習慣通常認為法律行為內容之事項（法律行為之常素）如非行為人特為除去之意思表示則該事項即為其行為內容有拘束行為人之效力復按債務人於適

當時期合法提出給付而因歸責於債權人之事由致不能接受者債權人應任遲延之責本案上告人所主張之習慣如果屬實則關於定期交租之賃貸借契約通常寔認債務人有於相當期間內延緩清償之權利兩造結約時既所稔知復不以特約為除去此項權利之意思表示則依前開說明自應認此項權利為該契約內容即於上告人不按約定期間交租時足為妨碍解除權行使之一原因至上告人以癸丑年第一期二月應交之租遲至十一月始與

判決用紙　大理院

第二期（八月）應交者同時交納雖與所主張之習慣不合然該習慣如果屬實則其是否負遲延責任仍應視上告人於六月內是否已持銀往交而因被上告人避亂香港不能接收以為斷原審關於上告人所主張之習慣未予調查僅以六月交租無論是否真實已經逾期數月遂斷定為應負遲延責任而認被上告人得行使解除權於法殊有未合上告意旨自應認為有理由

據以上論結本案上告應認為有理由合將原

加拾六字

判撤銷發還原高等審判廳迅予更為審判又
訴訟費用應由原二廳於更審時併予判決
本案上告係關於法律上見解終應發還更審
之件核與現行書面審理事例相符故即以書
面審理行之特為判決如右

中華民國四年三月　　日

大理院民事第一庭

審判長推事　姚震

推事　陸鴻儀

推事　許卓然

推事　朱學曾

判決用紙

代理推事　胡詒穀

大理院書記官　彭昌楨

王丙[illegible]

大理院

【大理院民事判決】四年上字第一三八八號

【判例要旨】

意思表示原不以立字畫押為成立要件。

中華民國四年八月二十三日
判決宣告
中華民國四年十一月廿四日
原本領收
書記官 王[illegible]

大理院民事判決四年上字第一三八八號

判決

上告人　席德生　即席勉仁湖南長沙縣人住樂道古巷

被上告人　曾雲芝　湖南長沙縣人住傅念恃律師事務所

任祇臣　同上

顏雲生　同上

楊少棠　同上

張五福堂　同上

喻恩親堂　同上

右開上告人對於中華民國四年四月七日湖

判決用紙　大理院

改壹字

南高等審判廳就上告人與被上告人等因錢
債涉訟一案所為第二審判決聲明上告經本
院審理判決如左

主文

本案上告駁回
上告審訟費由上告人負担

理由

上告意旨第一點畧稱契約以當事人雙方合
意而成故當締結契約之時必須當事人雙方
到場於字據內親自署名畫押本案窰業錢局

如果有出頂於上告人之事則當時必有多數股東到場在頂字內畫押而何以畫押者僅有五人且五人中金生瑞一名於書立頂字時業已遠颺廖松林亦並未到場何能在頂字內畫押又熊錦屏鍾斗南杜盛聰等之押並非其親筆所畫一經核對筆跡不難真相立見原判謂該押是否親筆無審究之必要等語不知押文既係揑造是已缺合意之條件該契約當然不能認為有效云云本院查閱訴訟記錄迭據窰業錢局股東熊錦屏廖松林等在長沙地方檢

塗壹字

改壹字

察廳稟稱各股東人等磋商即於陰曆二十五日概將窰業錢局押金什物出頂於坐辦席勉仁接管等語足見該錢局之解散出頂已得全体股東之同意至與承頂人訂立頂約則屬於清算範圍之事於法本得由股東公選一人或數人為之既不必各股東盡數到場更毋庸全体親筆畫押況查現行法例表示意思原不以立字畫押為成立要件本案上告人與態錦屏等訂立頂約承頂錢局之事寔既已為上告人所明認則該項字內有無態錦屏等畫押與

其畫押之是否親筆原審自可毋庸過問上告人此項論旨礙難認為有理由

上告意旨第二點畧稱上告人經沈仲謀等誘往窯業錢局突被多人圍困逼迫承項勒書期票當時勢孤莫敵只得依其所求以為解脫之計此項出於脅迫之契約表意人當然有撤銷之權上告人在原審嘗舉出在場目擊之謝維熙為証原審不予傳訊遽認上告人無被脅迫之事寔殊未盡審查之職權云云夲院按現行訴訟法例凡當事人已有審判上之自認者審

改壹字

判衙門應毋庸調查証據即行認定事實查閱
原審記錄上告人於四月七日言詞辯論供稱
當初雖是顧頂在後看得沒有幾個股東在場
他們亂打畫押就不顧頂了又稱期票當時說
明了出頂字過得三天沒有人生異議才可作
用在後熊錦屛等都有異議了等語是上告人
對於訂立頂約及發行期票已自認係出於被意
原審本於自認未予傳訊謝維熙認其並無被
脅情事於法尚無不合上告人此項論旨亦難
認為有理由

塗弍字

據以上論斷本案上告為無理由應予駁回上告審訟費依本院訟費則例應由上告人負担再本件純涉寔體法上並訴訟法上之見解核與本院書面審理之事例相符故即依書面審理特為判決如右

中華民國四年八月二十三日

大理院民事第一庭

審判長推事 姚震

推事 陸鴻儀

推事 馮毓德

推事　許卓然

推事　石志泉

大理院書記官　[illegible]

【大理院民事判決】四年上字第一九八〇號

【判例要旨】

脅迫恐嚇本不限於舉動一端，即故意以言語使人發生恐怖心致陷於不能不遵從之狀態者亦是。

中華民國四年十月一日判決宣告

中華民國五年五月五日原文領收

書記官王[illegible]

大理院民事判決四年上字第[illegible]號

判決

上告人鄭掖宸 廣東香山縣人住縣城壽山里年三十八歲

代理人鄺其光 律師

被上告人鄭何氏 廣東香山縣人住天香街十三號

右開上告人對於中華民國四年四月五日廣東高等審判廳就上告人與被上告人因分產涉訟一案於本院發還後所為更審之判決聲明上告本院審理判決如左

主文

塗乙字

塗六字

本案上告駁回

上告審訟費由上告人負担

理由

本案前經本院以兩造所立遺產分單內載汝枋應得之產由上告人與瑞階嗣子國彥平分既經上告人簽名承認則瑞階之出繼汝枋縱令違法而上告人所已承認平分遺產之行為即不得不認為有效惟上告人當時之簽名承認據稱係由被上告人脅迫所致是否

屬寔原審未予審究救特發還更審茲據上告

塗六字　加七字　塗六字　加二字　塗二字

人稱原審於更審之際不傳被上告人到庭對
質亦不傳詢房長查証祇就上告人寥寥數言
認被上告人無暴行舉動遂推衍而為判決寔
難甘服等情本院按脅迫恐嚇本不限於舉動
一端即故意以言語使人發生恐怖心致陷於
不能不遵從之狀態者亦是前次判決理由早
經說明且即以被上告人是否有以言語脅迫
恐嚇使上告人不能不簽名承認為發還更審
之原因今原判僅以被上告人並無何等舉動
認為無脅迫恐嚇之事而於上告人所稱被上

告人曾聲言如不照辦即不給租銀不交契據
之言語是否真寔並能否即視為脅迫恐嚇各
點並不加察詢属不當然檢閱訴訟記錄上告
人固自謂年當强壯具有識別能力見民國二年
十月三日狀詞本非可以言語恫嚇之人而民
國二年九月九日在第一審最初訴狀祇攻擊
被上告人無分產主權又强迫上告人與國彥
均分等語並未聲叙如何脅迫情形是月十八
日狀稱當時所以迫欲簽名者緣自光緒三十四
年祖母故後先叔接管家政悉由何氏司晨一

切田產數目掖概無從問鼎漸聞何氏欲將祖
毋在日所置田業有用崇蔭堂名者認作己私
全行吞併故掖不得不提議分析設當時措不
簽名彼又將利用之以寔行其詭計則不獨崇
蔭堂田畝盡被入囊即純然公產亦將為所匿
佔而損失更不堪言況值去歲舊歷十二月二
十七日年關逼緊稍縱即逝故躊躇再四毋寧
忍痛須臾後圖挽救又十月三日狀稱當日分
单純屬何氏個人搆造而非公同搆造单內即
已簽名亦不得遽指為同意及指為認可在九

改乙字

改乙字

月十八日所呈遞要簽名一段已剖釋分明茲無贅述十一月十七日狀稱前奉鈞批謂該分单既已簽名認可即不得復為翻悔者已於前九月十八日及十月三日兩呈内詳細辯明茲無再贅各等語是上告人於分单内簽名之原因除九月十八日及十月三日所辯明者外更無他説而該兩呈所呈不能不簽名之原因前者係謂上告人為排除被上告人之詭計而謀自己之利益後者仍以九月十八日之剖釋為已分明均未曾指攻被上告人有如不簽名即

不交租銀不給契據等語加以脅迫[illegible][illegible]之事又據上告人民國三年三月二日在原審供稱當時何氏所訂之分家單殊不公允民投族老汝賓調處汝賓言現係分于禮遺產非分何氏遺產不應由何氏作主如果何氏硬欲主張分產各族老均不允簽名見證而何氏謂崇蔭堂之契據盡在他手如民不簽名則伊不肯將產業銀兩分給與民民便無錢結賬斯時為勢所迫不得不勉强簽名等語是未簽名之先上告人早已洞知分單內容並經投告族老調處

改乙字

非不容上告人有商榷之餘地而上告人仍自行簽名並代國彥簽名者不過因年終為外債所迫急於析產起見並非因被上告人之何等言語發生恐怖心致陷於不能不遵從之狀態其情事至為明顯原審更審判決其見解雖不免錯誤而認定汝枋財產與國彥均分係出於上告人之情願則尚非無據上告意旨殊難認為有理由

依以上論結本案上告為無理由即予駁回上告審訟費依本院訟費則例令上告人負担至

添五字

本案係以空言攻擊原審認定事實不當終應駁回之件故依本院現行事例以書面審理特爲判決如右

中華民國四年十二月一日

大理院民事第一庭

審判長推事姚震

推事陸鴻儀

推事許卓然

推事朱學曾

推事曹祖蕃

判決原繕

大理院書記官　王斗瞻　[印：王繩鄉(?)]

大理院

【大理院民事判決】七年上字第五三七號

【判例要旨】

定期買賣與買空賣空之區別，當以買賣當事人在訂約之初其意思是否在授受實貨，抑僅計算市價差額以定輸贏為斷，如果買賣當事人之初意，僅在計算市價差額以定輸贏，即為買空賣空，事與賭博同科。即兩造互為買空賣空，一造所輸之款，不能認為有效成立之債權，惟當事人之初意何在，究不容僅憑至期有無實貨授受之事實為臆測，倘其買賣原約明以至期以實貨授受為標的，而嗣後因另立轉賣、買回之契約或因違約不能履行，其結果僅依市價差額以為賠賺者，則究與初意即在依市價差額賭賽輸贏者不同，仍不能以買空賣空論。

中華民國七年五月十四日
〔收到〕七年六月一日
陳爍奎

大理院民事判決七年上字第五三七號

判決

上告人同孚號東

源通花莊東

星號東

永吉花莊東

大同花莊東

元成號東

鼎記號東

寶順號東

判決用紙

法律記

增泰全記號東

振源號東

裕源永號東

新永順號東

瑞茂號東

宏大花莊東

捷興號東

振昌號東

永大號東

通和號東

添乙字

右代理人鄭啟堯 年四十六歲浙江餘姚縣人住鄞縣江厦 業花

被上告人陳小圃 年四十八歲浙江慈谿縣人住鄞縣江厦 花業

右代理人諸葛鑾 律師

右上告人對於中華民國六年七月十二日浙江高等審判廳就上告人與被上告人因貨款涉訟一案所為第二審判決聲明上告經本院審理判決如左

主文

原判撤銷

本案發還浙江高等審判廳迅予更為審判

判決用紙　大理院

理由

本院按定期買賣與買空賣空之區別當以買賣當事人在訂約之初其意思是否在受授實貨抑僅計算市價差額以定輸贏為斷如果買賣當事人之初意僅在計算市價差額以定輸贏即為買空賣空事與賭博仝科即兩造互為買空賣空一造所輸之款不能認為有效成立之債權惟當事人之初意何在究不容僅憑至期有無寔貨受授之事實以為臆測倘其買賣原約明以至期以實貨受授為目的而嗣後因另立轉賣買回之契約

添乙字

添乙字

或因違約不能履行其結果僅依市價差額以為賠賺者則究與初意即在依市價差額賭賽輸贏者不同仍不以買空賣空論本案上告人同孚等十八家於民國五年四五月間與被上告人所開通記花莊為五月底到期之棉花買賣嗣後通記倒閉其與振源捷興大同通和永大源通星號元成裕源永鼎記新永順等十一家之買賣俱已另立轉賣買回之契約毋庸交貨每對棉通記應賠市價差額三四元不等其與同孚永吉增泰瑞茂宏大寶順振昌等七家之買賣則除另立轉賣買

添乙字

回之契約毋庸交貨外尚有未經轉賣買回之棉花通記因到期不交貨應照市價差額計算賠款共計通記應賠十八家銀一萬九千五百八十三元七角五分已為兩造無爭之事實所爭執者即買賣究係真正之定期買賣抑係買空賣空是已依上開說明自應審究兩造訂約之初意究屬何在為斷今原審僅訊據上告人所委代訴人之供述謂此貨未交概係互相沖銷等語即臆測通記與十八家訂約之初意僅在計算市價差額以定輸贏概無實貨受授之意思於法究難謂為已有

光[illegible]月[illegible]　大理院

確據雖兩造間之買賣其結果均無實貨受授概依市價差額互找賠賺固足為推測其訂約初意所在之重要根據但究須詳究其前後之情形及習慣上真正之定期買賣（定盤）與買空賣空（空盤）究竟表顯如何之差異參互印証以為認定茲查訴訟記錄據上告人所委代訴人在原審曾供稱五月五日通記曾交過五十對棉花同孚當將貨款一千九百二十八元八角七分五厘由瑞餘過與成豐轉付通記均有賬簿可查等語（見六年七月六日供）以為兩造買賣確係實貨盤之根據並非

判決用紙　大理院

僅依市價差額計算賠賺關於此點自應予以澈究果於同月兩造間確有現實交貨付價之情事則縱令與係爭買賣為別宗交易亦足以資印証乃原審因其與係爭買賣無關遽行擱置不問殊非允洽又查上告人主張其係真正之定期買賣曾呈驗成票及蓋印簿為証據甯波商會公函亦謂棉花預定期貨其習慣辦法由賣主出立成票另立簿據雙方蓋印等語是兩造間之買賣在形式上與真正定期買賣之習慣尚無不符即被上告人所謂真正之定期買賣其成票須蓋印買空

賣空之成票毋須蓋印一節是否可信亦應行審
究又何得未予審及遽行定斷此外如上告人一
造所作成之各種函件可否証明其有買空賣空
之初意振源等十一家轉賣買回之數額與原買
之數額何以適相符合可與通記對套無餘俱應
為之審究釋明以期案無遁飾乃原審認定事實
尚未能畢盡職權上應盡能事故仍應予以發還
更審

據上論結應即將原判撤銷發還原高等審判廳
迅予更為審判至本案係因原審認定事實尚未

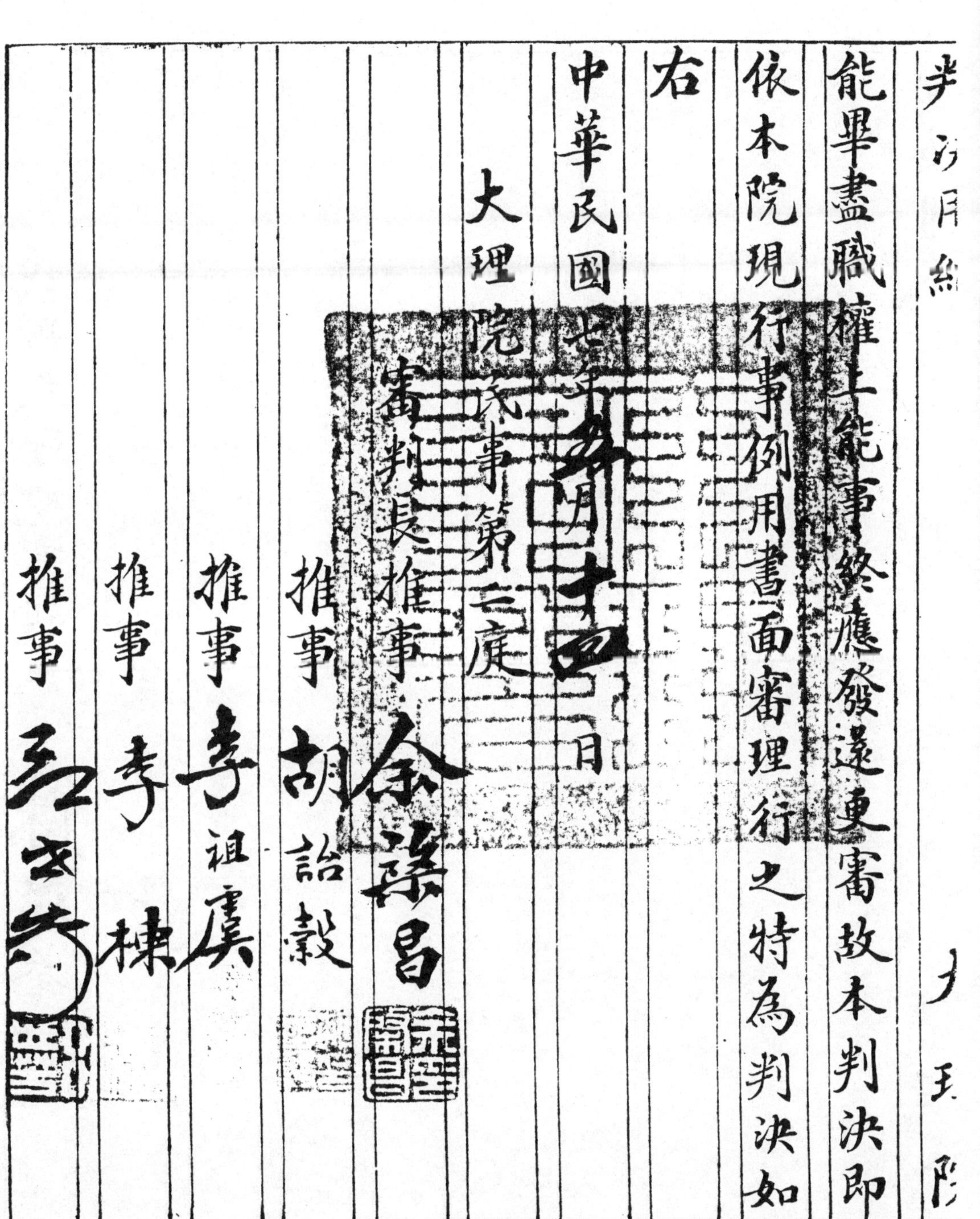

判決用紙　大理院

能畢盡職權上能事終應發還更審故本判決即依本院現行事例用書面審理行之特為判決如右

中華民國七年五月十四日

大理院民事第二庭

審判長推事　余棨昌

推事　胡詒穀

推事　李祖虞

推事　李棣

推事　孫鞏圻

代理大理院書記官　陳燦奎

例定用紙

大理院

第三節　代理

【大理院民事判決】　七年上字第二七〇號

【判例要旨】

代理人不聲明為本人之旨，與相對人為法律行為者，對於該行為應自負其責。

中華民國七年三月十六
判決公告
中華民國七年十月[illegible]
正本領收
書記官錢承愷

大理院民事判決七年上字第二七〇號

判決

上告人 楊伯濤 年三十三歲湖南寶慶縣人住石樂私巷寶華旅館業讀

被上告人 均和典

代理人 朱茂亭 湖南寶慶縣人住四官保業商

王鳳門 同上

右上告人對於中華民國六年七月三十一日湖南高等審判廳就上告人與被上告人因債務涉訟一案所為第二審判決聲明一部上告經本院審理判決如左

主文

本案上告駁回

上告審訟費由上告人負担

理由

上告意旨略稱查債權係特定人對於特定人之權利債權人祇能向特定債務人請求償還斷不能以第三人之債權抵銷特定債務人之債務本案上告人與均和典往來雖有欠項祇由上告人自負其責與弟伯恭伯倫毫無關係今以上告人弟存放該典之款抵銷上告人之債務上告人縱承認上告人之弟豈能甘心且徵之法理亦有未符此不服者一均和典主張債權不

塗壹字
添叁字
添壹字

外以手揮三紙為據除洋銀一項手揮係由朱柏青兄弟請求代出外餘如銀兩手揮在均和典有將辛字改為壬字之弊其所以改為壬字者因民於辛亥年付過三百兩改為壬字即可與債數無涉更可藉此再主張債權也原判謂該票即有錯誤亦應由上告人自負其責不知票係相對人持有隨時可以變更改造假令仍由出票人負責則設使相對人將票載銀數九百餘兩增改為一千或二千餘兩不將令出票人負如數償還之責乎此不服者二等語

本院查被上告人對上告人主張債權與上告人之弟

楊伯恭等對被上告人主張債權係屬各別訴訟應予分離裁判

復按均和典辛亥借出簿既將楊守知堂與上告人楊伯濤各立一戶則楊守知堂與上告人自非絕無區分原判未予切實查明即以均和典發給楊守知堂[illegible]憑票兩紙之銀數抵銷上告人欠均和典之款固有未當惟查楊守知堂戶下之帳經上告人親筆批明結至辛亥十二月底止下該洋邊一千五百一十八元（楊守知堂欠均和典之款）結至辛亥八月十二日止尚存銀一千兩（均和典欠楊守知堂之款）此外別無來往上告

添壹字

塗壹字

人戶下之帳亦經上告人親筆批明結至辛亥十二月底止下該花邊六百五十八元二角銀五百零三兩零七分賬尾由均和典加載撥（賬作爻）收十二月底銀三百兩旁注週年一分撥付十二月底銀三百兩旁注照月一六各字樣據原審及第一審認定上告人胞弟楊伯恭伯倫所呈均和典銀一千一百兩之憑票即簿內楊守知堂戶下批載存銀一千兩由批載之日辛亥八月十二日起算至票載日期壬子八月十二日止加入週年一分之利息（利係週年一分為當事人所不爭該判決理由內稱每月一分顯係筆誤）故為銀一千一百兩

其所呈均和典銀三百一十五兩之憑票即簿內楊伯濤戶下所載撥收辛亥十二月底銀三百兩由撥收日起算至票載日期壬子六月三十日止加入週年一分之利息故為銀三百一十五兩各等情本院將該賬簿憑票對核委無差誤則一千一百兩之票雖為楊守知堂存款而上告人經手存放及親筆批簿時既未曾聲明係為伊弟伯恭伯倫之代理亦令被上告人無從測知則依代理法則代理人不聲明為本人之旨與相對人為法律行為者對於該行為本應自負其責被上告人主張以該票與上告人欠款抵銷尚無不合至三百

改壹字

一十五兩之票上告人辛亥年年底批簿時並未於楊守知堂名下有所批載而上告人自己戶下批帳後均和典曾撥收銀三百兩又為上告人所明認則該票本為上告人交銀時由均和典定期加息交給上告人收執之票即純屬上告人戶下之款原無可疑以之與上告人欠款抵銷尤無不合上告人雖稱此票係另為一款並非該簿所載撥收之三百兩申息然既無指據或賬簿可核亦無其他憑証可查徒託空言無從徵信又查上告人所立銀九百五十七兩二錢六分之憑票其票面辛字改為壬字雖不無可疑然原判所認定並未

根據該票記載之數額實據上告人在均和典辛亥借
出簿內親筆批明該銀五百零三兩零七分加入撥付
十二月底銀三百兩合成八百三兩七分等情則該票
面數額之差異與壬字之改竄均與判斷無關自可無
庸深究上告人雖又以該簿所載撥付之三百兩指為
不寔然撥收銀三百兩既為上告人所明認而均和典
發出銀三百十五兩之憑票又即為撥收上告人款項
時定期加息交給上告人所收執則其應隨載撥付一
筆本屬當然之事有何不實之可言原判此點尚無不
當上告意旨不能認為有理由

依以上論結本案上告為無理由即予駁回上告審訟費依本院訟費則例應由上告人負担至本件係上告人空言攻擊原判認定事寔不當應予駁回之件故依本院現行事例以書面審理行之特為判決如右

中華民國七年三月十八日

大理院民事第一庭

審判長推事 姚震

推事 李懷亮

推事 曹祖蕃

推事 張康培

推事 劉鍾英

大理院書記官 錢承愷

【大理院民事判決】　七年上字第五四九號

【判例要旨】

有法律上行為能力之子，代理其父為法律行為者，如果所代理之行為本在授權範圍內，對於其父當然有效。

中華民國七年五月十一日
判決宣告
中華民國七年十二月十六日
原本領收
書記官 張逢

大理院民事判決七年上字第五四九號

判決

上告人 毋倉實 年四十八歲直隸昌黎縣人住瀋陽鐘樓南聚興順係東生源執事

上告人 郭潤 年四十一歲奉天瀋陽縣人住大西関魁元棧業棧係東生源股東

沈文升 年六十八歲餘同上

甯萬珍 年三十七歲餘同上

何慶生 年六十歲餘同上

關起 年五十三歲餘同上

被上告人即附帶上告人 于國安 年八十二歲奉天瀋陽縣人住小河沿業棧

右上告人等對於中華民國七年三月二十二日奉天高

判決用紙

大理院

添十一字

添乙行計十二字

等審判廳就上告人等與被上告人因錢債涉訟一案

於本院發還後所為更審之判決聲明上告被上告人亦聲明附帶經本院

審理判決如左

主文

原判撤銷

本案發還奉天高等審判廳迅予更為審判

被上告人之附帶上告駁回

理由

上告意旨略稱東生源油號荒閉時以存貨抵償外欠被

上告人已經承任並將分得之貨領訖今又判令股東償還

不特使被上告人受二重之清償且被上告人向以執事人

為被告並未牽涉股東原判亦屬違反不告不理之原則況被上告人間另案之和解契約業已訂明欠外債務歸執事人清償與股東無涉應請判令仍照前約以貨抵清並令股東脫離關係等情

本院按商號所欠債務應由商業主人負清償之責又按債務移轉非得債權人同意不生對抗債權人之效力本案東生源號所負被上告人債務上告人等主張其另案和解契約已將各股東（即商業主人）應負之清償責任移轉於該號執事人若非曾得被上告人同意依法固不能與被上告人對抗又查被上告人之起訴雖僅列該號執事人（即上告人毋倉實及

塗壹字

判決用紙　　大理院

中途脫離訴訟關係之周雲會一為被告而狀詞叙述則明謂係
東生源商號借債不償亦不能謂為未向股東起訴惟原判
既未將該號股東即上告人郭潤沈文升甯萬珍何慶生
閔起等五人列為本案訴訟當事人亦未命其到案訊問以
資釋明自未盡合至上告人等主張東生源荒閉時將貨物抵
償欠欵被上告人已經同意並將貨物領訖一節查核上告人
所呈押結被上告人既未畫押其他未畫押之債權人核原審
查明商業銀行並非以貨抵還和興增(原判誤為和興湧)雖
係以貨抵還然債額較少所收之貨又足與債額相當而上告
人所称被上告人搬存志力成即老沈家之騾子槍枝核詬

人洪德普高萬等供詞又與上告人之所供不符因認定上告人主張不寔固非全然無拠惟查上告人在原審供称商業銀行應分之貨係分給德興隆了則究竟德興隆與商業銀行有何関係曾否代為分貨該押結上未畫押之馮錫三義增店兩家其債究係如何了結除馮錫三拠上告人斆称已难找案外義增店执事尚可傳質至代字人闞福徵及劉玉山所称派往点貨之財東李榮安原審亦未傳質遽予判断究属难昭折服至洪德普供詞拠称我要買這騾子志力成與老子家均不承認是自己的給他價亦不要但是取這騾子是我家雇工蔡全興去取的而蔡全興供亦称洪德普叫我上志力成取騾

子拿一紙斥把我去的各等語該洪德普既称尚未認明賣主
則買賣應屬無從成立而何以即向之交價又何以即命僱
工將騾子取回此中情節殊欠明瞭查卷內附有洪德溥向
志力成取上騾稅票之名斥一命是否即洪德普名斥係由何
人呈案未據原判說明而上告人所称于家不收價他們是
為價錢爭執等語是否足信亦未據審究明白遽採洪德普
之言為據按之採証法則亦尚有未合又查高萬供詞雖據称
是否以槍抵債不知道然所称高殿有拿他的斥子去取槍老
沈家不敢給他當即找民作保纔將槍拿出去等語究係為被
上告人作保抑係為上告人作保所謂名斥是否即現附卷內

改壹字
改壹字
改壹字
改壹字

蓋有永泉堂圖記之于恩溥名元如即係該元則于恩溥即會泉乃被上告人之子固不能謂取槍者非被上告人原判此点亦未釋明又按現行法例有法律上行為能力之子代理其父為法律行為者如果所代理之行為本在授權之範圍内对於其父當然有效本案上告人主張以貨抵欠係被上告人之子于惠泉在場承認是否屬寔原審毫未審究如果屬寔則其承認之行為是否在其父授權範圍之内更應進而就當時到場前後情形為之查明原判未及討究遽謂無以对抗其父亦尚未盡當又本案債額雖無爭執惟如果究明僞有分取之貨則被上告人縱無承認以貨抵欠之事而所取之貨自應估價

改壹字

塗二十七字 添卅二字

塗陸字 添柒八字

添十二字

改壹字

判決原紙　　大理院

祇除一部原判並未就此注意亦有未當上告意旨即非毫

無理由至被上告人請求附加利息一節查被上告人雖曾在

利息既經原審既認未裁判依現行法例祇得仍向原審請求補充裁判而不

原審請求案經發還更審亦應由原審併予審究裁判

於本院上告審中始行附帶上告之旨即難認為合法

應即無庸置議

依以上論斷本案上告為有理由即將原判撤銷發還奉

天高等審判廳迅予更為審判訟費俟更審判決時定

附帶上告為不合法即予駁回

其負担至本件係關於訴訟法並實體法上見解之件故

依本院現行事例以書面審理行之特為判決如右

中華民國七年五月十八日

大理院民事第一庭

審判長推事 姚震

推事 朱學曾

推事 曹祖蕃

推事 張康培

推事 劉鍾英

大理院書記官 張達晏

第二編　債權

第一章　通則

第一節　債權之標的

【大理院民事判決】

四年上字第一六六號

【判例要旨】

以特種通貨之給付為債權之標的者，若至清償期，該特種通貨尚未失強制通用之效力，自應以特種通貨清償之，不得代以他種通用貨幣。

大理院民事判決四年上字第一百[illegible]號

判決

上告人 蔣樹林 京兆固安縣人年四十歲農業

郭夢麟 京兆固安縣人年五十二歲農業

劉尚林 京兆固安縣人年五十二歲農業

被上告人即附帶上告人 王承誼 直隸新城縣人年六十二歲

代理人 方錫光 律師

劉蕃 律師

右開上告人對於中華民國三年八月四日

京師高等審判廳就該上告人等與[illegible]

改壹字

因[illegible]祖涉訟一案所為第二審判決聲明上告被上告人亦聲明附帶上告經本院審理判決如左

主文

本案上告及附帶上告均予駁回

上告審訟費由上告人負擔

理由

查民事法例以特種通貨之支付為債權之標的者若至清償期該特種通貨尚未失强制通用之效力自應以特種通貨清償之不

得代以他種通用貨幣本案係爭之佃租係每畝制錢七百七十文經原審認定亦為兩造所不爭而制錢現又未有明文廢止尚未失强制通用之效力按照上開法例該上告人等自應以制錢清償之不得代以銅元其理至為明顯原判每畝應交制錢七百七十文如交銅元應照八折計算是於特種通貨之外復准以他種通貨折合清償在上告人等已得法外之利益被上告人對於此點既無不服自無撤銷改判之必要該上告人等

猶復嘵嘵致辨謂銅元應當制錢十文殊不成為上告理由至附帶上告意旨在主張增租撤佃二事查閱訴訟記錄該附帶上告人在第一二審僅以報官升科地價日漲為請求照交佃租之原因並未主張增租乃於上告審中忽為增租之新請求於法殊為未合至其主張撤佃之理由與在第二審所持者無異經原判詳加駁斥已無成立之餘地該附帶上告人一再主張仍難認為正當

據上論結應認上告為無理由附帶上告其

添壹字

改壹字

理由亦難成立應予一併駁回上告審訴訟費用照本訟費則例應歸上告人負擔至本件上告係空言攻擊原判並無法律上理由終應駁回之件按照現行事例得為書面審理故本判決以書面審理行之特為判決如右

中華民國四年二月十九日

大理院民事第二庭

審判長推事余棨昌

推事潘昌煦

判決原[illegible]

推事李祖虞

推事孫鞏圻

推事郁華

大理院書記官劉世璲

【大理院民事判決】四年上字第一六五八號

【判例要旨】

國家銀行所發行之紙幣，固應具有強制通用之性質，但非謂此項紙幣發行後，即不容市面以現銀交易，蓋現銀並非國家禁止通行之物，若不交現銀即應照現在商場上之慣例補水。

四年十月十二日

鄭耿光

大理院民事判決四年上字第一六五八號

判決

上告人朱松喬 湖南藍山縣人住省城司門口瑞康洋貨號年四十歲

被上告人郭維瓚 山西人年四十五歲蔚盛長經理

右上告人對於中華民國四年六月八日湖南高等審判廳就上告人與被上告人因債務糾葛一案所為第二審判決聲明上告經本院審理判決如左

主文

原判除判令被上告人將利息依票每月

每兩三釐扣算至執行日止一併償還上
告人收領之部分外撤銷
被上告人(即原控告人)之控告駁回
上告審訟費由被上告人負担
理由
本案據原審認定事實上告人於前清光
緒末年由山西蔚盛長票號滙兌長平解
項銀三千兩在長沙蔚盛長分號取用除
宣統三年七月十五日用去二千兩外其
餘一千兩即存放蔚盛長號由該號書立

添一字

改一字

借票註明長平解銀一千兩並每月每兩
三釐行息及上告人由晉返湘執票向蔚
盛長用銀該號經理即被上告人以紙幣
給付並於數內扣除上告人弟壽田在山
西所借該號之銀一百餘兩上告人因不
認以致訟爭茲兩審就朱壽田所欠該
號之欵判令被上告人不得扣除部分被
上告人既未聲明不服則本案問題應行
審究者僅在上告人存放蔚盛長之欵項
應否由被上告人支付現銀而已核閱卷

塗十一字

附該借票雖僅載長平解項銀並未註明現銀字樣然上告人既謂借欵時不獨解項為現銀各種貨幣無一非現即據被上告人及其代理人在第一審供述亦祇謂現在所謂解項銀即是紙幣而於往年以現銀作解項原屬不爭之事實（參觀四年二月十九日供詞）是則立約當時解項即為現銀既無現銀與紙幣之分而上告人所持借票又明明載係解項當日所借即係現銀無疑此後市面變動自非立約當

塗二字　註一字

改一字

現在該省銀行雖係國家銀行其所發行之紙幣本應具有強制通用之性質而非謂此項紙幣發行後即不容市面以現銀交易即現銀並非國家禁止通用之貨幣無疑況上告人請求支付之目的又並不限於現銀不過以不交現銀即應照現在商場上之慣例補水原判徒以湘省自改革以後現銀缺乏紙幣與現銀價格相差甚遠因謂大勢使然遂判令被上告人毋庸照市價補水殊非正當關於此點自應

大理院

維持第一審判決之效力上告人之上告即不得謂毫無理由

據上論結原判除判令被上告人將利息依票每月每兩三釐扣算至執行日止一併償還上告人收領之部分外撤銷被上告人即原控告人之控告駁回上告訟費由被上告人負担又本案係屬實體法上論爭之件依本院現行事例本判決即以書面審理行之特為判決如右

中華民國四年九月二十四日

大理院民事第二庭

審判長推事 余棨昌

推事 李祖虞

推事 孫鞏圻

推事 李懷亮

推事 陳爾錫

大理院書記官 鄭耿光

【大理院民事判決】　九年上字第一一一八號

【判例要旨】

按現行律所稱每月取利不得過三分，乃就利率之最高限度言之，當事人之約定利率如超過此限度，則其超過之部分為無效，非謂無約定利率者，即能照此計算（現行律錢債門違禁取利條律）。

九九廿六

九十五頁

張蓮芳

大理院民事判決九年上字第三八號

判決

上告人李和軒 年六十一歲直隸樂亭縣人住成祥店業商

代理人何志學 年四十八歲餘同上

被上告人即附帶上告人高孟橋 年四十五歲直隸樂亭縣人住萬興花店業商

曹祖蕃 律師

代理人劉崇佑 律師

右上告人對於中華民國八年十一月二十九日奉天高等審判廳就上告人與被上告人因房產及錢債涉訟一案於本院一部發還後所為更審之判決

聲明上告被上告人亦聲明附帶上告經本院審理判決如左

主文

本案上告及附帶上告均予駁回

上告審訟費由上告人負担

理由

上告論旨(一)謂萬德興之荒閑不在光緒三十四年即謂已經荒閑原約載明居住生理但使有人居住在内即於該約之解除條件未能成就云云本院查兩造所訂租地字約即契房文約係以上告人開設

萬德興為契約存續之條件並載明倘有添東更換字號兩造再作商議等語而上告人所開之萬德興荒閉未與被上告人有所商議經將該房轉租其情形甚於添東更換字號自應認為違約即該約已具有解除原因業經裁判確定在案茲上告人就此更主張不應解除於法殊有未合至萬德興之荒閉究在何年據遼源商會查覆之公函既謂萬德興於光緒三十二年報明入會至三十四年不納會費則原審以不納會費之年認為荒閉之年自非無據該公

添字　塗字　添字

函雖謂又自民國元年十二月又報納會費減為二厘云云然據上告人於宣統元年將房轉租一部之事實及其代理人何志學在第一審所供萬德興倒閉後所有交易因用萬德興名周轉不靈故用萬德興永字號代之等語則民國元年以後所納會費顯不足為萬德興未曾荒閉之反証上告論旨第一點殊無理由(二)謂上告人因轉租房屋所得之租金不應交付於被上告人云云本院查上告人不待依約與被上告人商議即將房屋轉租係屬約外之行動此項

行動開始時不能不認為侵害被上告人之權利依法應核算轉租所得租金以為損害賠償之標準早經裁判確定在案茲上告人乃謂轉租之事原約並無明文限制轉租所得租金即非因違約所得之利益且以原審未予調查轉租習慣等情以為不服是就已經確定之部分更為主張自不能謂為合法至謂查據被上告人起訴狀內所稱民與李和軒商妥將連號萬德永移住此房並言准其招租永元奎順恆泰東興公等云云是上告人將萬德永移住此房

並轉租一部已得被上告人之許可即無違約
之可言等情查被上告人起訴狀內敘述商准
萬德永移住及轉行招租各節係謂約定以此
項租金抵償所欠上告人債務並非謂該租金
可由上告人取得且上告人對於此等約定向
係否認今乃摘取其一截以為被上告人自承
之據亦屬鮮當上告論旨第二點不為無理(三)
謂順恆泰之租價連鋪墊在內且房租即係房
屋之滋息不應又計利息云云本院查上告人
轉租與順恆泰之房其租價內是否有一部分

鋪墊之賃費在內除租約內載有鋪墊字樣之例語外並無何等明確憑証足資証明該鋪墊之賃費究屬若干亦始終未據指明則空言謂欲除去鋪墊計算殊難置信至謂房租即房屋之滋息房租如欲計息則被上告人所欠上告人之利息亦應計算利息一節查本案訟爭房租係定期給付之款依法不待債權人催告債務人過期不為給付即應任遲延之責本院前已論斷在案該房租雖係房屋所產之滋息而被上告人對於房租之權則係獨立債權與利

息債權之附屬於元本者原不相同上告人以此為不應計息之論據不免狡爭上告論旨第三點亦不能認為有理由

又查被上告人之附帶上告(一)謂紅粮賠款不應計算利息按被上告人關於此點之主張係謂遼源商會調查該地習慣明稱川換往來概無利息原審不根據此項調查以為裁判殊屬不服云云本院查原判認定被上告人所欠紅糧賠款錢五千串係定期給付之債務有被上告人所開信昇湧圖條為據則與尋常川換往

來自屬不同上告人否認計利殊屬不當(二)謂賠償房租不應俟十五年限滿其所持理由無非以萬德興荒閉之時被上告人即已取得該房之所有權原約所訂十五年之期限則為攤償代價之期限不應混為一事云云本院查上告人租地修房原約訂明修房費用被上告人許扣作東錢七千五百串每年於地租內扣除五百串至十五年扣清此項應扣之款自係即為該房之代價厥後上告人所開之萬德興未至十五年期滿即行荒閉被上告人欲於其荒

閑時完全實行其權利即須聲明解約並全償其尚未扣清之款始足保双方權義之均衡乃被上告人當時既不聲明解約亦不償還其尚未扣清之款惟於事後主張該房代價未曾扣清以前之收益概歸己有殊屬不合(三)謂永元奎等所租之房祇有十五年間並無二十四間云云查閱訴訟記錄上告人(在)第一審所具辯訴狀內雖有租與永元奎十五間之語然該狀據第一審訊明係(異)姓代擬而於所租間數則第一審並未命兩造辯論上告人之代理人何志

學在原審最初辯論時即供称祖出之房為二十、四間其提出之租契所載亦同原審此次嘱託遼源地方審判廳傳訊永元奎掌櫃吳殿奎順恆泰掌櫃李樹五均據供稱所租係二十四間乃被上告人始終據上告人託人代擬之狀詞攻擊一切供証盡屬虛偽亦有未當(四)謂萬德永房租不能僅令按約計算東興公房租應以永元奎等為準云云查上告人租給東興公房租之數額被上告人已經不爭依損害賠償須以被害人寔際所受損害為準之法例自以

呈示附紙　　乙號附

上告人實收之房租為被上告人實際所受損害今被上告人未能証明上告人出租與東興公之房故意低廉其租價以害被上告人則被上告人就該部分之房租要無何等損害之可言，即不能更為分外之要求至萬德永之移住該房雖不能謂即係繼續萬德興之契約關係然據被上告人起訴之主張既謂萬德興倒閉後被上告人與上告人商妥將該號之連號萬德永由法庫移住此房云云而並未聲明移住後之房租不能以原約之萬德興為例自己默認萬德永應出之房租得與萬德興之原約相等今謂不能僅令按約計算亦屬無據（五）謂原租之房確係一百零一間云云查該房係上告人修造約明借地不折被上告人對於倒塌之七間不能索賠已經裁判確定其餘現存之房原審早判令被上告人概行收回則於間數多少原無庸更事爭執如謂應按間計租不能不明確認定則被上告人於原判所計租戶外並未主張另曾租給何人幾間依上開損害賠償須以被上告人實際所受損害為準之法例被

上告人此點之主張殊屬毫無寔益(六)謂關於房租之利息應按法定利率三分計算云云按現行律所稱每月取利不得過三分乃就利率之最高限度言之當事人之約定利率如超過此限度則其超過之部分為無效非謂無約定利率者即能照此計算又按現行法例利息之利率以合法約定者為準如無約定則以該地方通行之利率為準本案關於房租之遲延利息原審以兩造既無約定囑託遼源地方審判廳調查遼源市面一般通行之利率據調查所

得結果約在一分四五厘至二分以下因折衷定為一分七厘計算於法委非無據被上告人乃以法定利率三分為言寔屬誤解附帶上告各論旨均屬無可採用

依以上論結本案上告及附帶上告皆無理由即均予駁回上告審訟費依本院訟費則例應由上告人負担至本案上告及附帶上告均係空言不服原判並無法律上正當理由終應駁回之件故依本院現行事例即以書面審理行之特為判決如右

中華民國九年九月三十日

大理院民事第一庭

審判長推事　余棨昌

推事　沈家彝

推事　劉鍾英

推事　張康培

推事　左德敏

大理院書記官　張逢慶

第二節　債權之效力

【大理院民事判決】　三年上字第二〇三號

【判例要旨】

凡債權之有從物權以為擔保者，自可於抵押物上完全行使其權利，換言之，即到期不償，得將該抵押物變賣先受債權全部之清償，設或抵押物之價格少於債權之額，仍可於債務人他之財產上為償還餘額之請求。

中華民國三年四月十三日
判決宣告
中華民國三年六月三日
原本領收
書記官 鄭耿光

大理院民事判決三年上字第二〇三號

判決

上告人 陳協官 閩侯縣人年二十七歲住三保中街職業米才

被上告人 張勝隆 閩侯縣人住潭尾街

張學禧 閩侯縣人住伙販街

右開上告人對於中華民國二年九月三十日福建高等審判廳就該上告人與張勝隆等債務涉訟一案所為第二審判決聲明上告本院審理判決如左

主文

原判撤銷

判決用紙　　大理院

上告人應以抵押各物先行償還張勝隆銀肆百弍拾叁兩弍錢叁分有餘再償還張學禧台伏肆百元如該抵押物不敷清償均應以上告人他種財產償付之

以二字
塗壹字

訴訟費用歸上告人負擔

理由

查原審認定事實上告人與張勝隆結欠至前清宣統三年十二月三十日母息兩項共計銀肆百弍拾叁兩弍錢叁分又上告人借用張學禧台伏肆百元此項債權數額當事人間本無爭議爭執之點即在張勝隆之債權與張學禧之債權是否同有擔保物權其效力應否同視是也據本案訴訟

塗壹字

添叁字
塗壹字

記錄載上告人於前清宣統元年正月間託伊戚春成銀鋪林玉娘向隆勝錢莊保支摺款五百元以尚書道甲契及挈公樓厝屋地契立票抵押而上告人又於宣統三年七月二十日託保程元祿向張學禧借得台伏肆百元其票據內書明面議以屋契三稠甲契二名為胎借信用之質物因該契已於本年元月付在錢莊以為往來之信用之質物明約本年臘月底與錢莊清賬後將契收還付與掌理等語則從該票據解釋當事人間之意思張勝隆之擔保物權係與債權同時成立而張學禧則於契據之付交成立之要素另附加有一定之條件（停止條件）今條件既尚

判決用紙　大理院

改壹字

未成就則其借貸關係即為普通債權之性質是二
者之效力於債權法上自不能毫無差異按民事法條
理凡債權之有從物權以為擔保者自可於抵押物上
完全行使其權利換言之即到期不償得將該抵押物
變賣先受債權全部之清償設或抵押物之價格少於
債權之額仍可於債務者他之財產上為償還餘額之
請求至於普通債權僅得俟有優先權者於抵押物
上受全部清償後或就債務者他之財產上行使其權
利而已本案張勝隆應收還銀四百弍拾叁兩弍錢叁分
係以甲契房契為擔保照上開說明上告人不復行債務

改壹字　添壹字　改壹字　改壹字

即可將該抵押財產變賣以所得金額為全部之清償假使果如張勝隆所言各項抵押物計值不過三百元不足還應償之額則可由執行衙門查明上告人他之財產為其餘債權部分之執行上告人自不得即以此抵押物作為抵銷而張學禧借出之四百元既係普通債權性質其在已有抵押之財產上應俟張勝隆受完全清償後始得請求分配否則即就上告人他之財產（不足償清時則向保證人請求補償）請求償還方為正當乃原審承第一審之誤斷令上告人償還張勝隆現銀而以契據交付張學禧收領強作為擔保物其適用法律殊屬

判決原紙　大理院

不合而上告人輒引未生效力之民律草案欲認張勝隆與張學禧係就同一擔保物上有抵押權請求變賣分配宜與原約真正之解釋不能適合得難採用據以上論結原判自無維持之餘地應予撤銷上告人欠張勝隆銀四百二十三兩二錢三分欠張學禧台伏四百元之事實已由原審認定本院即可據以改判訴訟費用例應由敗訴之上告人負担至本件上告係關於實體法上之見解依本院現行事例得為書面審理即用書面審理被上告人所請委任本院律師代理出庭辯論之處應毋庸議特為判決如右

中華民國三年四月十三日

大理院民事第一庭

審判長推事 姚震

推事 潘昌煦

推事 陸鴻儀

推事 馮毓德

推事 許卓然

大理院書記官 鄭耿光

【大理院民事判決】　三年上字第一一一四號

【判例要旨】

無特別擔保之金錢債務，自應令債務人以現款清償，即或債務人實無現款，不得不將財產變抵者，亦儘可由其自行處置，或由執行衙門於強制執行之時體察情形，再行酌定，應將債務人某項財產變抵，初毋庸審判衙門於判決之時預為指定。

中華民國三年十二月三十一日
判決宣告
中華民國四年二月十九日
原本領收
書記官 彭昌棪

塗壹字

大理院民事判決三年上字第二一四號

判決

上告人 陳子久 山西人年三十五歲

被上告人 傅仲霞 山西人年五十四歲

右開上告人對於中華民國三年三月七日吉林高等審判廳就該上告人與被上告人因欠款糾葛一案所為第二審判決聲明上告本院審理判決如左

主文

原判維准將裕昌當先行拍賣之部分撤銷被

上告人應將所欠祥和王本利銀錢即行如數清償其應否變產償還及應以何項財產變抵原判毋庸預爲指定

訴訟費用仍由被上告人負擔

理由

本院按民事法條理凡債權之設有抵當權以爲擔保而債務人不能如約履行者固可先將抵押物變抵俟有不足再爲償還餘額之請求若係單純之金錢債務則自應令債務人仍以現款清償即或債務人實係無力不得不將財產變抵者亦

儘可由其自行處置或由執行衙門於強制執行之時體察情形再行酌定應將債務人某項財產變抵初毋庸審判衙門於判決之時預為指定此定則也本案大有號及其聯號裕昌當裕成正結欠祥和王本利吉市銀一萬二千零二十七兩零一分吉市錢三千五百八十吊零五百文既經被上告人承認屬實自應本於上告人之請求令其如數償還如果逾限不能清償則按照審判廳試辦章程第四十一條本有查封及拍賣債務人財產之辦法該管執行衙門自可依照辦理至究應將裕昌

當或大有踰拘賣亦應由執行衙門届時再行酌定被上告人所請以裕昌抵還欠款原審既稱係屬執行上之問題而又復曲徇其請准將裕昌當先行拘賣殊屬不能合法

據以上論結本案上告為有理由合將原判准將裕昌當先行拘賣之部分撤銷改判訴訟費用依現行法例仍應由被上告人負擔再本案係原判違反訴訟法則終應撤銷改判之件故依本院現行事例以書面審理特為判決如右

中華民國三年十一月三十日

大理院民事第一庭

審判長推事　姚震

推事　林行規

推事　陸鴻儀

推事　許卓然

推事　朱學曾

大理院書記官　彭昌楨

【大理院民事判決】九年上字第七五七號

【判例要旨】

興隆票之性質，不須以何種物件供擔保。

[illegible]民國九年七月九日
[illegible]宣告
[illegible]民國九年七月廿日
[illegible]領收
書記官黃孝[illegible]

大理院民事判決九年上字第七五七號

判決

上告人孫適聲 年三十八歲浙江杭縣人

代理人朱鴻達 律師

謝璇 律師

被上告人杭州殖邊銀行

代理人張達初 年五十一歲四川巴縣人杭州殖邊銀行行長

吳景夔 律師

右上告人對於中華民國八年七月十六日浙江高等審判廳就上告人與被上告人因債務

涉訟一案所為第二審判決声明上告本院審理判決如左

主文

本案上告駁回

上告審訟費由上告人負担

理由

上告意旨称(甲)七百元抵押之契約及三百元之憑票係屬期限上之爭執原判謂上告人應付即時清償之責其所根拠之論斷係認定丁未年為丁巳年之誤理由殊不充足分別說明

添一字

添一字

除一字

之(一)當上告人所開美生火油號及同孚股
票倒閉時虧空不少即經依照杭州商店攤
賬辦法對於各債權者均就債額折扣清償
獨殖邊銀行不允照攤其時上告人寔屬無
力給付因始商定此長期抵押契約其性質
寔不啻一種與隆票(習慣所通用)五十餘年
之期間雖超過殖邊銀行營業期限但既係
倒賬後不得已之辦法且與該銀行條例寔
際上亦不衝突蓋三十年後即使殖邊銀
行營業停止其債權債務關係仍可存在況

三十年營業期限云云不過公司註冊時條件之一亦不足對抗確定之抵押契約及憑票(二)此種抵押契約在該行向有一定程式經該行寫就後再由上告人填入數字十二個月字樣固係上告人照樣填寫並於契上附載特約訂明歸還之期乃被上告人欲粉飾丁未為丁己之誤特於二字上加添一畫并另註外加閏月四字俾使時日相符原判竟認為真確並根據此項添改之字推定丁未即丁己之誤偏頗已極要知歷來慣習無

論何種契約如遇有添註塗改字樣必由立約人於契尾註明今本件契約並無此項註明其為臨訟作偽不言而喻況其墨色有異字跡不同第一審判決言之已詳銀行營業何等慎重豈有一誤再誤之理且被上告人徒託空言絕無確鑿証據可以証明丁未為丁己之誤原判豈得僅聽從被上告人一面之詞變更確定契約之效力(三)吳聯甫即有証人之資格然其証言殊無絲毫可憑之價格當庭訊時詰問吳聯甫添註之字是否孫

判決律編　大理院

遹声親筆初則答云確係親筆及庭上問其

是否目覩又含糊答云並未看見係聽說是

孫遹声所寫此種不確寔之証言安足為憑

況其在第一審明已声明當時不過簽個約

沒有看仔細至原判又云吳聯甫偕同鄔朗

齋催討等語吳聯甫語既难憑鄔朗齋又不

傳喚到案何可以推測論理之辞斷定丁未

為丁巳之誤原判又云傍註外加閏月四字

與三字之上一畫核其筆跡又與契約全体

之字跡亦無歧異并擬証人吳聯甫供称十

三個月之三字及外加閏月四字是孫遹声親自添註云云殊屬自相矛盾盖契約全体係該銀行現成寫好果使外加閏月等字係上告人親筆添註則核對全体筆跡何能相符故原判核閱旁證外加閏月四字筆跡與契約全体之字跡亦無歧異之認定不啻証明外加閏月四字及三字上一畫確係該銀行中人所書寫原判並謂三字之上一畫墨色相符然三字之上一畫即被上告人亦称事後添上墨色何能相符(乙)關於四百元之

期票(一)係屬鈔票折扣上之爭點上告人曾為二百元之給付該行收受時絕無異言何可事後翻悔且上海殖邊銀行與杭州殖邊銀行有共同關係所有鈔票均係由總行發出此類鈔票在市場上雖有折扣然在該銀行行使自無拒絕之理由原判引用鈞院判例以中交兩行為準擬定屬誤引判例私立銀行在理斷不能與國家銀行比即院例自亦專指國立銀行而言私立銀行不得類推況上告人償還被上告人之上海殖邊銀行

陰山字

鈔票本係杭州殖邊銀行用出之件按諸鈞院統字第九二零號解釋凡銀行兌現時所發出之債券既曾視同現款其後券價雖跌債務人持向該銀行加息贖取押款該銀行自無拒絕之理是項解釋與本案四百元期票之糾葛事同一轍乃原判捨棄適宜之解釋反援用前項判例(二)此期票到期時上告人已給付鈔洋二百元曾請該行出立收拠該銀行答称俟款付齊當即交還正票其於鈔票折扣問題本無異辭第二次復備鈔

判決用紙　大理院

洋二百十二元親往交割該銀行忽不收受
是餘欵二百十二元未能即時清償寔因該
銀行對於給付上無理由之選擇所致不應
使上告人負遲延之責云云
本院查上告人前開美生同孚兩號虧欠被
上告人杭州殖邊銀行洋一千四百餘元於
民國五年（即丙辰年）陰歷九十月間憑中吳
聯甫理處上告人除用美生號名義出立四
百十二元期票一紙訂明丙辰年陰歷十二
月二十五日為期外又用美生號名義立三

添乙字

塗乙字

百元憑票一紙批明此欵准於丁未年十二月終歸還字樣又用同孚號名義立給七百元抵借契約一紙載明至丁未年十月終止如數歸還字樣批上告人主張現尚未屆所定清償期限被上告人不應索償而被上告人則主張所載丁未年寔係丁巳年之誤業已逾清償期限情詞各執此項憑票借約均係丙辰年所立若算至丁未年寔相距五十餘年之久姑無論依殖邊銀行條例營業期限僅三十年乃容上告人出立此長期之

除弐字

改乙字

改乙字

憑票借約已不近情若謂係與隆票之性質
則不須以何種物件供担保僅訂明債務
人有資力時償還始與與隆票之性質乃該
憑票借約既訂明以同春坊美生協記生財
之租摺租約及粵漢安徽鉄[illegible]之股票信成
銀行股分之息摺作押並載明確定之償還
期限是其非與隆票寔甚明顯況同時理處
上告人所立四百元之期票僅以三個月為
期而此項憑票借約乃以五十餘年為期尤
為情理所必無[illegible]原調處人吳聯甫在兩審

所供當日係約定一年為期之語（見七年十二月十一日八年五月十二日筆錄）自屬可信即被上告人主張丁未年係丁巳年之誤委非無據縱令吳聯甫曾為殖邊銀行之夥友但既係原調處人其言衡情又屬可信殊难憑空指為偏袒茲上告人乃謂當日理處被上告人不允折扣故商定此長期之憑票借約寔與興隆票同一性質等情空言爭辯殊不足採又查該借約內原載有期限以十二個月為度字樣從立約之丙辰年陰歷十

添貳字

月初一日起算至翌年丁巳十月終止連閏計算寔共有十四個月因與借約原載十二個月之數故將十二之字改為十三並旁註外加閏月四字以符十四個月之數究竟此項添改旁註係何人筆跡姑置不論即謂吳聯甫所供係上告人自添之語不足採信而依該借約原載期限以十二個月為度至丁未十月終止如數歸還字樣以論亦可見自立約之日起至歸還之日止僅有十餘個月若丁未年丁巳年之誤則丙辰與丁未相距

添乙字

五十餘年斷無仍載十餘個月為度之理是
原審認此憑票借約所載丁未年係丁巳年
之誤均已逾期判令上告人應即清償殊無
不當詎有憑空爭執餘地至上告人所出立
之四百元憑票原非約明以落價之停兌鈔
票支付茲上告人乃付以上海殖邊銀行所
發行之停兌鈔票二百元而又未能証明被
上告人已允照額面收受則兩審按照市價
扣算並無不當雖上告人引用本院統字九
二零號之解釋文件謂銀行兌現時所發出

之債券不得因停兌落價拒絕債務人之依額面價格清償債務等情以為爭執然查上海殖邊銀行所發行之鈔票本載明憑票付上海通行銀圓究未載明杭行亦須兌付今上告人持有滬行之鈔票係對於滬行之債权欲依額面抵還對於杭行之債務寔即債務抵銷之主張按同一商店設有本店及各分店時其債权人對於一店有債权者應先就該店所有財產（債权同論）受清償苟非他店財產清償債務有餘剩即不得就他店財

除弍字

產輒求清償故該債权人對於他店若負有債務者亦不得遽主張抵銷（參看本院上字六四六號判例）今上告人既未能証明殖邊銀行杭行財產確係清償債務有餘而僅持有所發之停兌鈔票即欲依額面價額抵銷對於杭行之債務自屬不當詎得以與本行拒不受償所發行之鈔票同論若謂該鈔票原係杭行用出一節不特空言無拠即令屬寔杭行亦僅係事寔上之收付其持有鈔票仍屬對於滬行之債权應受抵銷之限制故上告人此項上告論旨均

判決用紙　　大理院

难成立又上告人主張嗣後又備滬行鈔票二百十二元親自提交被上告人不肯收受等情純屬空言絕不足信茲乃藉此冀免遲延利息之責任亦难謂合上告論旨均無理由

依上論結本案上告為無理由應予駁回上告審訟費依現行則例應由上告人員担至本件上告係以空言攻擊原判之不當終應駁回之件依本院現行事例得用書面審理行之特為判決如右

中華民國九年七月二十九日

大理院民事第二庭

審判長推事李祖虞

推事孫鞏圻

推事劉含章

推事郁勳

推事陳瑾昆

大理院書記官黃孝元

判例用紙

大理院

【大理院民事第三審判決】

十二年上字第三九七號

【判例要旨】

房屋作抵不過為債權之擔保而已，在債權人就擔保物行使債權，抑或逕向債務人請求償還，仍有選擇之自由，此係調和債權人與債務人之利益變更，先例認為至當之條理予以採用。

中華民國十二年三月廿二日收
中華民國十二年四月 日
公領收
書記官錢承愫

大理院民事第三審判決十二年上字第三九七號

判決

上　訴　人合泰源號東

右訴訟代理人張溥　任甘肅平番縣城內

被上訴人任甯氏　任甘肅平番縣寄寓省城道升巷沈家院

右兩造因債務涉訟一案上訴人不服甘肅高等審判廳於中華民國十一年七月二十一日所為第二審判決提起上訴本院審理判決如左

主文

本件上訴駁斥

第三審訟費由上訴人負担

理由

本件上訴人於民國五年先後向被上訴人故夫任煥廷借銀二千兩內有一千兩係以合泰源名義出立借據載明每月壹分行息並以房契作押其餘一千兩原係浮借至民國八年亦由合泰源出立期条兩紙（每紙五百兩）載明民國九年臘月二十八日為歸還日期上訴人對於該借據及期条既均承認屬寔其應負還款責任自無問題茲上訴人關於息借銀一千兩乃以該款原係復益當所借而合泰源僅立於担保地位且原有房契作押被上訴人祗能要

房不能索款等情聲明不服殊不知出立借據既為合泰源名義則該款實際上原係何人所用本可不問至房屋作抵不過為債權之担保而已在被上訴人行使債權抑或行使担保物權仍有選擇之自由斷不能以作押之房屋强令抵債此部上訴論旨毫無理由又期条銀一千两既經訂明九年腊月二十八日為償還日期上訴人屆期未還則此後計算遲延利息自係當然之事上訴論旨乃謂期条不應計利顯屬狡詞至被上訴人於民國九年收用上訴人貨物錢款共合銀二百零八两已經原判明白認定上訴人儘可於執行時主張與應償被上訴人之債

務扣抵一部茲亦據為上訴理由尤屬無謂
據以上論結本件上訴為無理由依民事訴訟条例
第五百四十九條第五百十七条及第一百零三条
應為駁斥上訴之判決並令上訴人負担第三審訟
費又本件依同条例第五百四十条第一項毋庸經
過言詞辯論特為判決如右

大理院民事第一庭

審判長推事余棨昌

推事陳爾錫

推事殷汝熊

推事張式彝

推事郭雲觀

中華民國十二年五月廿三日 作成

書記官[illegible]經國六月四日

第三節　債權之讓與

【大理院民事判決】　四年上字第三六四號

【判例要旨】

記名債權除有特別習慣法則，必須三面對明者外，以通知債務人始得對於債務人生對抗之效力，蓋：㈠以保護債務人，使其不致有意外之損失及其他不便情事；㈡以此種債權與無記名之債權等之有流通性質者不同，對於債權人等毋庸為過當之保護，故至少須依法通知，而後始發生對抗之效力。

中華民國四年四月五日
判決宣告
中華民國四年四月廿二日
原本領收
書記官彭昌校
塗四字
塗三字
塗三字
塗四字

大理院民事判決四年上字第三六四號

判決

上告人　杜堯臣　安新縣人住東子壓橋年二十四歲

被上告人代理人　同源銀號東

代理人被上告人　石峻山　冀縣人住掌扇胡同年五十二歲同源銀號

右上告人對於中華民國三年九月十七日京師高等審判廳就上告人與被上告人因債務糾葛涉訟一案所爲第二審判決聲明上告經本院審理判決如左

主文

原判撤銷

本案發還京師高等審判廳迅予更為審判

理由

按現行民事法例記名債權除有特別習慣法則必須三面對明者外以通知於原債務人即得對於原債務人生對抗之效力蓋為保存債權使其不致有意外之損失及不便且此種債權又與無記名等債權之有流通性質者異令對於債權人等毋庸為過當之保護故至須有通知而後准其對抗之效力至受通知以前

發生之事由除債務人對於債權讓與之事並無異議表示承諾之時即視作捨棄不能復生對抗效力僅可對債權人請求償還已經清償之債額對於債權人可以為抗辯者即對於讓受人亦得主張故凡以債權成立不適法或有瑕疵又或有抵銷權或曾被免除為抗辯者苟其事實發生在債務人受通知以前債務人既未表示承諾讓與即不能視作捨棄對於讓受人當然有效可以主張此至當之條理而本院判例亦已採用者也本案據訴訟記錄億順銀號（即義記）於前清宣統

三年八月間存於同源銀號（即被上告人）公砝平銀二萬兩至民國二年二月底清算後即由同源銀號開付期票分八年歸還每張金額均係公砝平銀一千四百三十七兩八錢一分億順銀號將同源銀號所出元二兩號期票銀與上告人此為事實審判衙門所合法認定之事實亦為兩造所不爭在原審所爭執者上告人稱當億順銀號付票之時已同義記向同源銀號對過有柜上經手黃姓承認此票不錯可是與義記開的到期付款等語被上告人則稱所開義記之票係記

名債權須於債權讓與之時三面對明上告人並未去對過到期忽向同源銀號取款被上告人不負責任今上告人所持之票實係誤寫須與義記算明賬目之後方能給付等語兩造情詞各執本案被上告人能否主張該件讓與者對抗該債務人之效力及能否以對抗該債權人即讓與人（即義記）之事由對抗讓受人（即上告人）當以債權讓與之時上告人究否通知被上告人及通知時究否得其承認為解決之關鍵現在被上告人關於未受通知即根本上讓與

之事不待對抗自己之點在上告審對於原判並無不服之聲明則已毋庸審究惟就是否曾有承諾之點按諸訴訟法例審判衙門為釋明事實關係應令主張事實之一造盡其舉證之責任又或以職權自為必要之處置乃原審因誤於法律上之見解竟置不審究遽謂債權既可自由讓與即凡債務人可以對抗原債權人之抗辯事由皆可以對抗債權讓受人其適用法則不能適當自屬顯然是則本案至重要事實未臻明瞭本院自難遽予為法律上之判斷上告

意旨關於此點攻擊原判之不合法尚非全然

不當

據以上論結本案上告為有理由應將原判撤

銷發還原高等審判廳迅予更為審判又本

案上告係關於法律上之見解終應發還更審

之件核與本院現行書面審理事例相符故即

以書面審理行之特為判決如右

中華民國四年四月二日

大理院民事第一庭

審判長推事姚震

代理推事　張孝移

推事　許卓然

推事　朱學曾

推事　陳彰壽

大理院書記官　彭昌枝

第四節　債權之承任

【大理院民事判決】七年上字第二九五號

【判例要旨】

第三人特向債權人訂立承任債務之契約者，債權人因承任契約之效力，即得向第三人為履行債務之請求。

七　三廿二日
七の三
鄭朳光

大理院民事判決七年上字第一九五號

判決

上告人蕭思濤　吉林省人住九站年四十二歲祥順益財東

被上告人長春交通銀行

代理人王家琪　直隸天津縣人住長春交通銀行年三十二歲長春交通銀行營業主任

右上告人對於中華民國六年九月十七日吉林高等審判廳就上告人與被上告人因債務涉訟一案所為第二審判決聲明上告本院審理判決如左

主文

判決用紙　　大理院

塗一字

添一字

添一字

本案上告駁回

上告審訟費由上告人負擔

理由

上告意旨畧稱此項借款雖係上告人所開祥益順益名義出立借券而債務人碻為九成興當立借券時交通銀行非不知其底蘊且言明如九成興至期不能償還即由該銀行請求將九成興所押熟地變賣歸償借款雖未載明借券而銀行均已默認誠以此款內之六千元其初實係九成興所使由祥順益擔保銀行因九成興至期未還當

遣行負裴子衡向祥順益婉說出名擔任祥順益先未之允乃由九成興財東林志泰交出地照五十五垧作押祥順益始敢承允至三千元一款亦係九成興前欠該銀行之糧價因至期未還向祥順益商酌再由林志泰交出地照五十垧作押併歸祥順益擔任祥順益以兩者情面難卻當即應允並邀同中人與林志泰寫立字據業已抄呈為証詎該銀行徒憑借券直向祥順益訴追原審亦竟判令祥順益先交逾期之利息其餘本利展限兩月清償寃抑已極云云

改一字

改八字

本院按現行法例借券上所載明之債務人不問其果為實際上受益之人與否就該債務應由此名義上之債務人擔負履行之義務不得以與第三人之交涉對抗債權人而求減輕其責任本案被上告人呈驗借券二紙一載明民國六年四月二十五月祥順益借到長春交通銀行小洋一千元均蓋有祥順益圖記一載明民國六年八月二十八日祥順益借到長春交通銀行小洋三千元均蓋有祥順益圖記上告人並已自承該借券係祥順益所出立是此項九千元之借款縱令實為九成興所使用而祥

順益既經出名立劵上告人所稱當時言明如九
成興至期不還即由被上告人請求將九成興所
押熟地變價歸款被上告人業已默認之說復不
能有所証明則此項債務之償還責任上告人於
法固無可以其與九成興糾葛未清藉詞諉卸之
理且據上告人自稱九成興兩次借用被上告人
之款九千元至期均未償還乃由九成興財東先
後以一百零五垧地照交祥順益作押併歸被祥
順益出名擔任等情証以九成興財東立給上告
人押款字據之內容明係將九成興所欠被上

塗一字

塗一字

塗一字

告人之九千元改由祥順益直接向被上告人立
出名立劵而九成興另以一百零五垧地照、押給
祥順益收存可見祥順益向被上告人出立九千
元之借劵並非僅為擔保關係而係一種承任債
務之行為依照現行法例第三人特向債權人訂
立承任債務人債務之契約者債權人因承任契
約之效力即得向第三人為履行債務之要求則
上告人雖持有九成興財東所立之押款字據要
於承任契約之效力無關更何有拒絕被上告人
向其請求清償之餘地又查閱訴訟記錄上告人

在原審曾有我向交通銀行去求攜期兩月再墊利息之供詞則原審據此判令上告人先交已逾期之利息其餘本利展期兩月清償尤非上告人所能攻擊上告意旨殊難謂非無理由

依上論結應將本案上告即予駁回上告審訟費按照本院訟費則例應由上告人負担再本案上告係空言攻擊原判之不當並無法律上理由終應駁回之件故本判決依本院現行事例即以書面審理行之特為判決如右

中華民國七年三月二十八日

判決用紙

大理院民事第二庭

審判長推事　余棨昌

推事　胡詒穀

推事　李祖虞

推事　高种

推事　王之?

大理院書記官　鄭耿光

大理院

【大理院民事判決】七年上字第一〇三三號

【判例要旨】

第三人向債權人約明承任債務人之債務者，因該承任契約之效力，對於債權人即應負履行之責，至該第三人因承任債務，由原債務人所取得之對待給付如何，本與債權無涉，除經特別約明以受領該項對待給付為承任契約之停止或解除條件外，不得以未受報酬為理由，對於債權人拒絕履行。

大理院民事判決七年上字第一〇三三號

判決

上告人 世合隆號東 住山西大同縣城內業皮房

代理人 陳　健 年三十三歲山西大同縣人世合隆號夥友

被上告人即附帶上告人 全盛楊號東 住直隸萬全縣張家口業糧貨商

代理人 鄭仁齋 年二十五歲直隸萬全縣人全盛楊號夥友住大同南關天和店

右上告人對於中華民國七年一月十日山西第二高等審判分廳就上告人與被上告人因債務涉訟一案所為第二審判決聲明上告被上告人亦聲明一部附帶上告經本院審理判決如左

主文

本案上告及附帶上告均駁回

上告審訟費由上告人負担

理由

查本案上告代理人曾在寧夏以安合隆記名義立有收過楊生華寧平銀一千二百兩憑條訂明丁巳年八月底交還為不爭之事實惟據上告人主張此項銀兩原係德勝興所欠由上告代理人居中調停經德勝興舖掌李耀記上告代理人回至本縣代向該號財東索取轉付被上告人有李耀寫給伊財東

信件可認現該號財東不付此銀被上告人應直接向其請求不應令上告人代償等情而被上告人則稱上告人既立收条即可為承諾付債之憑證兩造情詞各執本院按現行法例第三人對債權人約明承任債務人之債務者因該承任契約之效力對於債權人即應負履行之責至該第三人因承任債務由原債務人所取得之對待給付如何本與債權人無涉除經特别約明以受領該項對待給付為承任契約之停止或解除條件外不得以未受報酬為理由對於債權人拒絕履行本案查據李耀寫給上告

改貳字

改一字

加捺乙字

改弍字 塗五

大理院

代理人面交大同德勝興記之信敘明（上畧）楊生花討要急緊無奈請世合隆陳掌柜與咱辦理銀項（中畧）前後世合隆連楊生花銀共與咱佃過銀一千五百兩言定滙至同地七月底交伊爲妥（下畧）云云[illegible]代收轉付之[illegible]而上告人立給被上告人之憑条亦僅書明在胥收過楊生華凡八月底寧平銀一千二百兩正立此条爲據云云並無載明此項銀兩原係德勝興所欠由上告人向德勝興代收轉付字樣是所稱原係德勝興所欠等情即使屬實而依憑條及信函文義該上告人亦顯已爲債務之

改弍字
又改乙二字

添一字

承任則被上告人屆履行之期自得向上告人請求
清償無論上告人承認此項債務時曾否由德勝與
約明與以對待給付及該給付曾否領受均不得與
被上告人對抗至上告人在原審主張當日訂立契
約附有停止条件由韓萬昌担保德勝與僑不給付
該款上告人即不轉付各等語然經原審傳質韓萬
昌僅據供稱民向楊生義云大同寔有古合隆字號
爾如查出大同並無此號所有伊號欠項即歸我還民
只擔保大同寔有古合隆字號此外並不在担保範
圍之內其餘民亦不知等語與上告人之主張顯然

判決用紙 大理院

不合而此外上告人又不能更舉出何等証憑則此項主張於法自屬難信原審維持第一審判決令上告人將所欠被上告人銀一千二百兩即行償還德勝與所欠上告人銀兩另案核結尚無不合上告論旨殊非有理至被上告人所請求賠償利銀及車電等費第一審判由兩造自去張家口與乾和兩號對証明確商酌辦理被上告人在原審中業經聲明並無不服（詳原審一月十六日筆錄）茲復向本院聲明附帶上告殊非合法

依上論結本案上告為無理由附帶上告為不合法

均應駁回上告審訟費依現行則例應由上告人負
担至本案上告係關於法律上見解附帶上告係顯
然不合法終應駁回之件故依本院現行事例以書
面審理行之特為判決如右

中華民國七年八月三十一日

大理院民事第三庭

審判長推事 [illegible]

推事 李懷亮

推事 張康培

推事 林鼎章

[illegible] 大理院

推事劉含章

大理院書記官繆祿保

【大理院民事判決】

七年上字第一一二七號

【判例要旨】

承任債務之契約一經適法成立，原則上即使原債務人脫退原債務關係，由承任人對於債權人負清償之義務，雖原債務人嗣後又有自行清償之意思，苟非實行清償，承任人要難主張免責。

七、九、二十四
七、十二、十六
陳燦奎

大理院民事判決七年上字第一一三七號

判決

上告人汪衡石 四川巴縣人住石版街年四十八歲業商

代理人汪雅儒 年四十歲餘同上

上告人李甫臣 四川巴縣人年二十三歲住臨江坊業商

被上告人即附帶上告人張伯勳 四川富順縣人年四十六歲業商

右上告人等對於中華民國七年一月十八日四川高等審判分廳就該上告人等與被上告人因款項涉訟一案於本院第二次發還後所為更審之判決聲明上告被上告人亦聲明附

大理院

帶上告經本院審理判決如左

主文

本案上告及附帶上告均予駁回

上告審訟費歸上告人汪衡石負担

理由

查本案上告人汪衡石因李甫臣鍾吉廷欠被上告人款項從中調停出給被上告人一千兩墨票一紙已為不爭之事實所應審究者即此項墨票所載銀兩應否即由汪衡石清償之問題茲經原審依法更審查據該票內載「憑票收到張

塗乙字
添乙字

伯勳先生名下週行銀一千兩正」並批「其銀準於五月底付還不悞汪衡石親筆」等字樣審究其記載之方式及內容認定汪衡石對於被上告人確係承任李甫臣鍾吉廷所欠一千兩之債務並非僅為保証依現行法例承任債務之契約一經適法成立原則上即使原債務人脫退原債務關係逕由承任人對於債權人負清償之義務雖原債務人嗣後又有自行清償之意思苟非實行清償承任人仍難主張免責故原審不問李甫臣是否自願清償即判令汪衡石照該墨票償還銀一千兩於法

自無不合至汪衡石將李甫臣等所交紅契轉交被上告人作押亦係担保其所承任之債務即不得因有紅契作押希圖諉卸其清償債務之責故上告人汪衡石之上告謂已將該紅契交被上告人作押伊已應脫卸責任云云顯難認為有理由至被上告人附帶上告謂汪衡石所立墨票已逾期數年依例應由汪衡石給付遲延利息一節已經本院前判予以駁斥乃於更審判決後更行爭執亦屬顯無理由又上告人李甫臣與上告人汪衡石雖同為本案被告但其與被上告人間究

塗貳字添七字

塗乙字

係各別之訟爭關係查現行訴訟法例凡非合一確定之共同訴訟其共同訴訟內一人所為之訴訟行為效力不及於其他共同訴訟人今上告人李甫臣所欠被上告人債務數額除汪衡石承任一千兩外尚欠若干係李甫臣與被上告人間之訟爭關係原與汪衡石無涉即汪衡石就與李甫臣之債務聲明上告效力當然不及於李甫臣乃李甫臣於七年一月間原判送達後遲至四月間始以附帶上告為名聲明不服依法自應認為逾期之上告予以駁回至被上告人關於李甫臣等欠款數額

雖亦有附帶上告要當以李甫臣之上告是否合
法及被上告人附帶上告已否逾期為斷茲依上開
說明李甫臣之上告既已逾期係不合法應予駁回
而被上告人之附帶上告計自原判送達之翌日
起算亦早已逾期則依現行訴訟法例期間外之
附帶上告自應因上告不合法亦予駁回
據上論結應將上告及附帶上告均予駁回並依
本院訟費則例判令上告人汪衡石負担上告審
訟費至本案上告及附帶上告係依本院實体法
訴訟法上之見解均應駁回之件依本院事例

得為書面審理故本判決即以書面審理行之特為

判決如右

中華民國七年九月二十四日

大理院民事第二庭

審判長推事李祖虞

推事許卓然

推事孫巽圻

推事曹祖蕃

推事胡錫安

大理院書記官陳燦奎

第五節　債權之消滅

第一款　清償

【大理院民事判決】　四年上字第二一七五號

【判例要旨】

對於債務人請求清償者，必其自身依法享有債權之人，或自身無債權而為債權人所委任之人，否則無領受清償之權限，自無向債務人請求清償之權。

中華民國四年十二月十九日判決宣示

中華民國五年四月二十日原本領收

書記官宋庚蔭

添一字塗一字

大理院民事判決四年上字第二七五號

判決

上告人張文祁 直隸通縣人住天津英租界小營門年十八歲業儒

代理人唐寶鍔 律師

楊述傳 律師

被上告人張子辰 直隸[illegible]住粉房琉璃[illegible]街响鼓庙胡同年五十二歲業鏢

吳佩李 年五十歲餘同上

代理人崔亮辰 律師

右上告人對於中華民國四年一月二十日直隸高等審判廳就上告人

判決用紙　大理院

與被上告人等因債務涉訟一案所

為第二審判決聲明上告本院審理

判決如左

主文

原判撤銷

本案被上告人為自己主張債權之部分發

還直隸高等審判廳迅予更為審判

被上告人在原控告審關於其他部分之

控告應予駁回

理由

塗字

查民事條理對於債務人請求清償者必其自身依法享有債權之人或自身無債權而為債權人所委任之人否則無領受清償之權限自不得請求清償本案被上告人等對於上告人主張債權請求清償係謂上告人故父張燕謀辦理承平礦局欠有國課山分員司薪金商家息借各款共計熱河府平銀二萬餘兩應由上告人清償而上告人則謂被上告人等無確實憑証即或承平礦局欠有款項亦不得由

添一字

塗一字添一字

塗一字 塗一字

大理院

被上告人主張是欲判斷本案爭執第一應審究被上告人等就此項債權是否有請求清償之資格第二如果有請求之資格或不能全部請求而有一部請求之資格亦應審究其據以請求之憑是否確實可信查閱訴訟記錄被上告人等所謂國課山分商家借欵及其他員司薪金並無各該債權人委任求償之確據無論其債權是否屬實非被上告人等所可得而求第一審駁斥此項請求不能謂非正

當乃原審竟認被上告人等此項控告為有理由實有未合關於此部分之上告論旨應認為成立惟查被上告人等提出信函賬單各件尚有為自己主張之債權如薪金等項是原審為審理事實之審判衙門自應調查此信函賬單是否確實可信能為自己主張之債權數額究有若干明確認定以為合法之判斷乃原審竟忽略不為認定是於職務上應盡之能事尚有未盡關於此部分之上告論旨亦不得認

塗十五字

塗二字 [illegible]字

[illegible]一字

判決[illegible]　林理[illegible]

為不成[illegible]不[illegible]其[illegible]者[illegible]依[illegible]

顯[illegible][illegible]理由

據上論結即將原判撤銷本案被上告人

為自己主張債權之部分應發還直隸高

等審判廳更為審判關於其他部分之控

告應予駁回至本件為實体法與訴訟法

上之論爭核與本院書面審理之現行事

例相符故本判決以書面審理行之特為

判決如右

中華民國四年十一月十九日

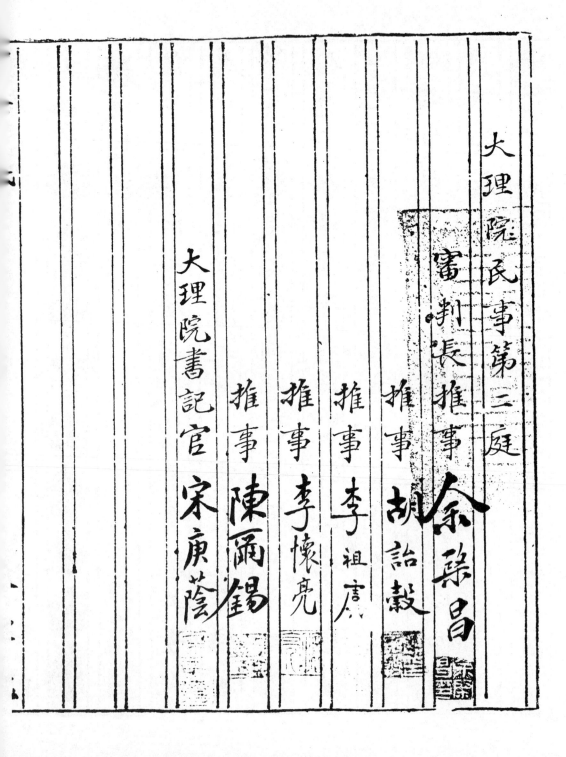

大理院民事第二庭

審判長推事 余棨昌

推事 胡詒穀

推事 李祖虞

推事 李懷亮

推事 陳爾錫

大理院書記官 宋庚蔭

【大理院民事判決】四年上字第二二〇〇號

【判例要旨】

天津習慣錢商憑摺川換所付之款，既係應先作還本，年終始還利息，即應從其習慣認其為原本之清償。

大理院民事判決四年上字第二三○號

判決

上告人田毅齋直隸天津縣人住田家嘴年四十三歲業商

被上告人龔世卿直隸天津縣人住估衣街義勝銀號年三十七歲業商

代理人王殿俊律師

右開上告人對於中華民國四年四月十二日直隸高等審判廳就上告人與被上告人因債務糾葛一案於本院發還後所為更審之判決聲明上告本院審理判決如左

主文

改乙字

原判撤銷

本案發還直隸高等審判廳迅予更為審判

理由

查本案前經本院以(一)慶豊湧等三號自光緒二十八年起至各該號歇業時止所欠同茂永本息究為若干(二)利息[illegible]應算至何時為止(三)慶豊湧等三號究係自行歇業抑因虧累倒閉如係倒閉按照習慣能否主張減成還債原審均未查訊明確故特發還更審茲查原審更審判決第一關於債額一層雖據認定慶豊湧自

改乙字

光緒二十八年至三十二年年終歇業時止共欠本息四千零五兩湧泰恆自光緒二十八年至三十四年年終歇業時止共欠本息六千零四十兩零九錢八分湧聚成共欠本息二千一百二十四兩三錢六分總計三號共欠一萬二千一百七十兩零三錢四分云云而查此項額數係憑被上告人一面所開之清單為準與上告人所開共欠本利一萬一千一百十二兩七錢七分之數尚差一千餘兩所差究在何

塗弍字

判決原紙　大理院

處原判竟無一語釋明何足以資折服其
認定殊不能謂為適法第二計算利息一
層查錢商憑摺川換所付款項應先作遞
本年終始遞利息被上告人在原審已承
認天津有此慣例（見四年一月三十日意
旨書）而所欠利息如年終未清翌年
即滾入原本不惟天津商務總會函復如
是即上告人在原審亦已明認（見三年十
二月二十六日狀）是計算利息之方法固
已不成問題所應審究者惟在歇業後應

否免除利息之一層查原審詢據商務總會復稱商家因虧累之結果致成倒閉事寔上不能本利併還在倒閉之後商家以感情所羈免除利息為習慣之通例等語其感情所羈一語似係概括說明習慣上所以免除利息之原因非謂免除與否視感情之如何為斷原判謂兩造涉訟已久無感情足道即歇業後亦無免除利息之理由所見亦不能謂為正當第三商家因虧累倒閉者按商務總會復函所稱似可主張減成還債即被上告人在原審亦似承認有此

改乙字
添乙字
添乙字

習慣（見四年一月二十日筆錄）惟慶豐湧等三號當時究係自行歇業抑因虧累倒閉當有事寔可查乃原審遽以當時未曾稟報商會及縣署且上告人現尚開有商號兩處家有稻田多頃等情即推定慶豐湧等均係自行歇業亦未盡職權上應盡能事上告意旨關於以上各節均不能謂無理由惟王銘三調處一節本院前判業以原判認定同茂永並未承認為適法將該上告人之附帶上告駁回此節自屬確定不在更審範圍以內乃上告人於更審之際執卷內

改乙字

添乙字

被上告人前供王銘三係同事一語據為請求再審之原因殊不合法原審予以駁斥並無不合上告意旨關於此點猶復齗齗爭執寔屬不成理由

據以上論結上告尚非全無理由應將原判撤銷發還原審更為審判至本案原審認定之事實仍未碻當終應發還更審之件故依本院現行事例以書面審理特為判決如右

中華民國四年十一月二十三日

大理院民事第一庭

審判長推事　姚震

推事　陸鴻儀

推事　朱學曾

推事　石志泉

推事　曹祖蕃

大理院書記官　董益成

第二款　提存

【大理院民事判決】　八年上字第七二八號

【判例要旨】

債務人有合法之提存，固可不再任給付利息之責，然若已將提存物取回，則視與未提存同，不能主張因提存所應得之利益。

[illegible]宣 八年六月廿三日
[illegible]宣告
於民國八年七月一日
本領收
書記官 錢[illegible]

大理院民事判決八年上字第七六六號

判決

上告人 陸吉齋 年五十三歲江蘇盐城縣人住建高市 業農

被上告人 金幼棠 年四十六歲江蘇盐城縣人住樓王莊 業商

右上告人對於中華民國七年十月八日江蘇高等審判廳就上告人與被上告人因債務涉訟一案於本院發還後所為更審之判決聲明一部上告經本院審理判決如左

主文

本案上告駁回

上告審訟費由上告人負担

理由

查原判判定民國四年五年上告人應納稻租之成數及其折算之價額上告人已無不服自屬業經確定茲上告論旨(一)謂債權債務關係當以契約內容為據本案租息一項抵據既載明設遇年荒歲歉悉聽大例等語則民國三年之應否還租當以盐邑全境有無秋收為斷不能以稞粒俱無之慘狀猶許對於該年追租之執據發生效力及四年所繳三千斤之大麥亦作該年荒歉之租息國課因歲荒停征錢

債獨不因此免利契約載明大例究以何種為標準
不服一(二)謂上告人當第一審判決後即以應清償
之總額提存於被上告人所在地之德隆錢莊並隨
通知其受領而被上告人不受履行則遲延之責伊
無可辭上告人既經適法提存至今毫無該欵之利
得按諸民法法理關於提存之效力自不負支付提
存後利息義務而原判關於租息之部分着上告人
繳至契約解除之日為止殊於法理未洽不服二各
查閱訴訟記錄抵契內所載設遇豐歉悉聽大
例字樣係指鄉例而言縣雖停征與鄉例無關其一

塗[illegible]字　改[illegible]字　改[illegible]字　塗[illegible]字

百五十千文之加抵字據及大麥三千斤係為抵償
民國三年之租息各節業經本院前判予以確定在
案所以發還更審者乃是年租息是否即以一百
五十千之加抵字據及大麥三千斤全行了結即是
年租息應否更令上告人補償之問題此次更審查
據陶緝齋等証言認定民國三年租息因是年歉收
經中酌議加抵一百五十千並三千斤大麥全行了
結不須更令上告人補償上告人即已無不服之可
言乃仍以年歲荒歉援據大例字樣更為不服之主
張於法殊屬不合至債務人已有合法之提存依法

固可不再任利息之責然若已將提存物取回則視與未提存同不能主張因提存所應得之利益本案據上告人之子陸瑛於民國七年九月十六日在原審供称公民已將欵子存在德隆錢莊嗣因金幼棠上訴纔又提回云云則無論上告人所為之提存是否合法而既據自行取回即並不生提存之效力豈能因此減免其應付利息之責任原審判定上告人民國六年以來應付之租息應依約定原額計至契約解除之日止於法自非不當上告意旨不能認為有理由

依以上論結本案上告為無理由即予駁回上告審訟費依本院訟費則例應由上告人負担至本案上告係上告人空言不服原判並無法律上正當理由終應駁回之件故依本院現行事例即以書面審理行之特為判決如右

中華民國八年六月二十三日

大理院民事第一庭

審判長推事 余棨昌

推事 沈家彝

推事 李棟

推事　劉鍾英

推事　鄭天錫

大理院書記官　錢承鋕

第三款　抵銷

【大理院民事判決】　四年上字第一三四四號

【判例要旨】

抵銷係為兩造節省清償程序起見，並不限於同一之債務履行地，即履行地各異者亦得抵銷之。

四八 十七日

四九 十三日

宋庚蔭

大理院民事判決四年上字第一三四四號

判決

上告人郝耀亭 山西祁縣人住打磨廠尚古店年六十三歲合盛元掌櫃

被上告人鍾愈初 即鍾裔旗人住東單牌樓大紗帽胡同年四十歲

右上告人對於中華民國四年五月十四日京師高等審判廳就上告人與被上告人因債務糾葛一案所為第二審判決聲明上告經本院審理判決如左

主文

本案上告駁回

上告審訟費由上告人負担

理由

查本案兩造債權債務之關係並其數額皆屬不爭之事實所爭辯者被上告人欲以其對於山西合盛元老店所有之債權與上告人即京號合盛元之債權相互抵銷上告人則謂(一)債權之關係不同(二)債權會之異議主張不能抵銷茲先就上告第一論點審究之按民法法理二人互負同種標的之債務均至清償期者各債務

人得以自己之債權與相對人之債權互相抵銷而其抵銷為兩造節畧清償起見並不限於同一之債務履行地即債務履行地各異者亦得抵銷之本案被上告人在原審提出合盛元祁縣老號所借代錦寶堂銀借券一紙既據原審認定其性質與所負合盛元債務之性質相同又已至清償期限核閱訴訟筆錄原審問上告人鍾愈初先拏出來那兩萬三的借約不錯吧答那不錯（四年四月四日供）復問這代

錦寶堂是鍾愈初的堂號不是答是他老人復問是在京内取息不是答後來他們不在山西了就給滙到京號他們由京號取等語則可見被上告人對於合盛元老號之債權既屬確實而因其不在山西轉滙到京號則微論被上告人已與京號發生直接之關係未便藉口於外省各同號所欠之債不能由京號負責又況即如上告人所主張然按諸前示法理債務之履行地雖有不同亦無有不可抵銷之理

故此項上告理由殊難成立次就上告第二論點審究之按債權契約係特定人間之法律關係他債權人之行為自於此特定人間不能有何等之拘束力上告人關於此點雖以他債權人業經組織債權會若許被上告人抵銷則使債權會之權利得而復失上告人實屬無力賠補以為論據殊不知他債權人之行為依法既不足以拘束被上告人而上告人是否有力賠補又係上告人對於他債權人之問題截

添一字

判決原紙　大理院

然兩事不能以此對抗被上告人之口實原判謂此兩者毫無關係即非不合故此項上告理由亦難成立

據上論結本案上告應認為無理由即予駁回並令負担上告審訟費又本案上告係屬實體法上論爭之件依本院現行事例本判決即以書面審理行之特為判決如右、

中華民國四年八月十七日

大理院民事第二庭

審判長推事 余棨昌

推事 胡詒穀

推事 孫鞏圻

推事 李懷亮

推事 陳爾錫

大理院書記官 宋庚蔭

第四款　更改

【大理院民事判決】

四年上字第三八四號

【判例要旨】

分劈地畝之債務，自書立借據而後，其債務之標的已變而為金錢之給付，其更改以前之舊債務如何，原可置之不問。

中華民國四年四月八日
判決宣告
中華民國四年四月廿二日
原本領收
書記官錢承愷

大理院民事判決四年上字第三八四號

判決

上告人張華軒 直隸天津縣人住尚師夫墳年三十七歲

被上告人即附帶上告人齊芹洲 直隸天津縣人住河東義界年六十八歲

右代理人趙世賢律師

右開上告人對於中華民國三年五月八日直隸高等審判廳就上告人與被上告人錢債轇葛一案所為第二審判決聲明上告被上告人亦聲明一部附帶上告經本院審理判決如左

主文

本案上告及附帶上告均予駁回
上告審訟費由上告人負擔

理由

上告人上告意旨第一點畧稱利息一節在第一審起訴以前經案外李同達說合免除一部作為五百四十元被上告人業已允諾故上告人由景泰和撥付之利洋二百七十元被上告人概然收受別無異說除此已付之二百七十元外下僅欠利洋二百七十元乃原判照本算息命付利八百八十五元何能甘

服云云本院按免除行為亦消滅債權之一方法如被上告人對於上告人果已表示免除一部利息之意思則此被免除之利息上告人自勿庸清償然事實之認定應憑証據原審既訊明證人李同達未能得上告人有利之証言自不得不否認上告人主張之事實至被上告人收受利洋二百七十元一事原不足為推定免除之資料蓋凡性質上可以分析之給付債權人本可任意為一部給付之受領自未可因此遂推定其就他部債務有免除之意思表示

也上告人此項論旨殊難認為正當

上告意旨第二點畧稱此債務之發生委因與被上告人夥買朱姓地畝被上告人攤銀九百兩其餘皆歸上告人負擔後被上告人翻變初意不肯分受地畝遂將銀兩折作洋元歸上告人借用現在上告人負債甚鉅所有產業一時難於變賣如蒙判以產抵債則於上告人既有利益於被上告人亦無損害有何不可乃原審於債務之原因並未合法認定第據契載因置產不敷一語為字面之解釋謂以產抵債必出於兩

造之協議斷無強迫債權人承認之理等情夫兩造既已興訟何能協議判令以產抵債何得謂之強迫云云本院查上告人與被上告人間之債務關係其原因為貸借徵之借據本甚明瞭原判誤解借據為債權成立之要件固屬非是而以之為債權成立之證明方法固為有效且縱使上告人所稱屬寔其一部分原為分劈地畝之債務然自上告人書立借據而後其債務之目的已變而為金錢之支付其更改以前之舊債務如何原可置毋庸問以產抵債是為

塗二字

代物清償如債權人任意受領固與清償有同一之效力然債務人無為代物清償之權利即使於雙方均有利益苟當事人間先無此項特約法院自不能强制債權人之受領上告人此項論旨亦不能認為正當

被上告人附帶上告意旨畧稱原判利息八百八十五元係算至起訴之日為止現上告人無理上訴一味拖延被上告人受累匪淺應請改判按月算息以還本結案之日為止云云查閱第一審訴訟記錄被上告人訴狀祇為利

塗一字

改一字

洋八百八十五元之請求其在第一詞審言詞辯論聲明應受判決事項亦然是被上告人對於起訴以後之利息已為默示之拋棄不應再行請求蓋利息之推算及上訴為當事人之權利得以自由行使被上告人於起訴時儘可預見此項附帶上告意旨亦非有理由

據以上論斷本案上告及附帶上告均應予以駁回上告審訟費依本院訟費則例應由上告人負擔再本案上告及附帶上告純係關於寔體法及訴訟法上見解之件依本院現行則例

得為書面審理故即以書面審理行之特為判決如右

中華民國四年四月八日

大理院民事第一庭

審判長推事　姚震

推事　陸鴻儀

推事　許卓然

推事　朱學曾

推事　陳彰壽

大理院書記官　錢承愷

第二章　契約

第一節　通則

第二款　契約之效力

【大理院民事判決】　七年上字第八四九號

【判例要旨】

雙務契約當事人之一造，已合法提出給付並催告相對人履行債務，而相對人不依法履行者，對於相對人除請求履行外，並得請求賠償其因不履行所生之損害。

中華民國七年七月六日
中華民國七年七月五日
書記官張逢慶

大理院民事判決七年上字第八四九號

判決

上告人黃禮門 年五十四歲江蘇靖江縣人住四墩子業農

代理人劉銘度 律師

被上告人瞿樹霖 年四十五歲江蘇靖江縣人住西門大街清節安嫠兩堂董事

右上告人對於中華民國六年十月三十日江蘇高等審判廳就上告人與被上告人因典賣田畝涉訟一案所為第二審判決聲明上告經本院審理判決如左

主文

原判駁回上告人反訴及訟費之部分撤銷

加乙字

上告人交給被上告人田單中關於未經出典之十畝應准

上告人請求劃分交還

其餘上告部分駁回

訴訟費用上告人負担三分之二被上告人負担三分之一

理由

本案上告人主張被上告人關於典受田畝不得收取民國五年兩熟及六年夏熟全租雖以被上告人先自短繳田價一千[illegible]為詞惟依現行法例雙務契約當事人之一造已合法提供給付並催告相對人履行債務而相對人不依法履行者对於相對人除請求履行外並得請求賠償其因不履行所

塗乙字

改塗式字

生之損害本案援原審合法認定事實上告人於乙卯十二月內與被上告人所結典當田畝之約既經合法成立則上告人一面固得請求被上告人給付典價而一面對於被上告人亦應負移轉占有（於本案為交佃）之義務其契約性質既屬雙務則被上告人因未移轉占有所受之損害（即不能收取之田租）能否請求賠償自應以上告人是否負不履行之責為斷查民國六年二月一日上告人辯訴狀內粘有被上告人所立付田價洋一千元之期票一帋載明乙卯年（民國四年）十二月二十二日（舊歷）為期並批此洋應俟佃戶取認後照付字樣是被上告人於應給付之典價餘額一千元業已

加三字改八字　塗加乙字　改乙字　加乙字　加拾柒字又加乙字塗四字旁塗乙字　加四字　塗乙字

[illegible]

合法提供上告人自可按[illegible]交佃取款乃該上告人竟延不交佃則不履行之責自應屬於上告人依前開法例關於被上告人未能收取之田租應賠償其全額上告人以典價未經付齊王張被上告人不得全收殊有未合又查典產之方單所以交付典主者不過供証明典當關係之用本案被上告人典得之田既僅四十畝則上告人當初點交五十畝之方單[illegible]字據而現在關於未經典得之十畝既別無留置方單之權即不得強行執存上告人請求劃分交還於法尚非不合原判駁斥其請求自有未當

據上論結本案上告關於劃分方單之[illegible]部分為有理由合

改乙字

加乙字

將該部分及訟費部分原判撤銷即□□判其他部分之上告
為無理由應予駁回訴訟費用依現行訟費則例由上告人
負担三分□□被上告人負担□□□再本案上告係關于
法律上之□□□□□□□□□□□之件依本院現行事
例□書面審□

中華民國□□□□□□□□

推事 朱學曾

推事 李懷亮

推事 曹祖蕃

推事　張康培

推事　劉鍾英

大理院書記官　張逢慶

第二節　買賣

第二款　買賣之效力

【大理院民事判決】　三年上字第一一九〇號

【判例要旨】

買賣之標的物在締約當時，並不必屬於賣主，今上告人既與被上告人締約，將該地賣出，則無論是否上告人所有，而上告人要有移轉權利，交付地段之義務。

中華民國三年十二月十五日
判決宣告
中華民國四年一月七日
原本領收
書記官宋庚蔭

大理院民事判決三年上字第一千一百九十號

判決

上告人 黃培邦 廣東新會縣人住省城財政司前生華車衣店業商

黃植和 廣東新會縣人住大塹大安里年三十歲業商

被上告人即附帶上告人 梁樹和 廣東開平縣人住省城仙湖街羣英旅館年六十八歲業商

右上告人對於中華民國三年四月二十八日廣東審判廳就該上告人等與梁樹和因買地涉訟一案所為第二審判決聲明一部上告被上告人亦聲明一部附帶上告經本院審理判決如左

註乙字

主文

本案上告及附帶上告均予駁回

上告訟費由上告人負担

理由

本院按現行法例凡買賣契約締結時賣主自負移轉權利交付標的物之義務若賣主不能如約為交付者則買主當然可以解除契約而此種契約之解除實係出於應歸責於賣主之事由故除買價已交付者應返還外並應由賣主担負契約費用又買賣之標

的物如係可分之性質者則買主就其一部
以賣主不能交付為理由解除契約而就他一
部仍對於賣主請求交付者亦自無不合本
案上告當事人間約定買賣之地段坐落會
城大壑大安里內自梁養源堂田界起丈直
至官路河邊橫過五尺共該稅五分現在被
上告人就該地四分五厘之部分因上告人
不能交地已願解除契約係兩造之所不爭
茲所爭者即其餘五厘之地是否上告人所
有當時訂約曾否附有解除條件及上告人

應否賠償契約費用有無交地五厘之義務是
已查閱第一審勘單內開由梁養源堂石界
內起向南橫過五尺向西直通官路外臨大河
長約五十三丈六尺成直線形界內三分之一
屬禾田三分之二屬扇地是否黃姓之業無
界址可考等語是界內有無上告人五厘之
地誠難臆斷然依現行法例買賣之標的物
在締約當時並不必屬於賣主今上告人既與
被上告人締約將該地賣出則無論是否上
告人所有而上告人要有移轉權利交付地

段之義務故該地五厘是否上告人所有實毋庸爲之審究又查賣契內載黃培邦父子願將自己買下之地出賣等語並未附有何項解除之條件即以合約文句而論不過謂二姓各自買地建造房屋須留通路云云亦無賣主不能交地契約即歸消滅之記載是則曾附有解除條件之說實爲無據由此以論地段之是否屬上告人所有既於被上告人請求交地之權無涉而該地之買賣契約亦非因條件之到來而當然消滅則原審據被

上告人之請求就該地四分五厘之部分因上告人之不能交地即解除契約令上告人返還地價並賠償契約費用而就該地五厘之部分判令上告人依約交地按之上開法例毫無不合故上告人上告論旨全不得為有理由至在控告審止訊一庭並未令代理律師出庭一節查訴訟記錄上告人所遞委任狀係在辯論終結之後辯論如未終結雖有更指定辯論日期之事然事實既甚明瞭即毋庸更行指定日期而辯論即於當日終結絕無

改塗乙字　塗改乙字　塗改乙字　塗五字經字

不合故此點上告論旨[illegible]非允當又被上告人就該地四分五厘之部分經第一審判令解除契約而並未以控告方法聲明不服則依法在上告審即不得[illegible]控告審已經甘服之事項重[illegible]聲明不服故被上告人附帶上告請求改判令上告人依契交出全部地段云云顯難謂為合法

據上述論結應將上告及附帶上告均予駁回並依現行則例令上告人負担上告訟費至本案上告係關於實體法及訴訟法之見解依本

院現行事例得用書面審理故本判決即以
書面審理行之特為判決如右

中華民國三年十二月十五日

大理院民事第二庭

審判長推事　余棨昌

推事　胡詒穀

推事　李祖虞

推事　孫鞏圻

推事　陳爾錫

大理院書記官　宋庚蔭

【大理院民事判決】 四年上字第一二四號

【判例要旨】

買賣契約締結後，買主對於賣主即可請求其依約履行以移轉其所買受之物權，而此買賣契約所生之請求權，亦自可由買主讓於第三人。

中華民國四年二月九日
本件宣示
中華民國四年二月廿三日
原本領收
書記官 鄭耿光

大理院民事判決四年上字第百二十四號

判決

上告人 楊蔭湘 直隸廣平縣人住孟固村年三十五歲業農現寓北京東城炒麪胡同王宅

右代理人 楊蔭生 籍貫住址仝上年三十二歲業商

被上告人 馬謙貴 直隸成安縣人住辛集村年二十七歲業農現寓北京宣武門內東太平街文明公寓

右上告人對於中華民國三年六月三十日直隸高等審判廳就該上告人與被上告人因地畝涉訟一案所為第二審判決聲明上告經本院審理判決如左

主文

本案上告駁回

上告審訟費由上告人負担

理由

查本案係楊蔭湘與馬謙貴間之訴訟即以馬謙貴所典地二十八畝應否歸馬謙貴買留抑仍由楊蔭湘贖回為訟爭之目的至其餘馬謙貴所典之三十畝由楊蔭湘絶賣於楊昌緒闗於其絶賣之是否有效雖馬謙貴與楊昌緒間亦有爭執但經原審確認其絶賣為有效判歸昌緒管業兩造均無不服自應毋庸置議故本

案即應專就該二十八畝應否由被上告人買留抑應由上告人贖回予以審究查現行法例買賣契約締結後買主對於賣主即可請求其依約履行以移轉其所買受之物權而此買賣契約所生之請求權亦自可由買主讓與於第三人本案被上告人主張該五十八畝先由上告人一併賣絕於楊昌緒後伊向昌緒理論始由昌緒讓買二十八畝而上告人復翻悔不買有中人楊起雲史保光等可証而上告人則主張當時將地五十八畝絕賣於楊昌緒屬實後因被上告人無理妄争遂由昌緒退回二十八畝令被上告人自

行價買乃被上告人又圖勒價迄未成交各等語是楊昌緒之於該二十八畝究為讓與契約上買主之權利抑為解除買約而拋棄買主之權利是為應行審究之點如為讓買則依上開法例被上告人即本於昌緒之讓與權利當然可向上告人行使買主之權利請求其立契文地以移轉該二十八畝之所有權如為解約則該二十八畝既為上告人所有而被上告人又未與之訂立買地契約自無主張買受之權利檢閱原審記錄楊起雲史保光同供稱楊蔭

湘把此地全賣絶於楊昌緒而謙貴不肯彼此爭吵因向兩造[illegible]說謙貴要二十八畝昌緒要三十畝作為了結等語（二年十二月二十三日在第一審供）是當時因爭執之結果經中說合始有此互讓之議其非解約而為讓買可知即証之楊昌緒在第一審所供亦有經楊起雲等說合叫小民讓與馬謙貴二十八畝小民應允之語是則其後變易主張謂自己非地主無權讓買僅退回二十八畝俾自向上告人商買云云於法自非可信況依上開法例楊昌緒身為買主既可本於買

約向上告人請求立契丈地移轉該二十八畝之所有權則其將此項買賣契約所生權利讓與於被上告人並無不法何得謂為無權讓買其為飾詞偏袒可知總之上告人與楊昌緒間既訂立買地契約而被上告人與楊昌緒間又訂立讓與權利之契約則被上告人繼受楊昌緒之權利義務向上告人支付約定之代價而請求立契丈地移轉物權於法毫無不當茲上告人雖謂被上告人於退回之二十八畝仍圖勒價不買等語然所謂勒價不買絕無適法佐

証本非可信自難以空言遽悔已成之買約由此以論原審判令被上告人依約買留二十八畝於法洵屬允當而上告人之上告論旨即難謂為有理由又查本案訴訟記錄原第一審於三年一月十七日判決後上告人即於二十日在第一審遞狀聲明不服其間第一審並無駁斥强制執行飭令上訴之示諭而查其狀內亦明係對於第一審判決聲明不服共列事實不符者三理由不當者三並表示移送上訴審之旨是則其不因有駁斥强制執行之諭示始提

塗叁字

塗改乙字

改二字

起上訴而為合法之控告無疑在被上告人於六月二十三日遞狀亦已稱楊蔭湘已允許賣與身二十八畝乃無端返悔其為惡意可知懇請將原地全數判回等語是被上告人明明有附帶控告是原審本於附帶控告判令該二十八畝由被上告人買留並不違不告不理之法則至其以楊呂緒與馬昌緒之訴訟與本件誤為一事即以上告人為該件之被控告人按之訴訟法則殊為謬誤惟其判斷依前示說明既屬允當故原判不合法之點雖應即予以更正而

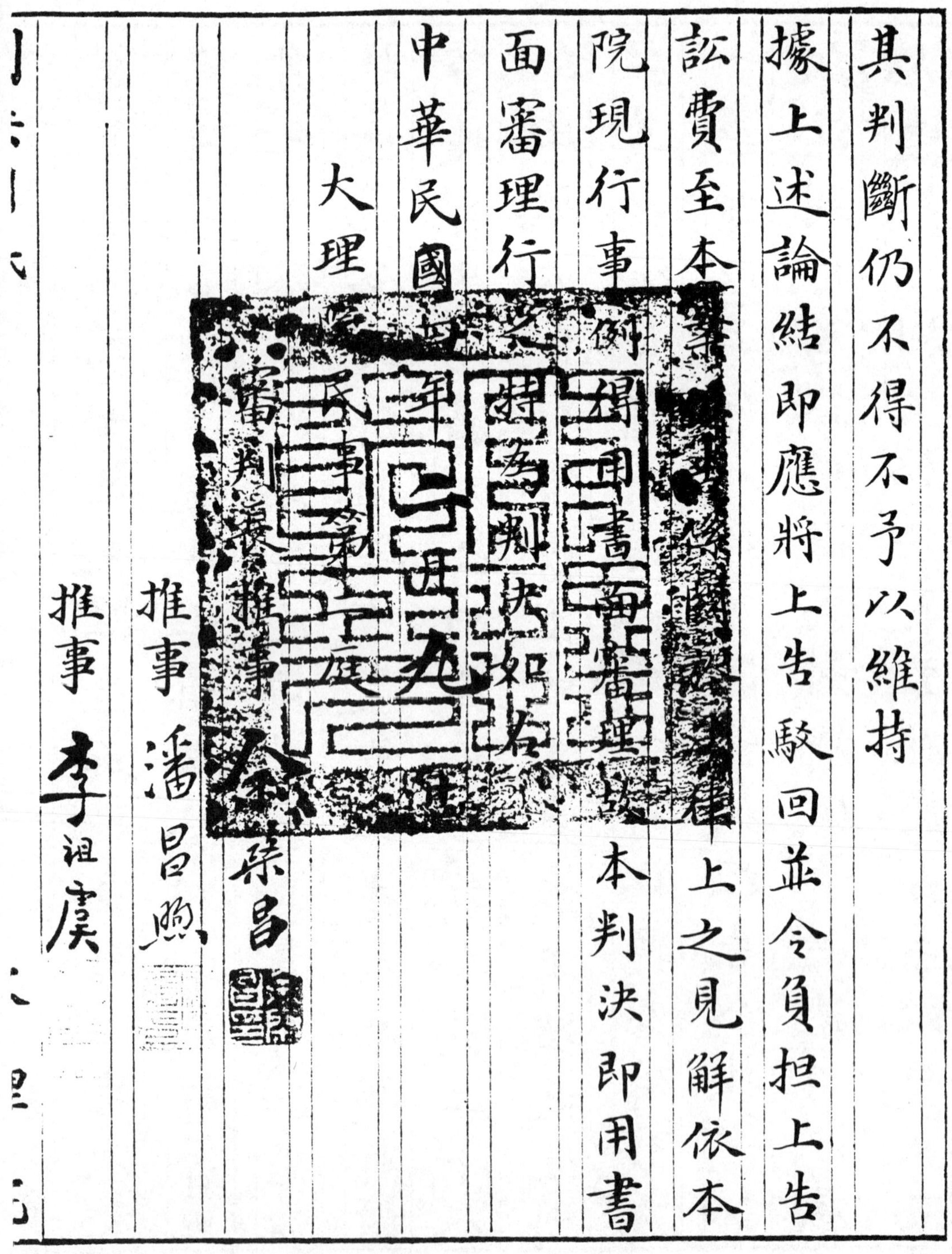

其判斷仍不得不予以維持

據上述論結即應將上告駁回並令負担上告

訟費至本案關於法律上之見解依本

院現行事例得用書面審理故本判決即用書

面審理行之

中華民國　年　月　日

大理院民事第　庭

審判長推事　余棨昌

推事　潘昌煦

推事　李祖虞

推事李懷亮

推事郁華

大理院書記官鄭耿光

【大理院民事判決】七年上字第三六四號

【判例要旨】

兩造訂立之買賣契約，既未附有何種解除條件，上告人給付價銀之義務復未照約履行，則依雙務契約之原則，即不能獨以被上告人未經照約履行交付地照之義務，為歸責一方之事由，而認上告人得有解除權。

大理院民事判決七年上字第三六號

判決

上告人李松田 吉林農安縣人住太區四道岡年四十七歲業農

代理人徐岱 律師

被上告人徐策三 奉天人住洮南縣年四十一歲

右上告人對於中華民國六年九月十八日吉林高等審判廳就該上告人與被上告人因買地涉訟一案所為第二審判決声明上告本院審理判決如左

主文

添一字

大理院

本案上告駁回

上告審訟費由上告人負担

理由

本案上告人於民國三年十二月間憑中潘繼林王殿珍向被上告人承買奉天洮南縣太本站地八十方價銀九千兩由被上告人書立賣契交上告人收執上告人當先交價銀一千零七十兩下欠銀七千九百三十兩出立欠單與被上告人約定民國四年三月十五日及五月十五日為交價領照之期由潘繼林王殿珠作保民國四年二月

间上告人曾與潘継林同到太夲站驗明地段無異嗣後並未照約交價被上告人亦未交出地照為两造不争之事寔兹所争执者即(一)上告人所立欠单内是否有屆期不交地照買賣即作罷論已交價銀作為借款之載明(二)上告人是否已於民國四年冬月间将賣契交還潘継林持去(三)被上告人交案之地照是否係他人領名與上告人原買之荒地地段及等則不符是已夲院查(一)被上告人呈驗民國三年十二月间上告人所立欠单係被上告代筆僅載有下欠之款緩至明年三

塗一字

[illegible]

月十五交款一半領照二十方五月十五款齊照

齊如若至期款不到時有中人一面承保等字

樣並未有屆期不交地照即行解除買賣契約之

載明上告人雖以原立欠单係其親筆所書現時

呈驗之欠单既係被上告人代筆所盖福記圖章

又非其使用之物足見該欠单寔屬揑造為詞然

上告人之代理人李玉芝(即上告人之胞姪)在第

一審明明供有民買徐策三荒地八十方價銀九

千兩經潘繼林王殿珍使去定銀二十錠馮立草

契欠单都經徐策三代字屬寔等語核與中人潘

塗一字

繼林王殿珍先後在兩審所為上告人出立欠单係被上告人代寫之供述適屬相符原審認定該欠单為真寔自非無據而就該欠单內容觀之兩造訂立之買賣契約既未附有何種解除條件上告人給付價銀之義務復未照約履行則依雙務契約之原則即不能獨以被上告人未經照約履行交付地照之義務為歸責一方之事由而認上告人得有解除權固不待煩言而決若(二)上告人所稱民國四年冬月间已將賣契交還中人潘繼林持去一節縱令果有其事亦僅屬上告人一

判決用紙　大理院

判決用紙　大理院

方所為解約之要求而在被上告人是否已經承諾絕未能有所証明則原立買賣契約法律上仍屬有效存在上告人何能以此藉口拒絕被上告人交價領照之請求況上告人所舉証人張儉徐振鄭君等雖在原審供認曾見上告人將賣契交還潘繼林而所供交契之時間彼此互相歧異此等証言當然不足為憑且上告人當時如果已將賣契交還焉有時閱年餘並不收回欠单索還已交價銀之理原審據此認定上告人寔無交還賣契之事亦非失當至(三)被上告人交案之地照八

十張均載明中等荒地坐落太本站等字樣究與上告人向被上告人承買之荒地地段及等則是否相符上告人既將原立賣契匿不呈驗自屬無從認定且據上告人所立欠单內載買得徐策三太本站荒字樣並非與地照所載坐落地点不符豈容徒以空言狡執如謂該地照係鍾玉成白潤亭名義承領而非被上告人領名則按照買賣法理凡以他人之權利為買賣之標的者茍非賣主不能取得其權利而移轉於買主時買主不得有解除契約之權今被上告人既以其所出賣荒地

第號用紙　大審院

八十方之地照交案並經声明該地照係其向鍾姓白姓讓受而來則上告人儘可本於買賣契約之效力持照更名管業將來如果因權原上發生問題不能達更名管業之目的上告人固仍得向被上告人行使其解除權而現時並未發生此等情事即不容藉為拒絕交價領照之口寔故本案上告不得謂有理由

依上論結應將本案上告即予駁回上告審訟費按照本院訟費則例應由上告人負担再本案上告係涉及寔体法並訴訟法上見解終應駁回之

件故本判決依本院現行事例即以書面審理行
之特為判決如右
中華民國七年四月九日
大理院民事第二庭
審判長推事 余棨昌
推事 胡詒穀
推事 高种
推事 李棟
推事 吕世芳
大理院書記官 劉世援

【大理院民事判決】

七年上字第五一二號

【判例要旨】

買房在未交付以前，既係因租戶失火焚毀，則減少應付之價銀，於法自無不當。

中華民國七年五月九日
判決宣告
中華民國七年十二月三日
原本領收
書記官 董□藏

加字

大理院民事判決七年上字第五一三號

判決

上告人 鄭少山 平湖縣人住喜雨坊年五十歲業商

被上告人即附帶上告人 許振祥 年四十九歲餘同上

右上告人對於中華民國六年五月二十五日浙江高等審廳就上告人與被上告人因房屋及基地涉訟一案所為第二審判決聲明一部上告被上告人亦聲明附帶上告經本院審理判決如左

主文

原判中撤銷加價三百五十元及將賠償被焚房屋

加貳字　改壹字　改壹字

判決用紙　大理院

價額發由第一審終結判決與訴訟費用之部分撤

銷

本案被上告人關於加價三百五十元部分之控告

應均予駁回

被上告人因訟爭房屋三間被焚究得減少買價若

干發還浙江高等審判廳迅予更為審判

其他上告及附帶上告均予駁回

理由

查本案兩造之爭執原有八項除滌除抵當權一項

經原審判決兩造均無不服外茲所應審究者一為

改壹字　改壹字　加四字

畝分四至之爭執查現行法例買賣基地除當事人另有特約外應以契載四至為憑本案上告人立與被上告人之賣契既載明東至孫宅西至錢宅南至街北至許宅及街字樣則當時賣買之範圍寔屬顯然依法自應以該契所載四至為憑雖據上告人主張丈量之時曾經敎明餘多之地留出自任被上告人已表示允意有中人季鶴洲吳賓初可証然查第一審庭訊記錄季鶴洲供稱立契時鄭少山並未提及至丈過之後看多二分有零聽他說過地基有多之一言並未說不在賣產之内吳賓初供稱民間習

加重字
又加重字

加重字

加注重字

半分月約

慣係以四至為重鄭少山説及二分零不在賣產之
內係過後到秋間説的他想將房屋加價即霸佔二
分有零之地基各等語是上告人此項主張寔屬無
從徵信閱於此項之上告意旨殊難為有理由次就
被焚房屋之爭執而論查現行法例凡雙務契約當
事人一造所應[illegible]担負之給付非因歸責於當事人兩
造之事由而致不能者應減少對待給付之額本
案訟爭房屋三間在上告人未交付以前既係因祖
戶失火焚燬則原審判令被上告人減少應付之價
金於法亦無不當上告人何得藉口貧窘希圖免責

塗幾字　改幾字　加幾三字　加幾字

關於此項之上告意旨亦難認為有理由又次就未付之房價及已付之房價之利息而論查上告人立與被上告人之約還批及先交房屋批載有延未交卸為時已久現在趕緊備價取贖以便正式交卸正價銀洋不再支取字樣是被上告人未將房價全部付清其遲延之責任豈不在被上告人而上告人收受房價五百零二元使用多年自不能不給付相當之對價茲上告人乃謂付價遲延應由被上告人賠償損失不能就已得之房價支出利息殊屬無理關於此項之上告意旨尤難予以採用又次就石料之賣價而論查現行法例當事人於審

塗壹字

加貳字

判決用紙 院

判上已有合法之自認者有相當拘束之效力除得
相对人同意或証明確係出於錯誤外不得無故撤
銷本案據第一審庭訊記錄被上告人之代理人
計延齡曾經供認石條賣了二十餘元即上訴至原
審時其代理律師亦曾供称初審是伊任代表到庭
當時庭上問伊大約説的等語茲乃謂平湖方言亦
以塊称故原縣記錄因而錯誤殊不知以塊數而論
被上告人所称石条塊數亦為三十餘塊並非二十
餘塊以此攻擊原縣記錄顯係捏詞狡辯関於此項
之附帯上告意旨亦難認為有理由又次就六百五

十元之本利而論查現行法例當事人之爭点未經第一審裁判者除在控告審可以擴張之新請求及抵銷抗辯外不得逕由控告審審理判決本案按第一審原判關於被上告人所主張之六百五十元本利係認為另一問題並未與以裁判而謂之原因又與本案房屋及基地之爭執不同自非在控告審可以擴張之新請求上告人未經提起反訴又不能認為抵銷抗辯原審認被上告人此項控告係屬越級於法亦無不合關於此項附帶上告意旨仍難認為有理由又次就加價之三百五十元而論查原審庭訊記

錄上告人到庭辯論雖有不要三百五十元之供述然係以二分零地不交為條件觀其前後語氣甚屬明顯乃原審僅截取其不要之一句以為裁判之基礎殊於當事人之真意不無誤會茲既認上告人不交二分零地之主張為不當則第一審批中人之証言判令被上告人不得翻悔前約仍應從其毋命加給洋三百五十元自應予以維持關於此項之上告意旨應認為有理由又次就被焚房屋之賠償價額而論查第一審原判關於被焚房屋之賠償價額曾判令兩造邀同原中秉公估計乃原判謂應由第一審

另為終結判決殊屬錯誤被上告人附帶上告意旨
主張此項無發縣再為裁判之必要亦應認為有理
由
據上論結本案上告及附帶上告均認一部為有理
由原判中撤銷加價三百五十元及將賠償被焚房
屋價額發由第一審另為終結判決與訴訟費用
之部分撤銷本案被上告人關於加價三百五十元部分
之控告應予駁回被上告人因訟爭房屋三間被焚
究得減少買價若干發還原高等審判廳迅予更為
審判其他上告及附帶上告應予駁回至訴訟費

集

大理院　判決用紙

用由原審廳更審判決時並予裁判[illegible]又本件係関
於実体法及訴訟法上見解之件依本院現行事例
得以書面審理特為判決如右

中華民國七年五月九日

大理院民事第一庭

審判長推事　姚震

推事　李懷亮

推事　曹祖蕃

推事　張康培

推事　劉鍾英

大理院書記官 董盍咸

【大理院民事判決】

九年上字第二三號

【判例要旨】

買賣標的物有瑕疵時，買主固得請求減價或賠償損害，惟該標的物既尚存在，究非不能交付，自應以因此不能達到契約目的者為限，始許買主解除契約。

中華民國九年一月十六日
判決宣告
中華民國九年一月廿七日
原本領收
書記官陳燦奎

大理院民事判決九年上字第二十三號

判決

上告人張廷俊年四十二歲河南汲縣人

代理人胡廷彥律師

被上告人張渭川年四十七歲河南汲縣人

右上告人對於中華民國八年三月十二日河南高等審判廳就上告人與被上告人因當賣房地涉訟一案於本院發還後所為更審之判決聲明上告本院審理判決如左

主文

原判撤銷

本案發還河南高等審判廳迅予更為審判

理由

上告論旨畧稱(一)上告人原議當受之地為五十畝作價一千五百吊原判既謂上告人所稱為可據則被上告人所稱六十畝之數目及二千四百吊之當價顯屬不寔被上告人乃違反原議竟以地六十畝作價二千四百吊書立當契強令當受上告人因此將當契退還並非無端悔約且當契係立賣房契約後二日所訂立

亦足為並非以當價抵充賣價為賣房契約之重要內容原判不據法理遽准被上告人解除賣房契約(二)上告人賣房原意乃為外債甚多生活艱難之故而被上告人違反原約於五十畝地之當價一千五百吊作抵房價及撥交一千零八十三吊外尚欠房價四百餘吊不肯交付反欲解約故万不得已將該房樹木砍伐十餘株賣錢百餘吊以資糊口原審不察竟謂上告人有反悔之意判令交還被上告人錢一千零八十三吊將賣房

契約解除亦非正當云云

本院查上告人於民國六年舊歷五月初十日憑中將所有庄房園地書立草契訂明賣價三千吊出賣於被上告人其賣房契約可否解除為兩造之所訟爭茲閱於原議當地之畝数及當價之錢数既經原審更審查據原中韓啟運徐星奎所供並參以被上告人已撥付賣價一千零八十三吊之情形認定被上告人主張原議當地六十九畝當價二千四百吊之說不寔則上告人因被上告人

添乙字

所立當契違反原議即行退還自非無端悔約縱令該當價應抵充賣價一部為賣房契約之重要內容而被上告人究不得以上告人退還當契即主張解除賣房契約故被上告人以此為解約之原因顯非正當雖原審更審係因上告人供認將該房園地內樹木砍伐十餘株認定上告人已不能交付買賣之標的物遂准予解約殊不知該房園地十餘株樹木之被砍伐縱可認為其買賣標的物上已有瑕疵買主得請求減價而該標的

物尚在究非不能交付自須以因此不能達契約目的之情形為限始許買主解除契約今因上告人砍伐該樹木是否交付房園已有不能達契約目的之情形原審既未詳究釋明而就被上告人所稱上告人折毀房屋五櫊伐樹百餘株是否屬寔亦未調查認定遽行定断殊有未合上告論旨尚非全無理由

依上論結應將原判撤銷發還原廳迅予更為審判訟費應由原廳更審時併予裁判之

至本件上告係原審認定事寔尚未明瞭終
應發還更審之件依本院現行事例得用書
面審理行之特為判決如右

中華民國八年一月十六日

大理院民事第二庭

審判長推事李祖虞

推事孫鞏圻

推事劉含章

推事郃勳

推事陈尔錫

年　月　日

大理院書記官陳燦奎

書記官[illegible]印

第四節　贈與

【大理院民事判決】　三年上字第二一二號

【判例要旨】

現行法律關於贈與之撤銷廢止毫無規定，依法律無明文適用習慣法則，無習慣法則適用條理之例，凡以書狀為贈與之意思表示者，當事人無正當理由不得撤銷；以言詞為贈與之意思表示，而其贈與物業已履行者，亦不得隨意撤銷，其贈與人之承繼人無論應否同有此種權利，要不能反背此原則，蓋所以尊重既定法律關係，使社會得以安然無擾。

中華民國三年四月十六日
判決宣告
中華民國三年五月廿七日
原本領收
書記官 彭昌模

大理院民事判決三年上字第二一二號

判決

上告人 金福康 青浦人年五十六歲住朱家角鎮 業商

右代理人 秦聯奎 律師

被上告人 張其瑞

右上告人對於中華民國二年六月十一日江蘇高等審判廳就金福康與張其瑞因爭租涉訟一案所為第二審判決聲明上告經本院審理判決如左

主文

判決用紙 大理院

本案上告駁回

理由

查本案上告要點有二(一)上告人主張得撤銷廢其父母對於被上告人夫婦之贈與(二)主張本案仲裁已經成立當然有拘束之效力本院按現行法律關於贈與之撤銷廢止毫無規定依法律無明文適用習慣法則無習慣法則適用條理之例凡以書狀為贈與之意思表示者當事人不得無故撤銷以言詞為贈與之意思表示而其贈物業已履行者亦不得隨意撤銷

其贈與者之承繼人無論應否同有此權利要不能反背此原則至於受贈人必因重大過失及故意對於贈與人或其近親有忘恩不能容許之行為者贈與人或其繼承人始得主張廢止贈與所尊重既定之法律關係使社會得以安然毋擾此民事法上至當之條理也本案上告人金福康之母金陳氏既於光緒十六年更給交代據於被上告人之妻所有地產均已交代完畢其所有權均已移轉於被上告人依照上開說明自無主張撤銷之餘地又查此次係因被上告人欲將該地

自行收相上告人並非因此即陷於生計艱窘之境況上告人竟不允許始行涉訟自不得即謂其對於贈與人或其近親有忘恩而不能容許之行為是廢止之條件亦非具備則上告人第一主張自不能認為正當至於民事公斷制度現在詳細規典尚未頒行（商事則否）自屬無憑援用然調處（即和解）之法當事人固得有效實行但須經雙方同意合法成立其當事人始有服從之義務否則斷難強其遵循據原審衙門認定事實辛亥年七月二十二日顧敬閒等之呈詞聲明兩造爭執已不

容勸處等語是從中調處確有其事而調處未諧亦無容疑原審衙門以顧敬閑之所爲僅認爲有調處之經歷而不認爲調處之終結尚非不當上告人之第二主張亦不得認爲正當

據以上論斷本案上告應認爲無理由即予駁回

又本件係關於實體法上之見解核與現行事例書面審理之例相符故以書面審理之特爲判決如右

中華民國三年五四月拾六日

大理院民事第一庭

以上

判決原本　大理院

審判長推事姚震

推事林行規

推事潘昌煦

推事陸鴻儀

推事馮毓德

大理院書記官彭昌枝

【大理院民事判決】四年上字第一九七五號

【判例要旨】

贈與行為並非要式，苟書據以外別有證據足證明契約之成立者，自應認為有效存在。

中華民國四年十二月一日

判決宣告

中華民國五年五月廿七日

本繕校

書記官 王勁閎

大理院民事判決四年上字第一九七五號

判決

上告人 余紹怡 四川峩眉縣人年十八歲

代理人 余紹銓 籍貫同上住保定府獸醫學校年二十二歲上告人之胞兄

余袁氏

被上告人 宋余氏 籍貫同上年三十一歲

李余氏 籍貫同上年二十三歲

右上告人對於中華民國四年五月二十一日四川高等審判廳就上告人與被上告人等因贈與財產爭執涉訟一案所為第二審判決聲

民二十

判決用紙　　大理院

明上告經本院審理判決如左

主文

原判撤銷

本案發還四川高等審判廳迅予更為審判

理由

按現行民事法例贈與行為並非要式苟書據以外別有証據足証明契約之成立者自應認為有效存在又按現行訴訟法例認定事寔應憑証據除當事人各就其主張事寔負舉証之責任外審判衙門為使事寔臻於明確亦負相

塗壹字

塗壹字

當之義務故於職權上必要之處置即應盡其能事此試辦章程所明定而本院判例所屢經說明者也本案相爭田畝是否如被上告人等主張已由其母撥作妝奩應歸管業自應審究其母生前（宣統元年）有無此項撥贈行為為斷據被上告人所呈要証不外四種（一）上告人有親筆單（又稱提祖）寔行撥地（二）為有紅契在手之事寔（三）親鄰及胞伯茂蘭在場目覩上告人認明贈與寔行撥地查被上告人始終均謂此項提單係上告人親筆於民國元年母喪

臨殯眾親鄰到場將單及紅契六張對眾宣白由胞伯茂蘭許可轉付於被上告人宋余氏李余氏據該氏等民國三年十月二十八日在縣所呈之狀已聲敘明白事在由縣交團總調處之前上告人乃於三年十二月三十日狀稱被上告人等係睹所寄團總趙運利函始仿造提單並謂其如果屬寔何竟呈之於自己寄團總函之後（該函係註三年陰曆十月十二日寫）顯係揑詞聳聽且既謂其出自仿造則不啻明認該提單上之字與上告人親筆字無異該提單

原文雖未據原審檢送到院由此審察原審認為係屬上告人親筆即非全然無據至該提單如果確係上告人親筆而紅契又在被上告人宋余氏李余氏之手則苟不能証明另有他因似已足為上告人從前本認有撥贈事實之証

塗壹字

關惟為釋明關係俾昭折服起見審判衙門仍當寔施核對程序命上告人得以盡其陳述並取具當日到場撥地之茂蘭及其他重要公親人等之親供或再命其質對庶使事寔益臻明顯(四)為上告人親書之信函查此函係給佃戶

核其內容斷不能如上告人之空詞辯解謂係因委託被上告人宋佘氏李佘氏代行收租而寫蓋如果係屬收租即不能有概歸收納及無得異言等之語明明為地經撥出佃戶等或有疑阻故立此字以為憑據函內雖僅稱各位佃戶當然應以受交付人所應收租地之佃戶為限閱於此點如有他種信憑為之印証而上告人不能另呈出委託收租之証則上告人此項抗辯之為不當即可斷言復按被上告人等主張其母贈與之事實當時雖未立有字據是否

添壹字

尚有直接証憑可考亦當加以審究又被上告
人宋余氏李余氏就撥贈之地寔行收租究始
於何時據宋余氏在縣三年十二月十四日供
稱從前紅契雖存母手年祖均收無異等語是
否於上告人給佃户函以前曾經直接收租有
據再查訊以資印証凡此諸點原審尚未盡其
釋明之能事上告意旨雖未盡當然亦非全然
不合

據以上論結本案上告尚非毫無理由合將原
判撤銷發還原高等審判廳迅予更為審判又

本案上告係原審認定事寔未盡合法終應發還更審之件核與本院現行書面審理事例相符故即以書面審理行之特為判決如右

中華民國四年十月壹日

大理院民事第一庭

審判長推事姚震

推事陸鴻儀

推事許卓然

推事石志泉

推事曹祖蕃

大理院書記官　王勁同

第五節　使用租賃

【大理院民事判決】四年上字第二二五號

【判例要旨】

兩造間所訂租舖批約，既經載明，如或拖欠租銀，即將該舖取回，另批別人等語，則租客如果有欠租情事，業主自可據約將舖房收回。

中華民國四年三月四日
判決宣告
中華民國四年五月八日
原本領收
書記官彭昌枚

大理院民事判決四年上字第二二[illegible]號

判決

上告人 鄭澗泉 廣東香山縣人

汪漢庭 籍貫同上年四十二歲

被上告人 余釗能 廣東新寧縣人年五十二歲

右開上告人等對於中華民國三年七月二十九
日廣東高等審判廳就該上告人等與被上告
人因鋪租糾葛一案所為第二審判決聲明上
告被上告人亦聲明一部附帶上告本院審
理判決如左

主文

原判關於免租及頂手銀兩之部分撤銷發還

廣東高等審判廳迅予更為審判

上告人其他之上告駁回

理由

查本案兩造間所訂租鋪批約既經載明如或拖欠租銀即將該鋪取回另批別人等語則租客如果有欠租情事業主自可據約將鋪收回上告人自宣統二年將廣英昌閉歇後僅交過租銀十八元計至民國二年涉訟之時已積

改壹字　改壹字　塗壹字

欠銀三百餘兩上告人汪漢庭在第一審時即
經承認欠租屬寔情願定限清償其對於收鋪
之抗辯則不過謂店中賬目尚多一旦由業主
收回該鋪諸多不便（民國三年十一月二十一日供）
又謂該鋪現雖歇業尚欲恢復（三年四月三十
日供）又謂批約尚有七年未滿祗有將租清
交斷不能將鋪交回等語按之批約所載均
屬不成理由其在第二審所稱因被上告人住
居新甯租銀無從交納尤屬捏[illegible]飾無可憑
信是原審據被上告人之請求依約斷令上

以上二行
塗壹字
添弍字
以上一行

告人將舖交回業主另批毫無不合惟上告人所稱之頂手銀六百二十兩被上告人既經承認則於收回之時是否應由被上告人償還自應按照該地方習慣以為判斷乃查閱訴訟記錄被上告人則忽謂並無頂手（三年二月二十三日第一審訴狀）忽謂上告人已暗頂與日報報館已得回頂手銀兩（三年六月二日控告狀）而於租客之究應如何取償並無明確之主張原審亦未調查習慣事寔確認被上告人究竟有無償還責任僅以被上告人既經收過頂手銀兩

應將所欠舊租豁免殊屬無所根據關於此點兩造既均未折服自應認為有發還更審之

原因

據以上論結本案上告認為一部有理由附帶上告亦有理由原判除令上告人將鋪交回之部分外撤銷發還原高等審判廳迅予更為審判再本案上告之一部分係以空言攻擊原判之不當而原審於職權上能事亦有未盡之處終應分別駁回及發還之件[illegible]依本院現行事例以書面審理被上告人

改壹字

所請委任本院約定律師代理之處應毋庸議特為判決如右

中華民國四年三月四日

大理院民事第一庭

審判長推事 姚震

推事 林行規

推事 陸鴻儀

推事 許卓然

推事 朱學曾

大理院書記官 彭昌梓

【大理院民事判決】七年上字第九二一號

【判例要旨】

租賃主將租賃物轉租於他人者，無論其轉租是否合法，其對於租賃主之保管義務依然存續，故就轉租人之故意、過失應負與自己故意過失同一之責任。

七八六

七九三

宋庚蔭

大理院民事判決七年上字第九二一號

判決

上告人林鴻裕福建閩侯縣人住倉田山年三十一歲業商

被上告人即附帶上告人楊海樓福建閩侯縣人住南台田礑年三十三歲業商

右上告人對於中華民國六年九月二十九日福建高等審判廳就上告人與被上告人因賠償屋價涉訟一案所為第二審判決声明上告被上告人亦声明附帶上告本院審理判決如左

主文

原判撤銷

塗乙字

添乙字

添乙字塗弍字

判決原本　　大理院

本案發還福建高等審判廳迅予更為審判

理由

查本案被上告人有房屋一所坐落閩邑安樂社

洲邊地方計番式庫屋前後二座又右(即東)邊厝

有屋一座其前(南)有撲龜亭後(北)有廚房亭前

(南)有屋一連五柱四扇七櫚排一座於前

清光緒二年租給上告人之父開設雙春茶棧

立有租榜可憑厥後上告人之父在所租空地

內又添蓋七間排一座(即在所租厝屋之南)並

將所租番式庫屋前一座退還由被上告人別

租于老長興木行亦立有租榜可憑爲原審合法認定之事寔已爲被上告人之所不爭被上告人在第一審之起訴係謂上告人違約轉租該屋一部于張希曾開設和美春號不料和美春號貪得保險金自行放火致延燒全屋請命上告人負違約轉租之責賠償屋價而上告人則謂伊係將自己所添蓋之屋租於張希曾且曾得被上告人之同意並非違約轉租和美春號寔係失火並非放火不應令伊負賠償責任云云兩造情詞各執本院按現行法例賃借主在賃借物未返還以

改乙字　添乙字　塗乙字

前應負保管之義務若違反此項義務以致賃借物滅失毀損自應負賠償責任又賃借主將賃借物轉貸于他人者無論其轉貸是否合法其對于賃貸主之保管義務依然存續故就轉借人之故意過失應負與自己故意過失同一之責任此定則也本案上告人如果係承租房屋之一部轉貸于張希曾開設和美春號則上告人關于和美春號起火之故意過失應自負其責不容推諉惟據上告人辯稱張希曾所租之屋係伊在承租空地上所添蓋並非轉租

添乙字

一節檢閱訴訟記錄據原審推事履勘筆錄內載勘得該屋南北西三面墻均存東面墻前半完好後半墻亦存在惟中間一部即當林家自起七間排房之前五間處倒缺現於原基上補有竹籬等語更查履勘圖內東墻倒缺補有竹籬亦恰當上告人自蓋房屋之界內如果和美春號起火之地点係在上告人自蓋之屋以致承租之屋延燒則上告人縱令將承租房屋之一部一併轉租于和美春號亦尚不應負賃貸借契約上之責任況原審認定上告人之轉租係以通利

四

塗乙字

號東李鴻祥及老長興木行經理人黃少岩之言
為據然查李鴻祥到案雖供稱民向生春（即上
告人）租東四楄三間排再過去即是和美春等語
似上告人已將所承租之其他四間排轉租於和
美春號但李鴻祥又稱兩進從前破壞經民修改
過為四楄三間排等語（俱見六年九月二十八日
筆錄）是上告人從前所承租之七間排是否已經
修改為三間排尚不無疑義即不能遽因通利號
供認僅租三間排遂推定其他四間排已為和
美春號所轉租至黃少岩到案僅供稱小洋樓（即

右邊庫屋(即禮記)祖其下(即南)不知何人祖只知祖兩三家等語(見六年九月二十二日供)亦難遽據以認定上告人所承祖之七間排碼係分別轉租于通利及和美春兩號故関于此点原審之認定事實尚未臻于明確究難以昭折服又查租屋失火例不賠償前清乾隆十二年著有先例(見現行律輯註)故除該地方有特別習慣外自可作為條理以資判斷其因故意及重大過失以致起火者除行為人應自負侵權行為之責任外雖賃借主亦難

塗陸字添乙字

塗乙字

塗乙字

塗乙字

塗乙字

免賠償之義務惟因尋常之輕過失以致失火者則賃借主自不在應行賠償之列今和美春號之起火究係故意放火抑係因重大過失而失火或僅有尋常之過失現在該號東張希曾雖已他適礙難傳訊而號內各夥友自非絕無可以傳案質証原審既未予徹究僅據上告人前在警署之呈訴及左右鄰居保險公司之傳述遽認張希曾為故意縱火而於上告人辯稱伊當時呈訴係受被上告人之愚一節是否可信及鄰居等多人之傳述有無根據概未予審及究嫌疏

漏故本案尚應認為有發還更審之原因至被
上告人雖關於原審所判之賠償額亦声明附帶
上告但本案既應發還更審故在本判決自可毋
庸置議
依上論結應將原判撤銷發還原高等審判廳迅
予更為審判再本案上告係因原審認定事寔尚
未臻于明晰並係關于法律上之論争終應發還
更審之件按照本院現行事例即用書面審理行
之特為判決如右

中華民國七年八月二六日

審判長推事　李祖虞

推事　許卓然

推事　孫鞏圻

推事　曹祖蕃

推事　胡錫安

大理院書記官　宋庚蔭

第六節　用益租賃

【大理院民事判決】 六年上字第一一三九號

【判例要旨】

租戶因不可抗力致收益減少，對於地主得請求減免地租，自是租戶應有之權利，地主自無不予承諾之理。

中華民國六年十月卅日 判決宣告
中華民國六年十一月十[illegible]日 原本領收
書記官 [illegible]

[illegible]

大理院民事判決六年上字第一一三九號

判決

上告人 廣興仁號東

右代理人 劉香九 直隸昌黎縣人年三十八歲住奉天四平街廣興仁號業商

被上告人即附帶上告人 奎星五 奉天瀋陽縣人年四十五歲住全家荒地農

右上告人對於中華民國五年六月十六日奉天高等審判廳就上告人與被上告人因錢債涉訟一案於本院發還後所為之更審判決聲明上告被上告人亦聲明附帶上告經本院審理判決如左

主文

原判關於駁回上告人往來積欠息銀之請求及訴訟費用之部分為限撤銷發還奉天高等審判廳迅予更為審判

上告人其他上告及被上告人附帶上告駁回

理由

查本案訟爭事項有三(一)被上告人欠廣仁興號究有若干(二)所欠債款應否計息(三)被上告人所欠地租應否減免茲先就第一項訟爭審究之查上告人主張被上告人欠有債款以廣興仁號方

添乙字

賬為証經原審檢閱該賬內載債欵計有四宗(1)光緒二十年十二月金耕讀堂名下借錢一萬吊(2)同年同月金耕讀堂名下借錢八千六百八十三吊(3)光緒二十年至二十三年魁大人名下借錢一萬二千七百四十一吊有奇銀五十二兩八錢五分(4)光緒十八年以後金耕讀堂名下往來積欠銀二千一百七十五吊有奇閱於(1)(2)金耕讀堂名下借欵兩宗及(3)魁大人名下借欵一宗原審因上告人並無借帖中証可憑又無當時流水賬可查僅以光緒二十五年以後方賬轉抄之記

載為根據殊難憑信且光緒二十五年方賬內載明金耕讀堂二宗借欵為光緒二十年所借而光緒三十年之方賬則列為二十一年所借其借欵之年份又不相符即魁大人之名義是否為被上告人之先人亦欠明確遂據以否認上告人之主張予以駁斥於法自難謂為不當茲上告人聲明上告雖謂從前錢商借欵概無借券中証奉省一般慣例使然倘能查得從前錢商借欵多半有借券中証則此項借欵本利自甘拋棄乃原審絕未查究遽予否認何能甘服若流水賬被兵火焚燬

添乙字

此乃由於不可抗力又詎可據此使伊之債權喪失此項方賬記載明晰絕無微疵可指依法商業賬簿自可為証明事寔之方法如果內有一筆查係不寔亦即甘心不索乃原審率予否認殊非正當且同一方賬原審既認內載往來積久為真寔而於借欵則予否認亦屬不合至于二十五年方賬與三十年方賬所列借欵年份不符不過抄錄之微誤其魁大人名義亦係沿奉省商業賬簿記載之慣例究不容遽據此鉅額債權判歸消滅尤非情理之平云云以為不服本院查本案上告人

塗乙字

主張此三宗借欵均係以嗣後轉抄之方賬為惟一之憑証而關於方賬內借欵之記載是否可信兩造又互有爭執依法自非別有左証即難遽信其主張之事寔為真正今姑不論借欵與往來積欠不同依一般慣例多有帖券中証可據即謂從前錢商借欵亦僅記入賬內以為日後之憑証亦應有當時流水賬或其他証據方法參互印証始可信為真寔雖上告人謂當時之流水賬及方賬已因兵燹被燬非上告人之咎但兩造互爭此三宗借欵之存在與否純應就上告人之証據方法

是否足為証明以為判斷今原審既認此項方賬不足以為此三宗借欵存在之証明即難藉口當時賬簿被燬係由於不可抗力以為辨解總之方賬與流水賬其証據力之强弱已不相同而嗣後所轉抄之方賬與當時原錄之方賬其可信用之程度又相懸絕今上告人僅引用嗣後所轉抄方賬內之三筆記載為証既無其他方法足供印証又經原審查明其光緒三十年方賬與二十五年方賬所轉抄借欵年份彼此不符其魁大人之名義亦非明確則原審之予以否認委無不當故方

賬內他筆記載縱令無瑕可指概屬眞寔亦不容遽據年份不符名義不確之三筆記載即引為鉅額債權存在之左証茲又何得藉口方賬記載概屬眞寔其年份不符係轉抄偶誤名義不確係商場慣例云云以攻擊原判之不當故此項上告論旨不能認為有理由關於(4)金耕讀堂名下往來積欠一宗經原審根據第一審所調查之咸元會淵泉溥義太長各號流水賬以印証其方賬內往來積欠之並非虛偽且據廣興仁宣統二年流水賬內記載以証明光緒十八年以後寔有川換往

改乙字

塗乙字

來因認定往來積欠屬寔於法自非無據茲被上
告人雖亦就此有不服之聲明但查金耕讀堂由
咸元會淵泉溥義太長各號撥兌歸還廣興仁號
之款均入往來積欠項下計算使無往來積欠則
不應更有此種撥兌還款之事項自與借款僅在
嗣後方賬內轉抄一筆者不同又何得因借款未
能証寔即欲將往來積欠併予否認故此項附
帶上告絶非有理由又第二項訟爭原審因往來
積欠依商事普通習慣當然不能計息予以駁斥
茲上告人上告論旨畧謂往來積欠遲延至一年

以上者亦應計息云云以為不服本院查此案往來積欠係多年舊欠究竟應否計息自應調查習慣以資判斷今原審並未施行何等之調查率謂依習慣不應計息遽加否認自不足以昭折服故此項上告論旨不為無理由至第四項地租之訟爭經原審判令被上告人補繳三分之一上告人亦有不服本院查租戶因不可抗力致收益減少對於地主得請求減免地租自是租戶應有之權利初無待地主之承諾上告人謂為不能強迫地主減免地租寔屬誤解至於光緒二十六年及三

塗改乙字

十年該地方確被兵燹禾田皆被蹂躪毀損經原審行查瀋陽縣有覆文可據即謂三十一年戰事平靜而地被毀損挖濠仍多未能耕種則被上告人於此三年內請予減租尚非無據若謂被上告人所欠地租非盡屬此三年之內不能概予減租云云亦係翻異前供查閱訴訟記錄上告人在原審明明供稱被上告人又欠光緒二十六年三十年三十一年地租五千九百八吊七百二十丈等語（見五年四月九日筆錄）是則上告人茲謂所欠地租非盡屬此三年之內云云自應毋庸深究故

添乙字

判決用紙　大理院

此項上告亦難認為正當

據上論結應即將原判一部撤銷發還原高等審

判廳迅予更為審判並將其他上告及附帶上告

即予駁回至本案上告及附帶上告要旨多係關於

証據法上及寔体法上之論爭故本判決依本院

現行事例用書面審理行之特為判決如右

中華民國六年十月三十日

大理院民事第二庭

審判長推事余棨昌

推事李祖虞

推事 陳爾錫

推事 高種

推事 李棟

大理院書記官 劉世瑗

第八節　消費貸借

【大理院民事判決】　四年上字第三九〇號

【判例要旨】

金錢借貸本非要式行為，即不以中人字據為法律上之必要條件，故於中人字據以外，另有他種證據可以證明借貸事實之存在者，自不容借口於無中人字據以為否認。

[illegible]四年四月九日

[illegible]四年四月三十日

書記官宋庚蔭

大理院民事判決四年上字第三百九十號

判決

上告人陸雲釗 吳縣人年五十一歲業商住小日暉橋

被上告人李翁氏 吳縣人年七十一歲住馬大籙巷

右上告人對於中華民國三年六月二十日江蘇高等審判廳就該上告人與被上告人因債務糾葛一案所為第二審判決聲明上告經本院審理判決如左

主文

本案上告駁回

判決用紙

大理院

上告審訟費由上告人負担

理由

查本案係爭款項有二一為上告人向被上告人所借一為謝蓉初向被上告人所借上告人為其担保關於第二款原審以上告人保證債務得主張後訴之利益判令被上告人另向謝蓉初訴追而被上告人並無不服自應無庸置議茲所爭者即上告人被上告人間有無貸借關係是也核閱訴訟記錄原審以被上告人占有上告人屋契裝揩契多

改乙字

上告人從未過問又上告人所舉出人証
如陸羅氏陸雲翔等非上告人之妻即上告
人之弟兄不足為法律上有效之証據因認
該屋契等件實為上告人因貸借金錢而交
與被上告人之信物而上告人此外又並無
其他反證則原判並無不合上告人乃一再
主張與被上告人無貸借關係且謂該房契
等件實係被上告人向陸羅氏設法騙去若
果係作為信物則何以被上告人不能提出
書証又無中人可孜云云殊不知金錢之貸

改字

判決原紙　大理院

借本非要式行為即不以中人書據為法律上之必要條件故於中人書據以外另有他種証據可以証明貸借事實之存在者自不容藉口於中人書據以為否認今本案被上告人占有上告人[illegible]契等件已經數年使非有貸借關係而為被上告人所騙去則何以歷久默不與較況上告人主張契據騙去之時忽稱在光復時忽稱在民國元年一月又忽稱在民國元年十二月前後矛盾顯難憑信故原判否認上告人之主張即屬允當

塗三字　塗弍字　塗一字

據上論結應即將上告駁回並判令上告人
負担訟費至本案上告係上告人空言攻擊
原判而毫無法律上正當理由終應駁回之
件依本院事例得為書面審理之故本判
決以書面審理之特為判決如右

中華民國四年四月九日

大理院民事第二庭

審判長推事余棨昌

推事胡詒穀

推事李祖虞

推事 孫鞏圻

推事 李懷亮

大理院書記官 宋庚蔭

【大理院民事判決】七年上字第九一四號

【判例要旨】

借券之有無中保及抵押物，與所借數額是否超過債務人之財產總額，乃當事人間之合意行為，與借貸關係之成立毫無影響。

中華民國七年八月五日
判決宣告
中華民國七年八月廿日
原本領訖
書記官 王勁

大理院民事判決七年上字第九百號

判決

上告人 焦化周 年三十一歲直隸天津縣人住堤頭村業商

被上告人 王敬銘 年四十三歲直隸豐潤縣人住天津意界業商

右上告人對於中華民國六年十一月十七日直隸高等審判廳就上告人與被上告人因債務糾葛一案所爲第二審判決聲明上告經本院審理判決如左

主文

本案上告駁回

上告審訟費由上告人負担

大理院判決用紙

理由

查本案被上告人主張之債額元本銀四千元利息銀八百四十元及所呈双興魚店立給寶聚堂之借券息摺並双興魚店係上告人與鄧谿然所夥開上告人皆自承無訛惟以該款係鄧谿然護本之款寶聚堂並非被上告人堂名等情以為抗辯查閱訴訟記錄上告人主張該款為鄧谿然護本係謂双興魚店川換賬內原借衡正堂（抵称即鄧谿然）一千元永興堂一千元然記（亦抵称即鄧谿然）一千元又五百元至民國四年無錢付還故加入利息五百元合立四千元之借券云云夫既因無錢付還立給借券即已成為單純之借貸関

添乙字

塗乙字

添乙字

係自不能就立給借券以前之事實重行置辯至借券之有無
中保及抵押物與所借數額是否超過債務人之財產總額乃
當事人間之合意行為與借貸關係之成立毫無影響尤不
得援以為該款係屬護本之佐証原判依據借券及息摺駁
斥上告人所為護本之主張自無不合至上告人主張實聚堂
非被上告人堂名不過謂實聚堂即鄧谿然因有護本之関
係故鄧谿然不認為自己之債權而認為被上告人之債權云
云云今上告人所為護本之主張既屬不得成立鄧谿然在
第一審到庭又明認實聚堂之債權不屬於己而屬於被上
告人則上告人依其在双興魚店之股分（與鄧谿然各半）

判決用紙　大理院

應向被上告人負清償一半之責原無可疑雖未據被上告人親身到庭而既合法委任代理人代理訴訟又無何等疑義應訊問本人豈容以原審未予傳質被上告人本人藉為口寔上告意旨殊屬毫無理由

依以上論結本案上告為無理由即予駁回上告審訟費依本院訟費則例應由上告人負担至本件係上告人空言不服原判[illegible]應駁回之件故依本院現行事例即以書[illegible]特為判決如右

中華民國[illegible]日

大理院[illegible]庭

審判長推事余棨昌

推事陳爾錫

推事李棣

推事石志泉

推事劉鍾英

大理院書記官王勁向

第十節　承攬

【大理院民事判決】

九年上字第八六五號

【判例要旨】

由承攬人供給材料工作建築房屋或其他建築物於定作人所有地上之契約，其標的物自何時歸定作人所有，現行法令雖無明文規定，但按此種契約之性質與交易上之觀念，應以承攬人以材料定著於定作人土地時，即歸定作人所有較為允當。蓋此種承攬契約，除當事人間又特別約定，或當地有特別習慣外，原係承攬人為定作人之利益，以材料定著於定作人之土地，直接使定作人取得其所有權為目的，並非承攬人為自己之利益供給材料工作於定作人之土地，由承攬人先取得其契約標的物之所有權，再行交付於定作人時，始由定作人繼承取得其所有權也。

中華民國九年八月五日 判決宣告
中華民國九年八月 日 原本領收 書記官 張

大理院民事判決九年上字第八六五號

判決

上告人孫靜山 年四十一歲江蘇上海縣人住福建路商

右代理人張家鎮 律師

被上告人朱葆元 年四十一歲浙江海甯縣人住上海北京路清遠里商

右上告人對於中華民國八年九月十一日江蘇高等審判廳就上告人與被上告人因扣押房屋涉訟一案所為第二審判決聲明上告經本院審理判決如左

塗二字 添四字

主文

原判撤銷

本案發還江蘇高等審判廳迅予更為審判

理由

上告意旨畧稱本案係爭要点全在陶阿東包造閘北王家宅地方未竣工之平屋三十四間於其未交付及未移轉之前法理上應認為陶阿東所有抑係被上告人所有之問題是也查本案第一審以該項物品既經移轉於被上告人所有權之地上當因承攬契約之關係看做為被上告人所有第二審則引民事法條理而

改乙字

删乙字

認承攬人陶阿東有交付完成物並移轉其所有權之義務而因謂被上告人之所有權自不因陶阿東之不移轉而喪失并謂不得謂陶阿東未經交付標的物而標的物之所有權仍屬於陶阿東是仍第一審看做二字之謬解而並未於寔体法上所有權之設定究應經過交付移轉與否之手續一研究之也查大理院歷來判例物權之移轉非由有完全處分之當事人為法律上有效之意思表示當然不生物權法上之效力本案原判既認定陶阿東既經逃匿故

意不履行此種交付及移轉之義務（見原判理由中）是陶阿東既未為法律上移轉之意思表示當然不生物權法上之效力況原判所引民事法條理（即民律草案第七五六條）明明規定承攬人負交付完成物並移轉其所有權之義務是未交付未移轉之前承攬人未盡此項義務即定作人未能享有此項權利申言之陶阿東於法理上負此交付與移轉之義務而於事實上並未有交付與移轉之手續則此項未竣工之房屋當然尚屬於陶阿東所有而未能即

改乙字

塗乙字

改二字

認為被上告人所有其理至顯試觀民律草案承攬契約全節之規定其第七四九條第一項定作人領受事項標的物前其物因天災及其他不可抗力而有滅失毀損之危險者承攬人負担之此項危險既由承攬人負担此項標的物當然屬於承攬人更可知矣即就上海水木公所習慣法而論凡水木作頭包造房屋必俟完工後由該作頭將鑰匙交與被上造者逐一點交接手方能移轉其房屋之所有權若尚未點交而或有風火坍毀情事均由包造之作頭

負其責任倘該作頭中途逃匿則由其保証人負完全責任(坿呈新聞報所登談樹生啟事及担保造屋之受累兩則以見滬上習慣之一班)故本案被上告人如果有所損失亦應向証人倪金林徐福海訴追不應將尚未竣工尚未点交之房屋認為已有而向上海地審廳提起執行異議之訴況該項房屋業由上告人聲請假扣押經上海地審廳決定照准過期已久並未抗告在案亦足証明當時並無異議在法理與習慣上均應認為陶阿東所有既為陶阿東所

改乙字

有則以該項假扣押之房屋抵償陶阿東判決確定之債務實為一定不易之理至原判謂本案陶阿東承攬之工程僅建造至第二期程度被控訴人即予以第二期之報酬陶阿東當然應負交付完成物及移轉所有權之義務殊不知有此義務與有此事實不同本案陶阿東對於應交付應移轉之房屋有此義務無此事實為原判所認定（原判有陶阿東既經逃匿故意不履行此種交付及移轉之義務云云）可見該項承攬契約陶阿東並未履行即在第一審時

陶曹氏供称阿東承造之屋還有四分没有做就因原告另欠銀九百餘兩只要將此款付下便可開工云云更是為並未完成未能交付與移轉之鉄証原判認定事實如此陶阿東故意不履行而其所引條理則如彼謂為不適法其又奚詞況查各國法例法律所未規定者依習慣法無習慣法者依條理為裁判上之大原則我國現行律民事之部於承攬契約尚付缺如自應依習慣法判斷毫無疑義原判乃於律所未定者舍習慣而引條理所引條理又與認定

之事實不符則其適用法律之不當更屬顯然

云云

查係爭房屋係陶恒成木作頭陶阿東在被上告人地上為被上告人所造共計包銀四千七百兩陶阿東已先後領銀三千四百兩又領去加價洋一千一百元已過約定完工之期尚未竣工陶阿東遂逃匿不見為不爭之事實上告人因陶阿東欠伊磚瓦貨款洋一千七百餘元未償向上海地方審判廳起訴並請假扣押上開未竣工之房屋經該廳照准被上告人以該

乙字

乙字

屋之所有權並不屬陶阿東出而抗議訴請啓封是爲本案爭執之點按被上告人能否請求取銷係爭房屋之假扣押應以該房屋之所有權已否屬於被上告人爲斷本院按由承攬人供給材料工作建築房屋或其他建物於定作人所有地上之契約其目的物自何時歸作人所有現行法例雖無明文規定然按此種契約之性質與交易上之觀念自應以承攬人以材料定着於定作人土地時即歸定作人所有爲允當蓋此種承攬契約除當事人間有特別約

定或當地有特別習慣外原係承攬人為定作人之利益以材料定著於定作人之土地直接使定作人取得其所有權為目的並非承攬人為自己之利益供給材料工作於定作人之土地由承攬人先取得其契約目的物之所有權再由承攬人交付於定作人時始由定作人繼承取得其所有權也就既存之建物加以材料修繕改造與以材料定著於土地而新築建物理論上並無何等之差異前者一般皆認為建物所有人即時取得材料之所有權後者自亦

應解為承攬人以材料定著於定作人之土地時定作人即取得其所有權理論上方可貫澈與交易上之觀念亦屬相符依此理論該新建房屋之所有權既應屬於定作人即被上告人自不應以此供承攬人陶阿東之債權人之假扣押無疑惟據上告人主張上海習慣水木作頭包造房屋必俟完工後由包造人與定作人逐一点交接手方移轉其房屋之所有權若尚未点交而有風火坍毀情事均由包造人負其責任云云法律無明文應依習慣如果該地習

一字

慣在未点交前所有權属於承攬人則被上告人對於上告人之假扣押依法即無抗議之根據查訴訟記錄上告人曾在原審迭次主張有此習慣原審並未調查是否有此習慣法則是否以点交接手為所有權移轉之時期所謂未点交前如果有風大坍毀由包造人負責是否基於所有權未移轉之觀念抑因未交付前仍在包造人保管之下故應由包造人負此責任或僅為瑕疵之担保詳細研究予以釋明職權之能事尚有未盡應認為有發還更審之原因

據以上論結應將原判撤銷發還原高等審判

廳迅予更為審判至本案上告係原審未盡職

權能事終應發還更審之件即依現行事例以

書面審理行之特為判決如右

中華民國九年八月五日

大理院民事第一庭

審判長推事余棨昌

推事沈家彝

推事劉鍾英

推事鄭天錫

推事 徐觀

大理院書記官 張[illegible]

第十二節　委任

【大理院民事判決】　四年上字第四一七號

【判例要旨】

受任人應依委任人之本旨，以善良管理人之注意處理委任事物，如有違背此項義務致委任人受有損失者，自應負擔賠償之責，反是若受任人處理委任事務，已盡善良管理人之義務，而因不能歸責於受任之事由，致委任人受有損失者，則受任人無賠償責任。

中華民國四年四月十九日
判決宣告
中華民國四年十二月二十日
原本領收
書記官錢承鋕

大理院民事判決四年上字第四一七號

判決

上告人　黃昌鵬　廣東新會縣人年五十六歲住[illegible]山村商

被上告人　施文富　籍貫同上年四十二歲住裏村鄉商

右上告人對於中華民國三年八月十九日廣東高等審判廳就上告人與被上告人因滙欵糾葛涉訟一案所為第二審判決聲明上告經本院審理判決如左

主文

原判撤銷

判決用紙

大理院

本案發還廣東高等審判廳迅予更為審判

理由

按現行民事法例凡受任人應依委任之本旨以善良管理人之注意方法處理委任事務如有違背此項義務致委任人受有損失者自應負担賠償之責反是若受任人處理委任事務已盡善良管理之義務而因不能歸責於受任人之事由致委任人受有損失者則受任人無担賠償義務又消費寄託之寄託物其所有權移轉於受寄人惟受寄人應準用消費貸借法

添塗壹字

塗壹字

則對於寄託人償還性質等級數量相同之物
雖因不能歸責於受寄人之事由致減損其資
力亦不得藉詞免責又按現行訴訟法例事實
之認定應憑証據而証據之提出除當事人各
就其主張有利於己之事實負舉証之責任外
審判衙門為釋明事實關係既負相當之義
務即職權上必要之處置亦應盡其能事此試
辦章程所明定而本院判例所屢經說明者也
本案被上告人向在美國經商於前清光緒三
十三年三月由紐約上海銀行滙洋壹千元是

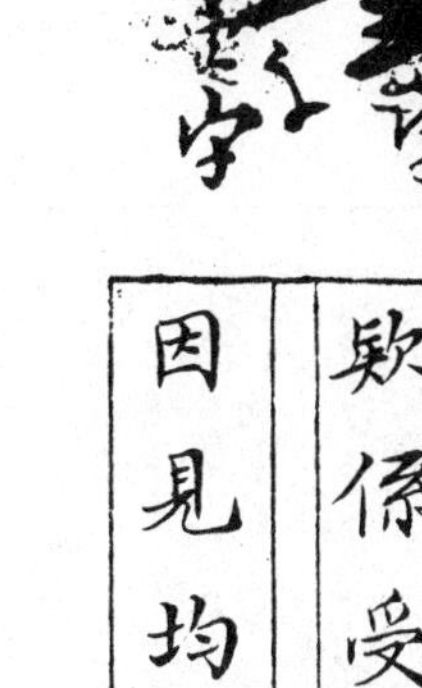

年十一月又滙洋壹千元交上告人在香港所開之均昌和店代收為兩造所不爭之事實惟據被上告人主張所滙均昌和之欵係託上告人代繳家用乃延不給付擅自轉貯於錦章事前並未通知至錦章倒閉之後始行來信報告其為有意乾沒已無疑義應由上告人負賠償之責以上告人於光緒三十四年七月及宣統元年正月所發之函件為証憑上告人則謂該欵係受被上告人之委任竭為積貯香港生意均昌和因見均昌和生意不加故為轉存於錦章且先

通信於被上告人得其認可實未違背委任之本旨現因錦章倒閉而受損上告人自不應負賠償之責亦以被上告人來往函件為憑查被上告人於丁未年十一月十三日致上告人函內有欲積存外處則防難自守欲寄付回家又防歸於無何有之鄉今藉尊台關照則弟心志前途無甚兼顧等語是當滙款之初并非託上告人寄歸作為家用毫無疑義原判憑被上告人所提出之函件認上告人拒絕被上告人毋取款為背於委任本旨殊有未合況依現行訴

改弍字

訟規例私証書之真偽有争執者提出作証之人應証其為真實核閲原審訴訟筆録上告代理人黄昊廣於三年八月二十一日庭訊時請求將上告人之函件核對筆跡是對於該函件已表示争執之意旨原審衙門并未寔施核對程序遽採為判決基礎於採証法則亦屬不合又查被上告人將該欵滙存上告人家究係消費寄託抑係委任上告人代為寄放他家於上告人之責任殊有重大關係如為消費寄託則上告人將該欵存放錦章無論是否屬寔及錦

添塗壹字

章倒閉時未經償還該欵是否可歸責於上告人上告人均不能不負償還之責如為委任關係則存放之事是否屬寔存放之時錦章是否有相當資力并無倒閉之虞及未倒閉以前上告人是否不知其行將倒閉致未能及時取回而自己亦無過失如非審究明晰則上告人是否負責任究屬無憑判斷原審於此等要點一概置之不問僅以推測之詞謂係錦彰閉歇後始行添入冀圖免責亦有未合上告論旨尚非全無理由

塗弍字

添塗壹字

據以上論結本案上案上告尚非全無理由合將原判撤銷發還原高等審判廳迅予更為審判又本案上告係原審未盡職權上應盡能力事終應發還更審之件核與本院現行書面審理事例相符故即以書面審理行之特為判決如右

中華民國四年四月十五日

大理院民事第一庭

審判長推事 姚震

推事 陸鴻儀

推事　許卓然

推事　朱學曾

推事　石志泉

大理院書記官　錢承愷

【大理院民事判決】　四年上字第一六七二號

【判例要旨】

為他人掌管家務之人，通常祇有管理行為之權限。

四九〇七若
の士廿
童益慶

改乙字

大理院民事判決四年上字第一六七三號

判決

上告人徐仁錦 江蘇宜興縣人住山東省城西小王府官吏

被上告人宮閻氏 江蘇人住山東歷城縣華家井無職業

右開上告人對於中華民國四年四月九日山東高等審判廳就上告人與被上告人因典房涉訟一案所為第二審判決聲明上告經本院審理判決如左

主文

本案上告駁回

判決用紙　大理院

上告審訟費由上告人負担

理由

上告意旨第一點畧稱凡代理人所為之行為其效果應及於本人本案典當行為係王少春經手王少春素來在被上告人家掌管家務且其向上告人典房之日復執有該房契據在手則上告人當然信王少春為被上告人之代理人況點交家具時有被上告人之子宮煌到場而上告人自接典以後占有該房七八年被上告人亦從未過問是典房係出於被上告人意

改乙字添乙字

思實屬毫無疑義上告人謂房契入於王少春之手者係因託王子春換取新契之故然查當時章程除有業主易人或舊契遺失情形外並無換契辦法縱令紅契或可更換而白契豈能重複被上告人於紅契而外並新作白契一紙此又胡為者且查被上告人後來紅契其所載銀數與前契不符是其為朦混官署一房兩稅並非以舊易新可知被上告人又謂宮煌是時方十二三歲並無到場點交家具之事然王少春之稟詞及其親筆來信固明稱宮煌寔已到場

添乙字

大理院

且宮煌在原審已當庭供認完婚数年則逆計當日斷不止十二三歲可知被上告人又謂王少春離省以後該房由張姓包賃納租故不知上告人占有收益之事然証人張子潔不但不承認包賃並供從来沒有經手房錢只寄来過两個月的利錢據此則被上告人所呈租摺豈能為憑原審關於以上諸點概未悉心審究凡被上告人之供述均絕對信為真寔凡上告人之主張均置之不論不議何足以昭折服云云

本院按代理人非本人特別授有權限不得為

添乙字

處分權利之行為違者非經本人追認不能發生效力此本院認為至當之條理迭經採為判例者也本案據訴訟記錄迭據上告人之代理人蕭墨楨供稱典契係王少春寫立其時被上告人母子均未到場典價亦係交與王少春等語是被上告人並未直接典房於上告人已為上告人所自認上告人所稱王少春為被上告人掌管家務且執有房契在手當然有代理典房之權一節查閱訴訟紀錄被上告人之子宮煌在原第一審寔已自承王少春有為其家掌

改壹字

塗乙字

添壹字
改壹字

管家務之事惟為他人掌管家務之人通常只有為管理行為之權限上告人既不能証明王少春於管理行為而外並有為處分行為之權限則依上開說明其出典房產之行為即處分行為仍不能不認為無權代理至該房契入於王少春之手者據被上告人稱原契係用春雨草堂名義被上告人為預防爭執起見託王子春另稅一契換用宮煌名義王子春謂舊契須交房存案被上告人信以為實因將舊紅白契各一紙一併交與王子春不知後來何以將此

契典於上告人等語檢閱被上告人後稅之契具投稅恰與出典同時且業主名義實係由春雨草堂改為宮煌上告人在原第一審既稱因堂名不適用另稅一契此乃恒有之事云云民國二年九月狀詞則被上告人以上所稱自屬可信被上告人此項新作契紙並偷減價銀之行為在法律上固非正當然於本案並無何等關係自應毋庸置議又上告人所稱當點交家具時有被上告人之子宮煌到場且上告人自接典以後占有該房七八年被上告人從未

過問足見典房係出於被上告人意思一節檢閱上告人在原審呈驗之木器單末尾注明張二爺（上告人原審代理人稱係宮家僕人）親手点明棹椅牀帳為証字樣如當時点交家具果有成年之宮煌到場則該单内豈有不書主名而書僕名之理王少春為與本案有利害關係之人其言本難採用況其在軍政執法處稟詞稱該房係宮煌自典而信函內又稱係宮閻氏將契借與指房借銀未與說明出典又上告人不過謂宮煌点交家具時在場而王少春則逕

稱宮煌到場眼同書契是其所稱不足憑信尤屬了無可疑至該房由上告人招租數年被上告人並未過問者據被上告人稱該房本係包債於王少春由王少春分債他人後王少春離省之時被上告人本欲收回因王少春所債之戶債期未滿於是王少春轉託其戚張姓接手包債以後被上告人按月由張姓收取房租故未問及債戶為何人等語查張子潔在原審之供詞雖不認有經手包債之事然其自宣統元年四月起至民國元年四月止每月為王少春

交與被上告人房租二十八吊之事則固已供認屬實更據該訟人供稱王少春每月總寄十兩銀子有時下欠幾吊是從我家墊付云云之語觀之是其有為王少春代理包賃之事無疑被上告人既已由包賃人處按月收得房租則其未問及現在住房之人是否由王少春或張姓所招賃自屬人情之常豈得據此一事認定被上告人對於該房之出典已有同意或追認原判關於訟據之說明雖有未盡妥協之處而其判決則固仍應予以維持上告人此項論旨

不能認為有理由

上告意旨第二點畧稱在原第一審出庭之宮煌為被上告人之子於法當然為被上告人之代理人原第一審本於宮煌之承認判令被上告人出銀五百兩贖房上告人已不甘服乃被上告人無故將宮煌在第一審所為之訴訟行為一概撤銷不認而原審亦不查事寔不憑証據第攄被上告人一面之詞為變本加厲之判決似此疏漏寔難折服云云本院查閱訴訟記錄本案兩經原第一審試行和解被上告人之

改乙字　改乙字　塗乙字　改乙字

子宮煌始終未肯承認出銀其代理人張方穀雖於二年十二月十六日言詞辯論曾經教徐姓一方面受損未免過寬又於三年三月狀詞曾稱原告能給銀五百兩取得完全質權固好否則須寬限辦理等語然查該代理人既未受有得為承認之特別委任則依現行法例其所為之承認對於本人當然不生效力原判所見尚無不合上告人此項論旨亦不能認為有理由

據以上論斷本案上告為無理由應予駁回上

告審訟費依本院訟費則例應由上告人負担再本件純涉法律上之見解核與本院書面審理之事例相符故即依書面審理特為判決如右

中華民國四年九月二十七日

大理院民事第一庭

審判長推事 姚震

推事 許卓然

推事 朱學曾

推事 石志泉

推事　曹祖蕃

大理院書記官　董盈咸

第十四節　合夥

【大理院民事判決】　四年上字第二四四號

【判例要旨】

凡合夥契約並非要式行為。當事人間成立之合夥關係，苟能有確切證明其實係存在者，即可認其契約為已成立，其合同字據之有無，以及合同上是否簽押，均可不問，所謂諾成契約是也。

中華民國四年三月八日
判決宣告
中華民國四年五月八日
原本領收
書記官 黄懋楨

大理院民事判決四年上字第二四一號

判決

上告人 黄子矩 廣東四會縣人住肴城孚通街均益源蚊帳店年六十九歲商

邵培之 廣東番禺縣人寓所同上年不詳

張德合 廣東廣寧人住所同上

羅連標 籍貫同上

陳添林 廣東四會縣人

麥星海 廣東南海縣人年六十一歲

阮有洪 廣東四會縣

黄漢騰 廣東四會縣人年三十一歲商

被上告人　謝道載　廣東南海縣人住石狗祥和故衣店年四十歲商

廖景周　籍貫同上住倉岡榮盛杉店年五十歲商

右上告人等對於中華民國三年八月二十二日廣東高等審判廳就上告人等與被上告人合夥爭執涉訟一案所為第二審判決聲明上告經本院審理判決如左

主文

原判撤銷

本案發還廣東高等審判廳迅予更為審判

理由

按現行民事法例凡合夥契約並非要式行為當事人間成立之合夥關係苟能有確切証明其實係存在者即可認其契約為已有效成立其合同字據之有無以及合同上是否簽押均可不問所謂諾成契約是也又按現行訴訟法例事實之認定應憑証據而証據之提出除當事人各就其主張有利於己之事實負舉証之責任外審判衙門因使事實關係臻於明確起見亦負相當之責任（釋明權即釋明之義務）此試辦章程所明認而本院判例亦屢經說明者

者也本案上告人黃漢騰為安榮銀號司事在
前清宣統三年揭欠被上告人等銀五百餘兩
以安榮舖店作抵為兩造所不爭之事實所爭

添書字

者即被上告人等是否將安榮揭銀移作安榮
昌記股本是也查閱訴訟記錄據上告人等在
原審主張安榮銀號歇業以後於壬子年六月
由黃漢騰將安榮改為安榮昌記另招黃子矩
等入股開張被上告人等將安榮揭銀五兩移

添書字

作安榮昌記股本立有股分簿據各股東議

塗書字

決合同製就凡以前安榮揭單繳舖作股被上

告人等於是年十一月九日收到合同之後一
再延約未將安榮揭單繳出意欲翻悔不認附
股等語被上告人等則謂安榮歇業改為安榮
昌記六月開張至十一月始將合同寄來當即
交還黃漢騰並未收受合同亦未簽押不能認
為入股等語兩造情詞各執其解決之道非將
被上告人當時究否有承諾入股以及合同是
否確已繳還之事實調查明晰無從懸斷又查
閱第一審訴訟筆錄被上告人等供稱（前略）安
榮歇業各舊東均照舊做回并勸民佔些股份

判決原稿

民亦贊成迨安榮昌於六月開張十一月九日將合同寄到民處見合同絕少舊人股份故將合同退還黃漢騰(中畧)民寄還合同時伊股東實未知情但該股東見諒否民當時並未簽押何能強作股東等語(二年六月廿七日)是被上告人等於安榮昌記附股之事當時是否確已口頭承諾如果屬實則所稱退還合同及未簽押之事是否有確實証憑揭單未經繳還又係何故原審衙門自應命當事人更為適當之証明或以職權為必要之處置復查上告人等於

二年七月九日庭訊時供稱開張後一切鋪設
塗壹字
均由謝道載担任並由道載担任銀兩等語
所稱又是否屬實以上諸點原審概置不問僅
以被上告人並未繳銷揭單等情認被上告人
並無改揭銀為股本事實未免失之率斷自有
未合
據以上論結本案上告為有理由合將原判撤
銷發還原高等審判廳迅予更為審判又本案
塗壹字
上告係原審於應盡能事猶有未盡致事實
關係未臻明確終應發還更審之件核與現行

書面審理事例相符故即以書面審理行之特

為判決如右

中華民國四年三月八日

大理院民事第一庭

審判長推事姚震

推事陸鴻儀

推事許卓然

推事朱學曾

推事陳彰壽

大理院書記官黃懋楨

【大理院民事判決】

八年上字第二五三號

【判例要旨】

合夥營業除係錢商當商外，其執行業務合夥員代表合夥對外借款之行為，非該地方另有特別習慣，即應由其他合夥人特別授權，或事後追認，否則該債權人不能對於其他合夥人請求清償。

中華民國八年三月十二日
判決宣告
中華民國八年三月十七日
原本領收
書記官陳敬[illegible]

大理院民事判決八年上字第二五三號

判決

上告人謝幹之湖北黃安縣人住縣轄卓旺會年四十二歲業商

謝家政年未詳餘同上

謝家仁同上

謝家啟同上

被上告人善昌錢莊號東住漢口

右上告人等對於中華民國七年六月二十九日

湖北高等審判廳就上告人等與被上告人因債

務涉訟一案所為第二審判決聲明上告本院審

判決用紙　大理院

理判決如左

主文

原判撤銷

本案發還湖北高等審判廳迅予更為審判

理由

按現行法例合夥營業除係錢商當商外其執行業務之合夥人對外代表合夥借款之行為若該地方并無得以專行借貸之特別習慣即應由其他合夥人特別授權或事後追認否則該債權人不能[illegible]於其他合夥人[illegible]

添乙字

改乙字　塗二字　加[illegible]

塗乙字

添乙字

添弍字

等與程蘭亭等所夥開之吉昌粮行雖曾向被上告人借欠三千餘兩銀欵但其借欵行為執行業務之合夥人程蘭亭一人代表吉昌號所借據上告人等在一二兩審均堅稱并不預聞其事而其在原審所稱吉昌號事全係蘭亭一人經理負責等語是否屬實并其意義如何是否有隱名合夥之性質及被上告人之代理人胡翼所稱經同鄉帮董議定此項內該之欵亦即由謝幹之去還等語是否屬實即是否業經追認亦尚未明蘭亭

判例用紙

大理院

塗乙字

添乙字

加六字

塗乙字

判決用紙　大理院

本無專行借款之權而私擅以吉昌名義向
被上告人借款事後亦未經追認或吉昌號確
係隱名合夥性質則無論被上告人有無
串通情弊並該營業財產是否尚足以敷清
償而依上開法例被上告人均不得向上告人等
請求清償乃原廳未就該號是否隱名合夥
上告人等有無特別之授權或事後之追認
以及該地方執行業務之合夥人有無得以專
行借貸之習慣審認明確而遽判令上告人等
應與程蘭亭按照吉昌股分比例攤還其見解

塗乙字

未免錯誤上告論旨即非全無理由

依上論結本案上告為有理由原判判令吉昌各股東按股攤還在程蘭亭雖無不服而蘭亭是否僅負按股攤還之責即亦不無疑問自應將原判全部撤銷發還原廳迅予更為審判至本件上告係關於法律上見解終應發還更審之件故依本院現行事例用書面審理特為

判決如右

中華民國八年三月十二日

大理院民事第三庭

判決原紙

審判長推事　[illegible]

推事　陳爾錫

推事　張康培

推事　林鼎章

推事　[illegible]

大理院書記官　陳敬繹

書記官[illegible]監印

大理院

【大理院民事判決】

九年上字第六九六號

【判例要旨】

一家公共堂名關於營業上虧累之債務，準諸合夥債務，於合夥財產不足償還時，應由各合夥員以其私有財產按股份償分之法則，凡隸屬該堂而有私財之人，苟非對於該債務得以主張不應分償，即不能於公產不足償還時，就所有之私財拒絕分償。

中[illegible]九[illegible]六月[illegible]日
判決[illegible]
中華[illegible]九[illegible]七月五日
原本領收
書記官張[illegible]

大理院民事判決九年上字第六九六號

判決

上告人 王劉氏 年未詳福山縣人住福照樓

王呂氏 同上

王徐氏 同上

王張氏 同上

王張氏 同上

王隋氏 同上

王孫氏 同上

王孔氏 同上

王梁氏 同上

王趙氏 同上

王郭氏 同上

王孫氏 同上

王鄭氏 同上

右代理人 李殿甲 律師

劉崇佑 律師

被上告人 劉价人 年未詳掖縣人住益德業商

王敬先 牟平縣人餘同上

史德山 太谷縣人餘同上

武玉珍 福山縣人餘同上

右上告人等對於中華民國八年六月二十日山東高等審判廳就上告人等與被上告人等因執行異議涉訟一案所為第二審判決聲明上告經本院審理判決如左

主文

本案上告駁回

上告審訟費由上告人負担

理由

上告論旨畧称(一)原判區分公私產之違法

判決用紙　　大理院

子姪輩得有私産各有獨立所有權為法律所允許原判既知係爭房地是否私産為解決最要關鍵而只認婦女有私産不知非婦女而在家長以下之子姪輩亦得有私産上告人等文契所載之名均係當年家以下之子姪輩（宗譜譜書可以查証）且無論上告人等房地皆由死者生前遺贈歷年管有為証據即使該房地均為上告人夫所有男女雖異其為私則一原判祇知其一未知其二私産解釋未免不當（二）原判認思本堂代表之違法按一家之中代表仝

体者只家長一人不能一家之人皆為家長更不能一家之人皆為代表原判云控告人婆家之翁父男夫皆為思本堂代表甚不合法又云何能以代表出名行為認為不在思本堂範圍以内云云是明認非思本堂代表之出名行為即不在思本堂範圍以内自不待言上告人紅契所載之名均非思本堂家長既非家長即非代表既非代表則其出名行為即不在思本堂範圍以内乃為純萃之私産私産既明則本案之最要關鍵即可解決原判以錯認一家皆

添一字

改三字

另行用紙　　大理院

為代表之故致公私產混同為一於法殊屬未
合(三)原判採証之違法、思本堂名義為代表公產之
堂名公中財產均係思本堂名義有冊可查有
紅契粮串為証思本堂公產有數十萬之多上
告人等私產不過兩萬之數以此比較是否私產
即可証明上告人等文契六十七張在同居之
中置賣財產不出思本堂名義而以個人出名
亦足為私產之惟一証明況猶有紅契粮串及
劉价人等自呈之典當一覽表分明註載某年
月某人典賣於某人某年月思本堂典賣與某

人為之佐証証據確鑿毫無異議而原判不查漫謂一覽表雖有某項地畝于某年歸某人典賣之記載然並非由控告人婦女出名即不認為私產不知典賣雖非婦女出名亦非思本堂出名者係家長以下之子姪輩非上告人之夫即上告人之子觀其一覽表思本堂典賣者則獨載思本堂之名義而上告人典賣者則載上告人夫與子之名義公私區別已甚明顯今舍上告人之証據於不問不知究以何種証據証明為思本堂之公產亦當說明心証所由得不

能徒託空言而為判決且遠年遺贈出諸家庭可為証明者除紅契根串及現在管理收租而外亦惟有上告人委託娘門及近親之佃戶為直接証人原判云依約納租關於房地之由来自不明其真相且與房主佃主不無關係串通之弊情所難免其証言亦決不可採等語夫既云依約納租則與何人結約即與何人交租房地由来或有不明真相而現在該地為誰所有當然知之採証一事以直接為原則法庭並未傳訊何能未卜先知証言有無可採是否串通

塗乙字

舞弊必待訊問之後始能斷定不能
以理想推測即認為無採証之必要
(四)原判認繼承私產之錯誤按婦女
私產生前得自由贈與或遺贈與人
已為原判所認定私產所有人死後
其財產應歸於其子承受者指别與
無贈與遺贈而言法律雖無限定婦
女承受私產之文然亦無不准婦女
承受之專條上告人所主張之房地
乃以現在占有多年管理收租為根

添乙字

據是為生前所贈與非由死後所承受題而易見即退一步言假該產應為私產所有人之子承受所承受私產均係家長以下子姪輩亦即上告人之夫子夫婦本屬平權夫死婦承夫分與私產問題毫無關係原判祇知婦女所有者則為私產不知子姪輩所有者亦為私產祇以死後應歸其子一語含別種原因於不顧偏重一面未免失當等語

按當事人主張利己之事實應負立證之責又凡在一二審主張之事實於上告審不得變更本案上告人等主張訟爭之產為各人私產據其在一二兩審所具供狀謂係各先祖母嫁資積蓄所置累世相傳給媳者有之給孫媳者有之給姪媳者有之向係坤中存儲不與思本堂相干云云是上告人等主張私產之論據純謂係婦女世傳之業茲乃以家長以下之子姪輩亦得有私產等情為訟爭地係屬私產之論據顯係於上告審變更主張不能認為合法查呈案文契所載買主姓名據上告人等所呈世系圖皆

判決用紙　　大理院

係王姓祖先或近代男子之名契載年份雖遠近不等其遠者尚在乾隆十三年即如上告人等所主張婦女置產均用夫男之名而該婦女既經生子娶媳其所有之產即當然因承繼關係為其子孫所共有決無獨限於女系相傳之理至謂私產所有人之財產除因承繼歸於其子承受外其生前得自由贈與或遺贈上告人等之私產即由贈與取得云云查上告人等在一二兩審雖未明稱贈與字樣核其所稱給媳給孫媳給姪媳云云尚不得謂未非含有贈與之意義然如何贈與之情形既不能為相當之陳述

亦不能提出書據或他項佐証此等主張自屬根本不能成立至現在管理收租之屬於何人固屬尚有佃戶可訊惟據上告人等在一二兩審之主張思本堂既係十世同居有親丁三百餘口則事實上自可分別管理收租以為贍養亦豈能僅據此點即為私產之証明原審未予傳訊佃戶亦不能即指為違法且即如上告人等變更之主張謂契載之名係當年家長以下之子姪輩不知當年家長之子姪所有財產身故以後即為其承繼人之應繼財產各該承繼人既均係組織思本堂之人則思本堂關於營業上

判決用紙　大理院

虧累之債務準諸合夥債務合夥財產不足償還時
各合夥員應以其私有財產按股分償之法例凡思
本堂擁有私財之人如非對於該債務得主張不應
分償尚不能於公產不足償還時就所有私財拒絕
執行況訟爭之產明非私產而所謂契載之名係當
年家長之子姪一層純係徒託空言絕難徵信上告
論旨殊非有理
依以上論結本案上告為無理由即予駁回上告審
訟費依本院訟費則例應由上告人負担至本案上
告係上告人等空言不服原判並無法律上正當理

由終應駁回之件故依本院現行事例即以書面審理行之特為判決如右

中華民國九年六月二十四日

大理院民事第一庭

審判長推事　余棨昌

推事　沈家彝

推事　劉鍾英

推事　鄭天錫

推事　徐觀

大理院書記官　張丞芝

第十五節　隱名合夥

【大理院民事判決】十一年上字第八五五號

【判例要旨】

隱名合夥人通常於其出資限度以外，原不負合夥損失之責任，但其與出名營業人訂有特約者，自應從其約定。

中華民國十一年七月八日

中華民國十一年七月廿日原本領收

書記官唐球

添叁字

大理院民事第三審判決十一年上字第八五五號

判決

上訴人徐子敬 住浙江鄞縣後市

被上訴人沈茂樫 住浙江鄞縣西馬衕

右兩造因股款涉訟一案上訴人不服浙江高等審判廳於中華民國十年六月二十二日所為第二審判決提起上訴本院審理判決如左

主文

本件上訴駁斥

第三審訟費由上訴人負担

理由

改乙字

加一二十

塗七二十

判決用紙　　大理院

本件被上訴人故父沈善元前於民國五年與他人合股夥開晉益北號沈善元認十一股之一股半至民國六年冬將其半股讓歸上訴人作為附股（即隱名合夥）均為不爭之事實茲所爭執者即㈠上訴人因晉益之虧損應否與被上訴人同負無限責任㈡如應負無限責任應否僅以其附股以後之虧損為限㈢上訴人能否以晉益經理有弊混之故對抗於被上訴人而不認攤其應負之損失是已本院按民事條理隱名合夥人通常於其出資限度以外原不負合夥損失之責任但其與出名營業人訂有特約者自應從其約定本件上訴人與沈善元所訂之支議據（即隱名合夥契約）已載明一切議規悉照正議據（即

塗乙字

晉益合夥營業人之合夥契約)執行而查該正議據則又明約虧則作十一股均召等語是該號營業人固應負無限責任而上訴人所負之責任亦因有特約而不能不與相同(二)據原審調查該地(即甯波)商會據覆稱甬埠習慣凡商號中途承頂部以一部股分其以前之盈虧均應承任等語上訴人僅以該會總理係鉅康經理而鉅康曾代晉益收欵之故遂謂其覆文之有偏袒已難認為正當況上訴人附股之時既未將晉益號賬目截止清算究為盈虧若干而依其特約又如上述應悉照各股東虧則均召之議規並未約明附股以前之盈虧不應併計則其附股以前之虧損縱該地並無何種習慣而上訴人亦難卸責(三)

加二字 除二字 改一字

上訴人雖以晉益於數月之間驟虧鉅款疑有弊竇然該營業既係行船運貨原難免驟遭意外損失況上訴人既未能指出其賬目之有何弊混並經原廳將賬簿發交甯波商會清算而上訴人又始終不往自難徒憑空言攻擊且被上訴人所交付晉益號填虧之款既為該號對外應出款項而上訴人依上述特約又與其他出名營業各股東負同種責任則上訴人就被上訴人股分應出之款既已交出在被上訴人自不能不如數返還縱使該號經理或有舞弊亦屬內部關係應俟查有確據另邀被上訴人向該經理索償而不容藉此對於外部應出之款拒絕不理上訴各論旨均不能認有理由

據上論結本件上訴為無理由依民事訴訟條例第五百四十九條第五百十七條第百零三條應為駁斥上訴之判決並令上訴人負担第三審訟費又本件依同條例第五百四十條毋庸經過言詞辯論特為判決如右

大理院民事第三庭

審判長推事 李懷亮

推事 林鼎章

推事 李棟

推事 陳瑾昆

推事 左德敏

中華民國十一年七月八日

作成

第二十節　保證

【大理院民事判決】　四年上字第六七八號

【判例要旨】

保證人反乎主債務人之意思代償債務時，亦不妨依不當利得之法則，向受益之債務人以其現受之利益為限度，請求返還。

四年六月一日

四年十二月十六日

鄭耿光

送乙字

大理院民事判決四年上字第百七十八號

判決

上告人　李懿性　鎮海縣人年五十七歲住南門外業商

右代理人　唐以楨　律師

被上告人　賀梓鄉　鎮海縣人年四十六歲住新碶頭業商

右代理人　劉蕃　律師

右上告人對於中華民國三年九月八日浙江高等審判廳就該上告人與被上告人因欵項糾葛一案所為第二審之判決聲明上告經本院審理判決如左

判決用紙

大理院

判決用紙　大理院

主文

原判撤銷

本案發還浙江高等審判廳迅予更為審判

理由

本院按保證為債權人與保證人間締結之契約並不以主債務人有無委託為契約成否之條件又按保證人為其所保證之人代位清償債務時該保證人自即居於債權人之代位對於債務人得行使求

償之權即保証人之代位清償反乎主債務人之意思亦不妨依不當利得之法則向受益之債務人以其現受之利益為限度請求返還此定則也又按現行規例事實之認定須憑証據而証據之蒐集則除當事人証明有利於己之主張負相當之義務外審判衙門為釋明係爭關係亦應盡其職權內應為之能事查本案兩造爭執據上告人主張宣統元年被上告人赴閩為慎康南貨行坐辦貨物時上告人曾

塗乙字
添柒字

判決原紙　大理院

為作保嗣因被上告人私用慎康行貨銀三千兩致慎康行將上告人存行洋三千元划扣以抵被上告人則謂被上告人並未託上告人作保所用慎康貨銀被上告人因恐上告人代還曾於事前通信阻止且此欵當與慎康發生爭執時即經親友張武文等說和了結是本案上告人對於被上告人有無求償之權利即不能不視上告人是否係被上告人之保証人為先決問題原審判定上告人不能向被上告

人求償其根據即謂被上告人曾否囑託上告人為其保証並無何等証明但就上告人出與慎康之信不足謂有保証關係云云然依前開說明保証契約之成立本不必盡由債務人之委託故原審此項判斷顯屬謬誤且查賀志湖所提出之上告人信內明明載有「〔上畧〕至恐令兄別生枝節以後該船上與令兄一切上落憑弟自問可也」云云而被上告人阻止上告人還欵之信內亦備言與賀志湖因行號與船

赤乙字

判決用紙　大理院

店糾葛上告人從中苦心調停依兩造信中之情形如果可認上告人確為被上告人之保証且如果慎康因上告人之保信而扣取其存項則縱令被上告人曾阻止上告人代還而按照債權法上公平之原則自亦應許其向被上告人為不當利得之償還原審以為上告人無求償之權殊欠允當惟關於本案慎康行貨銀被上告人始終主張係由武文等說和自行了結清楚是則兩造就慎康貨銀究由何人清

償一層尚有爭執原審於更審時自應並予審究

據上論結應即將原判撤銷本案應發還浙江高等審判廳迅予更為審判至本案上告係關於實體法訴訟上之見解依本院現行事例得為書面審理故本判決以書面審理行之特為判決如右

中華民國四年六月一日

大理院民事第二庭

審判長推事余棨昌

推事　胡詒穀

推事　李祖虞

推事　孫鞏圻

推事　陳爾錫

大理院書記官　鄭耿光

【大理院民事判決】九年上字第六一八號

【判例要旨】

保證債務之存在，以主債務之存在為前提，若主債務人所負之債務，根本並不存在，則保證債務即無存在之理。

大理院民事判決九年上字第六八號

判決

上告人 劉殿圻 山東沂水縣人住濟南鞭子巷斌興店年五十七歲

被上告人 李象勛 籍貫同前住東關北頭年三十七歲

右上告人對於中華民國八年五月二十六日山東高等審判廳就上告人與被上告人因保訟債務涉訟一案所為第二審判決聲明上告經本院審理判決如左

主文

原判撤銷本案發還山東高等審判廳迅予更

為審判

理由

查閱訴訟記錄本案係李象勛以抗債不償等情出為原告主張王雲田於民國五年曾央劉殿圻作保先後借有京錢三千吊請求訊追第一審判決認此項債務於王雲田無干（即駁回李象勛對於王雲田之請求）令由劉殿圻清理劉殿圻控告意旨主張王雲田欠款屬寔且其家產既未

改乙字

加二字
塗八字

盡絕並非無力償還者可比不應由已
負責其主張王雲田欠款屬實寔係
於第一審原判中認此項債務於王雲
田無干之部分為李象勛之利益載明
不服即應認為係以李象勛從參加人
之資格為之提起控告而其主張王雲
田尚有家產應自償還則明明係就第
一審判決內令其清理之部分對於李
象勛自行控告而主張新之抗辯此
兩件控告之當事人及訴訟關係既不

年月日　大理院

相同依法即應分別裁判原審併為一
案判決其判詞內並將季象勛遺漏未
列殊有未合惟原審既經傳到劉殿圻
王雲田季象勛等到庭辯論其判決內
就季象勛債權之是否真實及劉殿圻
之應否免責均已有裁判而劉殿圻
上告狀內既係就原判全部聲明不
服且一再主張季象勛債權屬實故
本院認為劉殿圻除就其季象勛一案自
行聲明上告外對於季象勛與王雲田仍參加季象

加乙字

加二字

加三字改四字

改一字

改一字

勛報明上告予以分別裁判

復按保証債務以主債務之存在為前提故若主債

務人對於債權人所負之債務如根本上並不存在

則保証債務即無成立之理本案被上告人季象勛

對於王雲田主張之債權借字上載明上告人原係

保人本屬上告人承認之事實則如果此項債務確

實存在而主債務人王雲田又因無力或所在不明

不能履行上告人應負償還責任固無可疑反之而

該項債務並非真實或不能認為有效之債權則除

上告人別有應行負責之原因外主債權人季象勛

之主張根本上不能成立尚何由上告人自行清理之有乃原審認定事實既称本案錢債糾葛係緣王雲田常在季象勛店中有聚賭行為以致發生不認其債權有效而又維持第一審原判判令上告人負清理之責即有未當惟被上告人對於王雲田之債權是否真實有效依另案判決既尚待審究而上告人對於季象勛是否别有應行負責之原因及王雲田是否力能清償原審亦尚未予釋明則上告人應否負責即尚無從遽斷故應認為有發還更審之原因

據上論結應將原判撤銷發還原高等審判廳更為審判又本案上告係屬違法並訴訟法上之見解依本院現行事例即以書面審理行之特為判決如右

中華民國九年六月五日

大理院民事第三庭

審判長推事　朱學曾

推事　陸鴻儀

推事　張康培

推事　左德敏

推事　林鼎章

大理院書記官　徐敬

第三編 物權

第一章 通則

【大理院民事判決】 四年上字第一六四號

【判例要旨】

地畝因被佔用所給與之價銀，自應歸地主承領，本非他人所可爭領。惟該地上若設定抵押權、質權或典權者，則其抵押權及典、質權人，自可將該價銀之一部充當其所擔保之債權或典權。至設有地上權或佃權者，則該價銀之一部，即為消滅地上權、佃權之對價，而其地上權人及佃權人，對於領售價銀之地主，自可請求返還。至其返還利益之標準，更須依其權利存在期間之長短，租額之高下而定，要難任地主獨享受不當之利得。

中華民國四年二月十九日
判決宣告
中華民國四年三月廿七日
原本領收
書記官劉世瑗

大理院民事判決四年上字第一百六十四號

判決

上告人張幼安 直隸天津人住龍亭東年四十三歲業商

被上告人王筱舫等一百二十五戶

右上告人對於中華民國二年十一月三十日直隸高等審判廳就該上告人與被上告人等因地價涉訟一案所為第二審判決聲明上告經本院審理判決如左

主文

原判撤銷

本案發還直隸高等審判廳迅予更
為審判

理由

查本案被上告人等請求分領價銀
之論據有四(一)係爭地原屬窪下由
伊等培土增高(二)伊等於該地內所
建房屋兵燹被焚迄未賠償(三)該地自
法人佔用後伊等歷年具禀請願哀懇
所費甚鉅(四)該地原係伊等老佃之地
現已改為永久之地上權據此四項以

請求價銀之分領茲欲判斷其請求之是否適法自當就上列論據逐項審究按上告人所領價銀一萬七千七百五十三兩一錢二分五厘係按頭等高地發給如果該地原屬窪下實由被上告人等培土增高七尺故能取得高價則其因培高而增出之價銀自應歸被上告人等分別承領無如所謂培高七尺云云毫無實據亦原審之所認定乃僅因被上告人等於係爭地內建屋即推定為培土增高屬實按之現行訴訟法例殊有未當

註伍字

蓋事實之推定與空言之臆測不同今假定
該地內被上告人等實建有房屋究為瓦房
灰房抑為土屋尚難確知何得遽推定為已
將基地培高況其培高若干是否因其培高
而得頭等高地之價又不可知是則原審據
為判斷基礎顯非合法而被上告人第一論
據不為正當至上告人所領價銀純為地價
自與房屋無涉故被上告人等在該地內所
建房屋因兵燹被燬應否由官廳賠償茲姑
不論要於此項地價無關即難對於上告人

主張補償損失故第二論據亦屬無據又馬家口交涉案之辦結各地户得領地價並非由于被上告人等請願哀懇之所致况被上告人等因房屋被燬基地被佔請求賠償均係為自己利益之行為自難據此對於上告人有所主張而第三論據殊非適法由此以論本案關於地價之訟爭自當審究第四論據所謂地上權是否存在及其久暫以為判斷查地畝因被佔用所給與之價銀自應歸地主承領本非他人所可爭領惟該地上若

設定抵押權或典權者則其抵押權人及承典人自可將該價銀一部以充當其所担保債權額至設有地上權或佃權者則該價銀一部即為消滅地上權佃權之對償而其地上權人及佃權人對於領受價銀之地主自可請返還至其返還利益之標準更須依其權利存在期間之長短租額之高下而定要難任地主獨享受不當之利得茲據被上告人主張該地原屬寶祥之旗地歷由伊等耕種為老佃戶後移轉於上告人依舊納租耕

塗改乙字

添三字

種迨同治年間因法人佔地堵塞水源不堪耕種始將培土蓋屋租賃營生實係由老佃權改為地上權云云而上告人則主張該地在咸同年間即係房屋由伊出租於各戶居住故被上告人既非老佃戶亦非地上權人不過住房租戶實無培土建屋之事云云以為答辯然檢閱原審訴訟記錄據代理人王秀峯供稱以前他們自然是佃戶後來蓋成房屋他們就按間拿房租這房屋於同治年間他們自己蓋的他們蓋一間房子我主人

就向他們要一間房租所以讓他們蓋房但所蓋之房准他們隨便典當等語二年八月三十日供是依該代理人之自認所有房屋實由被上告人等自行建造並非賃屋之租戶夫被上告人等於該地内建造房屋上告人為地主從而收租認許之則是被上告人等就該地上實已取得其地上權而上告人因地被佔得受地價其對於各地上權人即應返還因消滅地上權所受之利益亦毫無疑義至其返還利益之標準依上開說明當視其地上

權存在期間之長短及租額之高下等而定如果該地原屬旗地而被上告人等實為老佃嗣後由老佃改為地上權或其建造房屋原有永不准主辭客之特約及慣例則其所有權受地上權之重大限制非將地上權消滅即不能取得高價故上告人因地上權消滅所受之利益自必甚鉅而被上告人等因地上權消滅損失亦多其返還之額即不得不較優若被上告人等原為尋常租種之佃戶而其取得地上權建造房屋亦無永不許主

准改乙字

[illegible]

[illegible]

判決用紙　　　　大理院

辭客之特約及慣例則其地[illegible]權不過短期

存在既因房屋之被燬其地上權[illegible]

消滅[illegible]上告人[illegible]因地上權之消滅而受有

不當利得自可毋庸返還今就該地是否旗

地被上告人等是否老佃當時老佃是否僅

有二十六戶其餘各戶如何取得其地上權

是否由老佃各戶輾轉兑與抑為直接向上

告人訂約設定究竟有無永不准主辭客之

特約及慣例兩造既互有主張乃原審就此

諸點並未明白認定遽認被上告人等實係

詮字

老佃户即憑空推定為已將基地培高遂判令被上告人等分給價銀顯難謂為適法至租摺及退契原為被上告人所引用之証據方法究竟是否可信兩造既有爭執原審亦未依法審究衡情認定遽予採用亦屬無據故本案上告不為全無理由又原審判令分給價銀係按頭等高地與頭等平地之差額為斷被上告人並無不服故本案被上告人等應受之利益若應超過此項差額則仍應以此額為斷[illegible]

判決用紙　大理院

據上述理由應將原判撤銷發還原高等審判廳更為審判至本案上告係因原審認定事實及判斷均非適法終應發還更審之件故本判決即依本院現行事例用書面審理行之特為判決如右

中華民國四年二月九日

大理院民事第二庭

審判長推事　余棨昌

推事　胡詒穀

推事　李祖虞

推事 李懷亮

推事 陳爾錫

大理院書記官 劉世瑗

司法部印

大理院

第二章　所有權

第二節　不動產所有權

【大理院民事判決】　四年上字第一四〇三號

【判例要旨】

贈與不動產亦以訂立書據為原則。

中華民國四年八月廿四日
判決宣告
中華民國四年九月十五日
原本領收
書記官 鄭耿光

改一字

大理院民事判決四年上字第一四〇三號

判決

上告人張錫珪 年三十歲金山縣人業儒住泖橋鎮

右代理人蔡倪培 律師

被上告人葉鹿 年四十七歲松江縣人管賬住渢涇鎮

右開上告人對於中華民國四年三月三十日江蘇高等審判廳就上告人與被上告人因田產糾葛一案於本院發還後所為更審之判決聲明上告經本院審理判決如左

添一字

一　主文

本案上告駁回

上告審訴訟費用由上告人負担

理由

本案應審究之點有二(一)上告人嗣祖母張李氏生前曾否分給被上告人妻葉張氏田單一百畝查民法法理贈與固以訂立書據為原則但苟有其他証據足以証明贈與行為之成立則即無書據贈與者之承繼人不得隨意撤銷所以尊重既定

之法律關係使社會得以安然無擾本案上告人嗣祖母張李氏生三女其次女嫁與被上告人為妻（即葉張氏）張李氏於前清光緒二十一年間分給長女（陳張氏）三女（朱張氏）田單各五十畝次女（即被上告人之妻）田單一百畝囑由家內賬房彭向卿寫立租簿三本一併同田單分別交給為原審認定之事寔茲據上告人稱贈與必須書據今被上告人除租簿外毫無証據且此種租簿不知何人所寫而彭向卿

改一字

前後兩信又屬不同則此種租簿法律上已無效力等語查閱訴訟記錄據彭維城供稱張李氏在日私授各女奩田數目不甚清楚張李氏死後因失單涉訟始由民父彭元鼎出来調停給葉張氏田八十畝文煥（上告人之父）含糊答應鹿[illegible]（被上告人）不允張李氏分給各女奩田係在未死之前各立租簿是彭向鄉所寫的等語又據陳張氏之子陳德新供稱娘姨葉張氏奩田一百畝民母及朱張氏各五十畝各

塗一字

有祖簿均係彭向卿寫的等語又據朱張氏夫弟朱仲容供稱張李氏之次女葉張氏有奩田一百畝民嫂及陳姓各五十畝民嫂祖簿今日交案據民嫂說是彭向卿所寫的等語縱觀証人之証言足証張李氏在日確有給與被上告人妻葉張氏田單一百畝之事寔依照上[illegible]開說明上告人以未立書據主張否認自屬不合至稱按照金山習慣凡有奩贈之家必載明於嫁時奩目而後附以奩契即極少數之田

產亦必循此慣例而行如所贈之地有二百畝之多則更無論等語姑無論金山有無此種習慣但查張李氏分給田產之時葉張氏早已出嫁即使有此習慣上告人亦不能據以為例原審未予採用並無不當又稱彭向卿寫立祖簿是否承張李氏之命應傳彭向卿到案與當事人質訊等語查閱訴訟記錄彭向卿迭經原審票傳據稟稱年老多病不克遠行原審因就其前後呈遞稟函及彭維城陳德新朱仲容

塗一字　塗一字

塗一字

等之供詞互相印証認定當時張李氏確曾彭向卿寫立三女奩田租簿之事寔在亦不得謂為不當上告人關於此點之上告殊難認為有理由(二)葉張氏所收執之田單是否適合其分得之畝數查閱訴訟記錄據陳德新供稱光緒二十一年由外祖母分給民母田五十畝二娘姨田一百畝三娘姨田五十畝所有田單賬簿當時都由外祖母交出的後來張文煥母舅同民母来說你先將田單拿出来把我

塗一字

改一字

添二十字

添一字

看看他們之田單亦要叫他們拿出来

民母忠厚即將單子交還文煥拿去之後

民母同他去說他說俟葉鹿官司了結

之後再行還你他們兩人（指葉張氏朱張

氏）之田單都不肯拿出来現尚在自己手

中等語又據朱張氏夫弟朱沖容供稱民

嫂確得有田單五十畝等語原審因以認

定被上告人妻葉張氏所持田單確與其

分得一百畝之數相符亦無不當茲上告

人復謂原審前次判詞判令被上告人所

添字〇〇
塗四字

執一百畝返還五十畝今又判令毋庸返
遂以為攻擊殊屬不合上告人關於此點
之上告亦難認為有理由
據上論斷本案上告應予駁回并按本院
訟費則例應令上告人負担上告審訟費
至本案上告係寔體法及証據法上論爭
之件故本判決依本院現行事例以書面
審理行之特為判決如右
中華民國四年八月二十四日
大理院民事第二庭

司法用紙

大理完

審判長推事　余棨昌

推事　胡詒穀

推事　李祖虞

推事　李懷亮

推事　陳爾錫

大理院書記官　鄭耿光

【大理院民事判決】四年上字第二四〇八號

【判例要旨】

例文所稱從前未經報坍不准撥補及報坍有案等語，原不過因報坍註冊最足證明舊業之曾否坍塌，以杜影射，固非即以當時報坍為淤漲撥補之要件，故如果別有確切證憑，可證明舊業之確已坍塌，亦應准其撥補。

讀四　十二月二十四日
判決
洪憲元　一月二十六日
原本
書記官宋庚蔭

大理院民事判決四年上字第二四八號

判決

上告人吳兆槐年四十二歲義烏下湾莊人

吳望青年四十八歲餘同上

吳敎參年七十六歲餘同上

吳章選未詳

被上告人駱志上年六十二歲義烏六都人住白岸頭

駱志豪年五十二歲餘同上

駱貴發年三十八歲餘同上

駱士奎年四十三歲餘同上

判決用紙　大理院

塗字

右上告人對於中華民國四年五月十五日浙江高等審判廳就上告人與被上告人因沙塗地畝涉訟一案所為第二審判決聲明上告經本院審理判決如左

主文

本案上告駁回

上告審訟費歸上告人負担

理由

查本案係爭之淤漲之沙塗地畝在前清宣統元年兩造爭訟以前歷久由被上告

人等墾殖耕種即歷久由被上告人等為平穩公然之占有乃顯著之事寔即証之兩造涉訟之初上告人吳效參供稱這江灘被駱姓（指被上告人等）霸管多年因吳姓家貧所以不與訟爭吳望青供稱民等南岸水沖漲過北岸歸駱姓耕種族中從前沒有齊心所以不與駱姓爭的各等語（清宣統元年八月二十五日供）亦已無可爭執原卷俱在豈容空言翻異夫原審於認定占有之事寔既有適法之根據則按

現行法例凡對於現在占有人告爭所有權者自應由告爭人提出確寔證據以證明其主張之為真寔如果告爭人不能為切當之證明則現在占有人自無須提出何等之反證而仍應維持現狀歸其管業本案上告人主張該係爭淤漲地畝原為上告人等吳姓所有為字號之地無非以粮串為惟一之證憑（上告人吳望青等在原審同供除粮串之外無他種證據見四年三月三十日筆錄）本院按粮串之為物

僅能立証納戶為誰粮額若干等事而於地畝之坐落冊號四至等項則無憑証明故上告人等所稱執有之粮串是否即係爭訟地之粮串寔已無從憑空臆度況被上告人以藉粮影射相攻擊上告人尤毫無防禦方法則空一粮票尤難引以為証而此外更無他種証據可資証明則徒以空言主張係爭地即吳姓為字號之地自屬無憑置信即原審據以駁斥上告人之主張按之上開法例委無不合茲上告人

猶反覆以原審不憑粮斷地為言顯係故
為狡執殊難認為有理由至上告人援引
本院二年上字第八十六號判例冀為淤
漲撥補一節姑毋論彼此案情不符已難
强行援照即以該判例言本院解釋現行
律關於淤漲撥補之例認未經報坍有案
苟其別有確寔証憑亦非排斥不用者在
該判詞中固已明明揭出限以別有確寔
証憑為前提否則即無准其强請撥補之
理此理固甚顯明本案上告人對於係争

淤漲地既非報坍有案而又別無可信之
証憑足以証明其對於該地之為原業戶
是上告人對於該地既不能証明原有不動
產所有之關係則更無據以請求撥補之
餘地故上告人此項主張亦難認為有理
由至於徐金大湖頭徐塘等莊之地鄰與
係爭地有何關係計若干戶是何姓何名
上告人舉以質証何等事項查閱原審記
錄均未據上告人在原審陳明請求傳訊
茲上告人竟以原審不傳証訊問為[illegible]詞

塗字

判決用紙　大理院

藉以為不服原判之論據亦顯非正當自應一併駁斥

據以上論結本案上告認為無理由應予駁回上告審訟費按本院訟費則例應歸上告人負担至本案係關於法律上見解之件核與本院現行事例書面審理之事例相符故以書面審理行之特為判決如右

中華民國四年十二月二十四日

大理院民事第二庭

審判長推事 余棨昌
推事 李祖虞
推事 孫鞏圻
推事 李懷亮
推事 陳爾錫
大理院書記官 宋庚蔭

第三節　動產所有權

【大理院民事判決】　九年上字第三九二號

【判例要旨】

動產附合於不動產而為其成分者，固應由不動產所有人取得其所有權，但其附合原因如係由於某種權利之行使，則動產所有人仍得保留該動產之所有權。

中華民國九年四月廿三日
判決宣示
中華民國九年四月卅日
原本領收
書記官 徐
塗去二字

大理院民事判決九年上字第五九二號

判決

上告人 王攺山 大興縣人住東四牌樓十一條胡同七號年三十三歲

被上告人 盛明 籍貫同前住東直門閔厢年五十四歲

徐德海 籍貫同前住東直門西壩河年五十三歲

徐德玉 籍貫住址同前

王連貴

趙星如 籍貫同前住李鐵拐斜街

右上告人對於中華民國八年九月十五日京師高等審判廳就上告人與被上告人因損害賠

償涉訟一案所為第二審判決聲明上告經本院審理判決如左

主文

原判認上告人應將地上植物一併交出並訟費之部分撤銷發還京師高等審判廳迅予更為審判

其餘上告部分駁回

理由

上告論旨略謂(一)關於盛明稽壓判詞妨害上訴權一節原審認為盛明無送達之義務殊不知伊係

塗三字

改乙字 塗一字

添塗一字

塗[illegible]字

故意藉壓以相妨害民索之不給非所謂有無轉送義務關於此点認定事實殊為不符此不服者一也(二)關於徐德王徐德海侵害一節亦係法外之侵害內含有强暴廹脅等行為與原審判詞所[illegible]不相同原審[illegible]為調查詳審僅拠孝宗書面以為推測之裁判殊不足信讞此不服者二也(三)關於坟墓一節民之坟墓被承認毀而復修劉姓坟墓被承認毀而未復劉姓坟墓當然在民保管範以內民之坟墓豈甘令人隨意平毀此不服者三也為此具[illegible]遞[illegible]懇請撤銷原判另為改

塗一字

添一字

改二字

塗一字

判詞

查本案上告人以合謀侵占等情起訴後王連貴即已委任范靜安代理應訴均在被告之列第一審列為參加人固有未當原判則竟遺漏應即予糾[illegible]原奏王連貴委任被上告人趙星如以欠祖私典等情與王長山涉訟民國七年五月一日經京師地方審判廳判決同月二十日送達判詞上告人以被上告人盛明所開之泰山館將其兄長山之判詞遲延未送致逾上訴期間故於本案請求由盛明賠償損害經原審以曾文王供述寔於收到後即已

送交王長山手收而該案執行既早完畢王長山迄無判詞未收之聲明且該項判詞係給與王長山亦不能以未經轉送於上告人手即為違背義務因以駁斥上告人之請求上告論旨徒謂感明故意妨害向索不給而不知既經向索即已知有判詞何以當時並不依法請求救濟直待該案執行完畢始於民國八年六月發生本案之訟爭況上告人原名王德山（擬八年七月十五日供）而王德山在該案執行中曾於民國七年七月二十七日代理王長山到案具結在卷何以彼時亦無此項主張故無論

添一字
塗二字

盛明有無代送之義務並其代送應否送交上告人手收要之上告人所稱盛明故意稽壓其主張寔難置信墳墓一項固不能任人隨意平毀惟賠償須以實際上所受之損害為準茲上告人所指徐德海等平毀之墳墓既經修復又未據上告人主張所修復者與原來墳墓實際上有何不當即已無損害之可言其劉姓墳墓無論是否寔已平毀除上告人証明劉姓業已委託保管外自有劉姓出而主張上告人既未經劉姓委任代理即與上告人無關茲其所稱前案王連貴之代理人趙星如等勾合徐德海

係德玉私拆伊家所有房屋五間又以暴力將一切動產及植物擅自移去各節經原審根據執行原卷查明該房五間原為王長山及王淨山所任當執行交地時王長山等已先後騰交清楚並無何等物件存留上告人既無確拠証明該房為自己所有而其王張存有轆轤種園家具及鍋碗等項又係徒託空言因認係上告人訛賴固非無拠上告人関於上開諸点之爭執原難認為有理惟依現行法例動產附合於不動產而為其成分者固應由不動產所有人取得其所有權而其附合原因如係由於他種權利

改一字

改二字

塗一字

添二字

之行使則動產所有人仍得保留動產所有權本案訟爭之地上植物既經原審認定係王連貴之先人咸豐與劉達齋共出資本在劉達齋所有之三十畝園地內種樹自用至道光二十五年除自用外計剩樹一萬餘株因與上告人之祖父立合同將所剩之樹出售得錢除再買樹秧培植及交納地租外餘作七股分用王大人工分有一股該項樹株既係租地種植依前開法例即應成一種獨立之權利標的不能與土地視為一體此項權利上告人之先人明明占有七股之一原審雖謂嗣至咸豐十年劉達

改一字

齋將該地典與王靈豐書立典字每年地租卽由王
大及上告人之兄長山先後直接向王靈豐家交納
然上告人家關於樹株七股占一之權利究於何時
曾否消滅並未提及卽查王連貴與王長山因欠租
涉訟之另案判詞亦僅判令王長山應將租種之地
三十畝交由王連貴收回並補付租錢三百串而於
王大因合同所取得之權利如何並未判及檢閱卷
附上告人呈案合同載有其樹隨賣隨分字樣如果
該項合同係屬真寔則地畝縱非上告人所應過問
地上植物又縱係原地主出資購種而其賣買之效

塗一字改二字塗四字

塗一字

加二字

力如何[illegible]得之賣價[illegible]不上告人家應如何

分受即應予以審定其判斷乃第一審既以地上植

物認為土地之重要成分包括於前案判詞之中不

能單獨主張權利原審亦誤於同一之見解致將上

開事實閑係棄置未顧此点殊有未合應認為有發

還更審之原因

批上論結應將原判認上告人應將[illegible]植物一併

交出並訴訟費用之部分撤銷發還原高等審判

廳更為審判其餘上告部分駁回又本案上告係屬

法律上之見解依本院現行事例即以書面審理行

之特為判決如右

中華民國九年四月十七日

大理院民事第三庭

審判長推事 朱學曾

推事 陳爾錫

推事 張康培

推事 左德敏

推事 林鼎章

大理院書記官 徐毅

第四節　共有

【大理院民事判決】　七年上字第五一九號

【判例要旨】

共產之兄弟共同負有債務，而由一人出名者，若債權人對於其出名人請求全部債務之清償時，則其出名人自應以所占有之共同財產為全部之清償，不容以債務應分擔為推諉。

中華民國七年五月十日
判決宣告
中華民國七年六月六日
原本領收
書記官 鄭耿光

大理院民事判決七年上字第五一九號

判決

上告人道生錢莊東

右代理人章印同

唐　璋律師

被上告人即附帶上告人陳杭泰

右上告人對於中華民國六年三月二十三日浙江高等審判廳就上告人與被上告人因債務涉訟一案所為第二審判決聲明上告被上告人亦聲明一部附帶上告經本院審理判決如左

主文

原判除維持第一審判決假執行宣示及駁回上告人關於麋鹿飼養等費之請求之部分外撤銷本案發還浙江高等審判廳迅予更為審判

上告人關於上開除外部分之上告駁回

理由

按現行訴訟規例凡對席判決與缺席判決之分應以其判決是否基於當事人一造濡滯日期之結果推定為自認為斷檢閱本案記錄第一審於五年六月二十一日為缺席判決後被上告人依

法聲明窒礙經第一審傳集兩造開庭辯論於是
年九月十六日重為判決雖其判決之際被上告
人於續行辯論之日亦未到場但詳核其判決理
由則謂原告（即上告人）將票據呈驗被告（即被上
告人）於辯論時並未加以何等之攻擊其証據確
鑿無疑等語是其判決並非因被告濡滯日期以
所推定之自認為基礎仍係斟酌兩造辯論之趣
旨以為裁判按之上開規例仍應認為對席判決
即毋庸以並未濡滯日期為理由始許控告乃原
審受理其控告狃於第一審判決之用語視為缺

席判決顯屬誤會故被上告人之於第一審續行辯論日期未經到場是否故意濡滯而原審未依缺席判決之法例發還第一審更為審判遽就本案內容為第二審審判亦尚非違法即兩造關於此點之上告及附帶上告論旨均應毋庸審及

可置不論

查本案被上告人故父陳用卿前經理恒豐烟號經手揭欠道生錢莊本息洋三千七百九十八元四角四分立有憑票二紙訂明癸丑年三月終清還而逾期未還用卿病故為兩造不爭之事實茲所爭執者即該欵本息應否全部由被上告人清

償之問題經原審審理判決認恒豐烟號係用卿兄弟三人夥開非匿名合夥債務應三股分償判令被上告人償還該欵本息三分之一算息至履行之日為止兩造先後聲明不服到院本院按現行法例凡商店之經理人或處理業務之合夥員經手借欠之債務雖毋庸以私財為清償而對於債權人究應就全部負清理償還之責又共產之兄弟共同負有債務而由一人為之代表者若債權人對於其代表人請求全部債務之清償者則其代表人自應以所占有之共同財產為全部之

清償不容以債務應分担為推諉本案恒豐烟號原係陳姓祖遺之商店即據上告人之主張亦僅謂現已推歸第三房陳用卿兄弟三人所獨開並未謂係用卿一人私有之業是係爭債務為合夥債務無疑茲上告人僅因陳用卿之弟瑶甫蘆申未預號事恒豐號歷由用卿一人經營即認為係匿名合夥而於恒豐號是否改歸陳用卿一人出名其財產是否改歸陳用卿一人所私有絕未有何等左証則其主張恒豐號係匿名合夥之説顯非有據原審予以否認自無不當又何得仍以空

塗六字 註去字

言肆行攻擊惟恒豐號所欠道生錢莊之本息既係被上告人故父經手借欠則依上開法例被上告人雖毋庸以私財清償全部而要應負經手之責就全部為之清理償還況據上告人主張被上告人現在占有陳四豐元豐等店營業及蕭山桃園慈谿田產房屋並所養麋鹿等項均係其父用卿與陳瑶圃蘆申之共有財產足供此項共同債務全部之清償云云則關於此點自應直接傳訊陳瑶圃蘆申等人或囑託傳訊以認定此項財產是否用卿私產據為裁判乃原審既不令被上告

人員經手責任又未就上開財產是否共有審究明晰遽謂兄弟共負之合夥債務應由各人按股分担僅判令被上告人償還一部於法殊欠允洽故上告人此項上告不為無理由至恒豐號究係第三房陳用卿兄弟三人所共有抑為陳姓七房所共有兩造亦互有爭執雖經陳姓七房中人曾以書面陳述謂該號已非七房共有但究未經到案供証明確則其書面之陳述是否可信不無疑義審理事宜之審判衙門為使係爭事宜關係明瞭起見究應依職權上之處置為之傳案集訊蒐

集証據以資認定乃原審並未審究及此於職權
上能事究嫌疏忽故被上告人之附帶上告亦非
毫無理由
又查上告人因就被上告人所養之麋鹿為假扣
押所墊出之飼養等費用係屬執行費用之一部
固應將來於執行財產之價格內儘先扣付而依
法不容遽在本案為償還之請求即原審予以駁
回自無不合茲上告人乃就此聲明不服委係不
當故應予以駁回
據上論結應即將原判一部撤銷發還原高等審

大理院

判決予更為審判上告人關於麋鹿飼養等費之
上告予以駁回至本案上告及附帶上告要旨係
關於實体法及訴訟法上之論爭故本判決依本
院現行事例用書面審理行之特為判決如右

中華民國七年五月廿日

大理院民事第二庭

審判長推事　余棨昌

推事　胡詒穀

推事　李祖虞

推事　石志泉

推事

大理院書記官　鄭耿光

【大理院民事判決】七年上字第一一三六號

【判例要旨】

養贍財產之所有權，仍屬於設定贍產之人。如係以共有財產為贍產，則被養贍人故後，當然應按股分析。

中華民國七年九月廿五日
中華民國七年十月七日
領收
書記官 徐敬

大理院民事判決七年上字第一一三七號

判決

上告人 孫國珍 年五十一歲奉天鳳城縣人住奉天小西關茂林膏館

代理人 于海清 律師

被上告人 孫丕顯 年五十四歲奉天鳳城縣人住小東關

右上告人對於中華民國七年一月二十八日奉天高等審判廳就上告人與被上告人因家產涉訟一案所為第二審判決聲明上告經本院審理判決如左

主文

塗三字
改壹字

原判撤銷

鳳城縣烟袋胡同住房一所應[illegible]、[illegible]由兩造按照三股[illegible]撥分其餘部分發還奉天高等審判廳迅予更為審判

理由

查本案上告要旨(一)本案於宣統三年十月三日經鳳凰廳堂諭代判被上告人終未上訴業已確定不得一事再理原審未予更正(二)被上告人故父[illegible]居未分之房產粮地計十四處上告人已指出被上告人與妻長庚訟爭長豐棧市房案內兄契為証以此

添壹字
改壹字

訟彼即可訟其餘(三)鳳城縣烟袋胡同住房一所不過撥爲上告人祖母養贍並無議定由被上告人繼承享被上告人辯稱(一)鳳凰廳宣統三年堂諭被上告人並未甘服(二)光緒十三年分析家產均由被上告人故父玉鳴支配有分家單及賬簿可証被上告人分家後所置產業俱有大照足憑長豐棧市房係伊父私蓄得自王廷栢被上告人與妻長庚涉訟時妻長庚當庭供認轉與伊父六道溝粮地係分得之產有分書可証(三)鳳城縣烟袋胡同住房係伊祖母養贍之產被上告人既盡生養死葬義務當然享

改字

呈訴人吳培阡
浔遺產權利情詞各執本院查(一)鳳凰廳宣統年間
上告人呈控被上告人匿吞夥產案奉上告人於宣
統三年十月以被上告人故父儒珎分家匿產等情
請城廂議事會會查調查未結呈送鳳凰廳審訊宣
統三年十月三日該廳堂諭雖有孫國珍家境現在
不及孫丕顯孫丕顯係屬侄輩理應敬長篤親以敦
族誼茲從中酌令孫丕顯先出銀一萬五千兩交同
孫國珎清理賬目其餘房產生意均一律同中分清
以免日後爭執之語而仝年十一月八日所批上告
人請求將所爭房屋斷歸應有呈內又稱安東等處

房屋是否在應分之列應即逕同分單內親友人等查明秉公妥為調理仝年十二月七日又批上告人呈請將被上告人拘保交案呈內亦稱此案業經斷明兩造均未画結是有意纏訟均屬非是應俟傳孫丕顯到案後再行質究被上告人於民國元年六月八月間向奉天高等審判廳及該省都督呈請提審據該廳是年七月初七日八月二十一日先後呈覆亦稱孫國珍所稱孫丕顯先人隱匿吞產一節係屬家務兩造各執一詞未便懸斷因本城商會聲稱孫姓先人夥開恒益昌等號使出外票及川用之款為

判決 大理院

数頗鉅斷令孫丕顯給予孫國珍一萬五千兩清理
票賬其餘未分產業非孫丕顯呈驗契據無憑判決
等語是被上告人對於宣統三年十月三日鳳凰廳
之堂諭並未甘服該廳批准再予傳訊自不
能認為業經確定而此種辦法在當時法令既未經
禁止亦難遽執一事不再理之法則以相繩此項上
告意旨殊屬誤會(二)查閱訴訟記錄上告人所主張
被上告人故父遺之公產十四處除鳳城縣烟袋
胡同住房一所為被上告人祖母養贍之產兩造不
爭外其餘房產粮地十三處上告人所舉出之証人

馬永安雖已亡故而安東縣前聚寶街三十二間瓦
房一所（即長豐棧市房）上告人已指出光緒三十三
年被上告人與婁長庚因抽典涉訟案內兌契為記
究竟該案內有無兌契如有兌契是否足為該房係
屬分產前置買公產之憑記原審未予釋明其他各
處房產據被上告人所提出之光緒二十三年大照
一紙光緒二十二年大照七紙查核該照所領均屬
地基究竟該地基以上之房屋是否報領以後所蓋
抑為報領以前所有檢閱六年十一月九日筆錄被
上告人曾提出賬簿為報領地基後修蓋房屋之証

上告人指稱該賬係屬歷年修補則該賬所記載是否建造抑係修補不無足資審究又查六年九月十日筆錄被上告人供稱光緒十四年以後安東街基全被水沖雖多年原有業主四至皆不可考且有棄產者當時領戶全從新報領又稱新照是由道台衙門領的但原有照的化三十吊可以換新照無照的化六十吊即可領新照各等語則被上告人報領地基是否原業主從新報領抑係報領他人棄屋所領新照是否按無照納費儘有檔案可查又查劉佩信賣與恆吉德安民山地契係光緒十四年七月所立

添四字
改壹字

加七字

乃在上告人等分家之後究竟該契所賣之地是否
即為上告人所指之安民山粮地號地六道滸粮地
十四天被上告人指為分家之產載在分書是否屬
實均不無審究餘地原審均未為職權上調查遽予
判決自不足以昭折服此項上告意旨尚不得謂為
無理由(三)按現行法例養贍財產之所有權屬贍
產之人如係以共有財產為贍產則被養贍人故後
當然應按股分析本案鳳城縣烟袋胡同住房一所
係被上告人祖母養贍之產為兩造所不爭其祖母
亡故後自應按照兩造呈驗分書所載辦法三股均

分至其祖母生前養贍之費既應取給於該房產之收益即不得復向上告人有所主張其死葬費用縱應於此項房屋價額內支給而當未經變價以前被上告人究不能即指為已有原判此點殊有未合此項上告意旨亦屬正當

依以上論結本件上告尚非全無理由應將原判撤銷除關於養贍財產之部分由本院逕予改判外其餘部分發還原高等審判廳迅予更為審判再本案係關於實體法上見解及原審未盡職權上能事終應分別改判及發還之件依現行事例用書面審理

行之特為判決如右

中華民國七年九月二十五日

大理院民事第三庭

審判長推事朱學曾

推事李懷亮

推事張康培

推事林鼎章

推事劉含章

大理院書記官徐敬

第三章　典權

【大理院民事判決】　四年上字第六五三號

【判例要旨】

現行律關於典產延燒者，其損害應由何人負擔，並無明文規定，雖費用受寄財產條內定有典商收當貨物，失火燒燬或鄰火延燒時之辦法，但典當商以收當貨物為營業，其保管責任理應加重，自非普通典產所能一律援用。是故，除各地有特別習慣外，自應依據通常條理以為判斷。查典產延燒，既非應歸責於典主，則依通常條理，自以業主即典主分擔損害為宜；而活賣房產，亦與典產無異，如遇延燒，亦宜令原業主及現業主分擔損害。顧其分擔損害，應依如何之方法行之，則不能不依年限已滿與否，起造房屋與否，予以酌定。按大清律例彙輯便覽內輯註乾隆十二年之例載：「典產延燒，其年已滿者，聽業主依照原價減半取贖，如年限已滿，而業主不能取贖，典主自為起造，加典三年，年滿仍依原價加四取贖，活賣房屋與典產原無區別，如遇火燬一律辦理，其或被火延燒，原業兩主均無力起造，所有地基公共售價，原主將地價償還業主三股之一」等語。據此審究，是即上開條理，兩造分擔損失之意思，而其遇兩造均無力起造時，活賣業主與原主應將地基公同出售共分地價之例，亦屬分擔損害之一種方法，自可引為判斷之標準。

中華民國四年五月廿八日
決宣告
中華民國四年七月廿日
原本領收
書記官 劉世援

大理院民事判決 四年上字第六百五十二號

判決

上告人 湯毓珠 長清縣人年五十二歲農會庶務

被上告人 劉恩鴻 長清縣人年四十七歲業農

劉恩澤 長清縣人年二十七歲業農

劉恩溪 長清縣人年三十九歲業商

右上告人對於中華民國三年九月二十五日山東高等審判廳就上告人與被上告人因房產涉訟一案所為第二審判決聲明上告經本院審理判決如左

大理院

主文

本案上告駁回

上告審訟費歸上告人負担

理由

本院按現行律例關於典產延燒者其損害應由何人負担並無明文規定前清現行律雖定有典商收當貨物失火燒燬或鄰火延燒時之辦法但典商收當貨物為營業其保管責任理應加重自非普通典產所能一律援用是故除各地有特別習

塗改乙字

塗改乙字

慣外自應依據通常條理以為判斷查典產延燒既非應歸責於典主則依通常理自以原主及典主分担損害為宜而活賣房產亦與典產無異如遇延燒亦令原主及業主分担損害顧其分担損害應依如何之形式行之則不能不依年限已滿與否起造房屋與否予以酌定按前清律例彙輯便覽內輯註乾隆十二年之例載典產延燒其年已滿者聽業主照依原價減半取贖如年限已滿而業主不能取

判決用紙

大理院

贖典主自為起造加典三年年滿仍依原
價加四取贖活賣房屋與典產原無區別
如遇火燬一律辦理其或被火延燒原業
兩主均無力起造所有地基公共售價原
主將地價償還業主三股之一等語據此
審究是即上開條理兩造分担損失之意
而其遇兩造均無力起造時活賣業主與
原主應將地基公同出售共分地價之例
亦屬分担損害之一種形式自可引為判
斷之標準本案被上告人祖劉以莊於前

清光緒二年因欠有上告人叔湯銘心錢四千吊將住宅塲園作價活賣仍由被上告人居住有上告人呈驗活賣文契可証為原審合法認定之事實茲上告人主張當時僅為指房担保不認為活賣然查上告人所呈活賣契內文句明明係屬活賣房產並非指房担保其起訴狀內亦稱立有活賣契二紙為據因素有交誼仍歸原業居住亦無租利等語（三年一月八日狀）是其此項主張顯屬無據至前清光緒九

年該房被水淹沒倒塌亦為上告人在第一審所自認（三年二月十二日供）自不容復行翻異上告人乃復主張被上告人藉口被水房屋並未損壞私自折毀云云則不特與其自認相牴觸且在原審始終並未有何等之証明僅屬空言主張於法即非可信是故本案係爭房屋委由湯銘心活賣後被水損壞毫無疑義茲所應審究即在該房屋地基及買價應如何處置及被水後殘餘木料應否由被上告人返還

是已據上開活賣房屋被火延燒之例於本案情形當然可以準用即應由被上告人(原主)照原買價減半取贖地基或由被上告人(原主)及上告人(業主)就該地基代價依二與一之比例分別取得要難就原買價全部(即從前之債額)主張返還原審就事實上之便宜並得被上告人之同意將該地基判歸上告人所獨有已於上告人有分外之利益則何得更有不服故此點上告實難謂為有理由又被水後殘

餘木料究有若干及曾否由被上告人交還於上告人雖為兩造之所爭執但原審據被上告人呈驗交料收條及王希和之証言（參看三年九月十九日筆錄）認定其殘餘木料已經交還判令毋庸更行返還於法自無不合茲上告人乃以空言攻擊收條為偽造並謂王希和原審並未傳訊判詞所載亦不足信云云殊不知筆錄具在可以復按上告人末次開庭並未親到僅由代理人代理辯論遂以証人為未經

塗弍字註參字

塗改乙字

傳訊信口主張顯屬毫無理由
據以上論結本案上告應予駁回並依本
院現行事例訟費則例令上告人負担訟
費至本案上告係空言攻擊原判毫無法
律上理由終應駁回之件依本院現行事
例得為書面審理故本判決以書面審
理行之特為判決如右

中華民國四年五月二十八日

大理院民事第二庭

審判長推事 余棨昌

判決用紙　大理院

推事　胡詒穀

推事　李祖虞

推事　李懷亮

推事　陳爾錫

大理院書記官　劉世瑗

【大理院民事判決】四年上字第一九五〇號

【判例要旨】

現行律載：「賣產立有絕賣文契，并未註有找貼字樣者，概不准贖，如契未載絕賣字樣或註定年限回贖者，并聽回贖等語。」尋繹律意，是賣產雖定有絕賣文契，而註有找貼字樣者，及契未載絕賣字樣，或契內雖載有絕賣字樣而註定年限回贖者，均准回贖，律文雖簡略，而其意則至明晰。

民國四年十月廿八日
判決宣告
洪憲元年二月廿六日
原本領收
書記官錢承[illegible]

大理院民事判決四年上字第一九五號

判決

上告人張虞賡 江蘇松江縣人年五十八歲

代理人黃鎮磐 律師

曾澤霖 律師

被上告人梅鍾德 江蘇上海縣人年五十一歲

右開上告人對於中華民國三年十月十二日江蘇高等審判廳就上告人與被上告人因贖田涉訟一案所為第二審判決聲明上告本院審理判決如左

主文

本案上告駁回

上告審訟費由上告人負擔

理由

本院查現行律例載賣產立有絕賣文契并未註有找貼字樣者概不准贖如契未載絕賣字樣或註定年限回贖者并聽回贖等語尋繹律意是賣產雖立有絕賣文契而註有找貼字樣者及契未載絕賣字樣或契內雖載有絕賣字樣而經註定年限回贖者均

添二字　改乙字　塗乙字

准回贖律文雖簡畧而其意則至為明晰夲案訟争田地其契內均載有此田拾叁年以外准憑自己情贖字樣該契雖係絶賣然契內既經註定年限回贖按之上開律例年限既屆自應聽其回贖上告人雖稱此等字樣係契成交款之時被上告人乘上告人不經意擅自添註與之理論託詞不肯更換上告人寔未承認等語殊属無此情理斷難憑信至准憑情贖一語與律文所稱回贖雖措詞不同而意義則一斷不能强為區別原判解釋

塗乙字

加二字

塗乙字

塗乙字

判決用紙　　大理院

現行律及契內文義並無錯誤上告意旨
均屬牽強附會毫無理由
據以上論結本案上告為無理由應即駁回
並依例令其負擔上告審訟費再本件上告係
關於寔體法則之件故依本院現行事
例以書面審理特為判決如右
中華民國四年十月二十八日
大理院民事第一庭
審判長推事
推事　陸鴻儀

推事 許卓然

推事 石志泉

推事 曹祖蕃

大理院書記官 錢承鋕

【大理院民事判決】 七年上字號第五七六號

【判例要旨】

現行律賣產立有絕賣文契，並未註有找貼字樣者，不准貼贖之規定，原為保護買主之利益而設，若買主自願拋棄此項利益，而與賣主訂立找貼契約，自非法所不許，該契約如果屬實，即應發生法律上之效力。

中華民國七年五月廿一日
判決宣告
中華民國七年六月八日
原本領收
書記官 鄭耿光

大理院民事判決七年上字第三七六號

判決

上告人 潘柴氏 浙江紹興人住江寧王府園年三十九歲

代理人 陶保晉 律師

被上告人即附帶上告人 舒麗生 安徽人住揚州東關街年五十一歲

代理人 秦聯奎 律師

右上告人對於中華民國六年九月二十日江蘇高等審判廳就該上告人與被上告人因房產涉訟一案所為第二審判決聲明上告被上告人亦聲明附帶上告本院審判決如左

添二字

判決用紙

大理院

主文

本案上告及附帶上告均予駁回

上告審訟費由上告人負担

理由

本案據上告人訴稱伊翁潘謹齋於前清光緒年間充江甯藩幕曾與楊姓合置甯垣四象橋南王府園地基一方分半管業自盖房屋四十餘間嗣於光緒二十二年就聘福建離甯時向契友舒紹基（被上告人之弟）借銀三千兩即以原置地照及與楊姓分地合同並在房家具抵作保證光復後

塗一字

翁故家落伊來甯清理詎舒紹基已故被上告人揑造字據意圖吞占經人調處未協被上告人忽藉警區權勢勒令找洋五百元作絕心實難甘云云被上告人則辯稱伊弟舒紹基於前清光緒二十六年買得潘謹齋王府園住房一所地基一塊價銀九千兩立有賣契並由潘謹齋立有收銀字據光緒三十年五月間復由潘謹齋找價銀九百五十兩亦有找價字據可憑歷久無異上告人前至伊家言及翁夫皆故家道式微伊念世誼允賻二百元不料上告人未滿所欲竟自搬入伊弟

判決用紙　大理院

所買房內居住聲言該房並非絕賣且存有潘姓家具伊當報由警區斷令上告人限期遷出並勸令伊給洋五百元俾其回籍上告人乃復捏詞纏訟顯係圖賴云云是係爭房地究係抵押抑係絕賣自當視被上告人提出之契字等件是否真寔為斷本院查稅契乃國家一種徵稅之方法而非私法關係成立之要件故不動產買賣契約雖係白契未經過印投稅苟依其他憑証可認為真寔者法律上仍屬有效即或契內關於價銀及中証等項記載形式上不無瑕疵要於契約目的之行

為適法與否無涉亦難因此遽認為不生效力至現行律例賣產立有絕賣文契並未註有找貼字樣者不准貼贖之規定原為保護買主之利益而設若買主自願拋棄此項利益而與賣主訂立找貼契約自非法所不許該契約如果屬實即應發生法律上之效力亦屬無疑今上告人乃以被上告人提出前清光緒二十六年之賣契既未照章投稅復未填載價銀亦無族隣居中官牙蓋戳種種不法應屬無效及被上告人提出光緒三十年之找價字據違背絕產禁止找貼之律例不能發生效力為詞援諸上開說明固非正

除一字

當即就該賣契及找價字據並光緒二十六年之收銀字據究屬真實與否而論上告人雖主張各紙契字內潘謹記名下之花押與其所提出潘謹齋親筆所書棄妾休書內之花押筆迹不符然查被上告人呈出潘楊兩姓之分地合同內燕喜堂潘姓下正心脩身四字之花押確係潘謹齋親筆所畫本為兩造所不爭而光緒二十六年之賣契並收字據及光緒三十年之找價字據內潘謹記名下花押亦同為正心脩身四字業經原審以之與該分地合同內之押字核對用筆結体悉屬相符則被上告人提

三

塗一字

出各紙契字之為真實已得有充分之証明而該
棄妾休書是否潘謹齋親筆所書及該休書內花
押是否亦與各紙契字內之花押相符即已無審
究之必要上告人何能更行飾詞狡爭執故原判
維持第一審判決認定係爭房地確係已經潘謹
齋絕賣而駁回上告人備價回贖之請求於法尚
無不合本案上告不得謂有理由至被上告人附
帶上告請將原判維持第一審判決令其貼給上
告人洋五百元之部分撤銷一節查閱訴訟記錄
被上告人於第一審判決後即已具狀聲明遵判

繳洋五百元在案並曾向原審供有看世交面上願
貼給五百元之語當然無翻悔之餘地故原判將其
關於此部分之附帶控告予以駁回並無不當此
項附帶上告亦不得謂有理由
依上論結應將本案上告及附帶上告均予駁回
上告審訟費按照本院訟費則例應由上告人負
担再本案上告及附帶上告係涉及寔体法並訴
訟法上見解之件故本判決依本院現行事例以
書面審理行之特為判決如右
中華民國[illegible]年五月二十一日

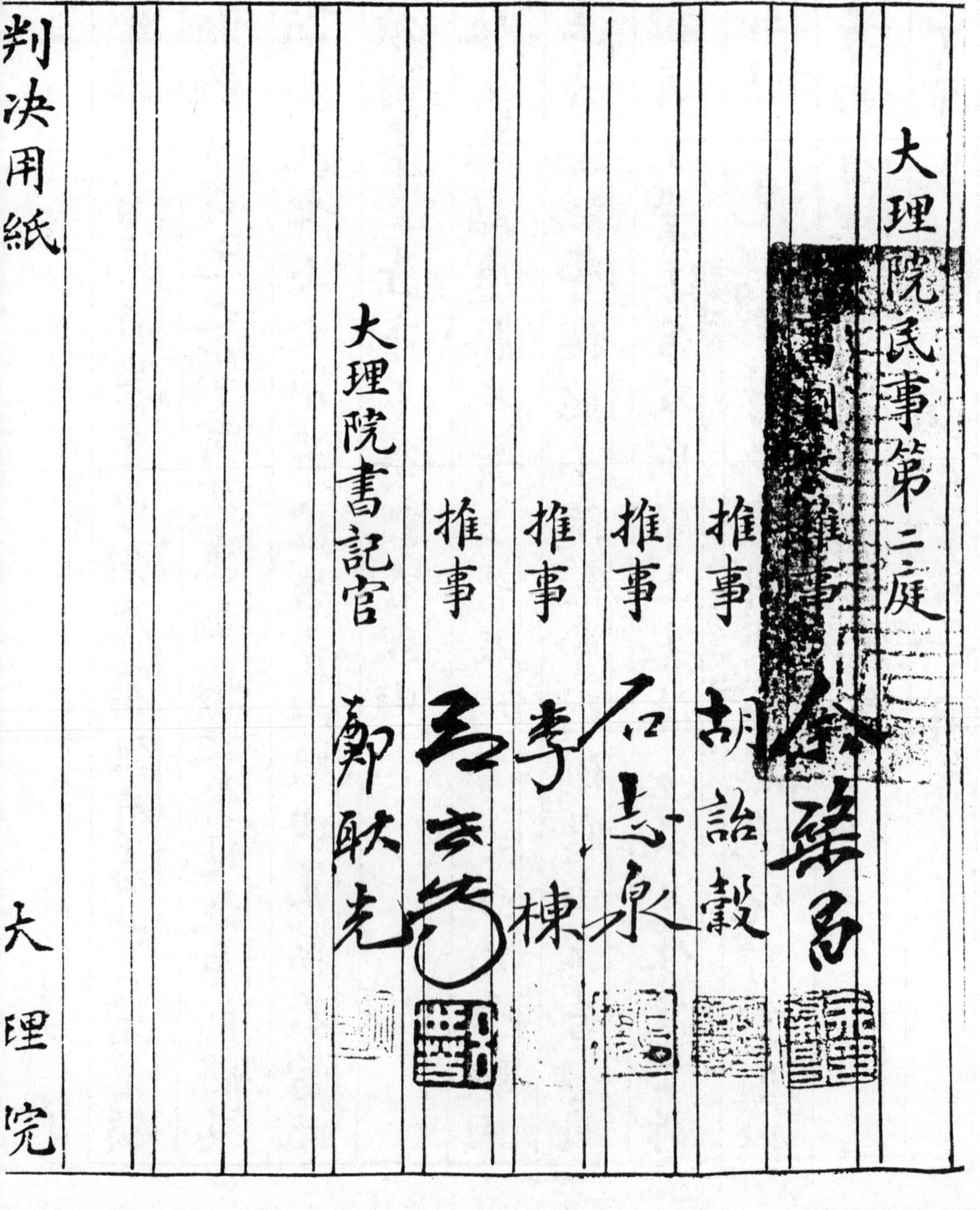

大理院民事第二庭

審判長推事 [illegible]

推事 胡詒穀

推事 石志泉

推事 李棟

推事 王[illegible]

大理院書記官 鄭耿光

判決用紙　大理院

第四章　先買權

【大理院民事判決】

七年上字第二二四號

【判例要旨】

習慣法之成立以無背於公共秩序及利益為要件之一，當事人所主張該地方歷來市面舊規，業主典賣房屋，須先儘原住租戶留置，不能擅自賣與他人云云，姑無論是否屬實，就令非虛。惟此項習慣不僅限制所有權之處分作用，即於經濟之流通與地方之發達均不無障礙，為公共之秩序及利益計，斷難予以法之效力。

中華民國七年三月八日
判決宣示
中華民國七年四月六日
原本領收
書記官 劉世璿

大理院民事判決七年上字第二二四號

判決

上告人潘耀宗 年六十七歲固安縣人住永通木廠

右代理人蕭桂榮律師

上告人鄧維藩 年四十九歲固安縣人住東珠市口路北富樂店

被上告人李池亭 年五十四歲冀縣人住觀音寺京華店

呂榮第

右代理人唐演律師

右上告人對於中華民國六年八月二十四日

京師高等審判廳就上告人等與被上告人

判決用紙

等因房產糾葛一案所為第二審判決声明上告經本院審理判決如左

主文

原判撤銷

本案被上告人等請求確認先買權之反訴駁回

上告人要求收房之本訴發還京師高等審判廳迅予更為審判

理由

查本案上告人潘耀宗於民國四年六月間買受上告人鄧維藩家所有坐落牛駝鎮街中路東

塗一字

添一字

添一字 塗一字

添一字

鋪房一所該房分前後兩院向由被上告人李池

亭兮呂榮第分别承租開設商店均閱多年而

爭執之点即在上告人潘耀宗於買受該房後

以被上告人等霸不騰房為詞訴請判准收房管

業而被上告人等則主張按該地習慣業主賣房

應先儘原住租户留置不能聽上告人等蔑視其

先買權以為反訴兩造情詞各執故欲論究本案

之訟爭孰為曲直應審究該牛駝鎮地方是否

有業主買房必須先儘原租主户留置之習慣又

該習慣是否應認為有法之效以為先決本院

判决用紙

大理院

改字

按習慣法之成立以無悖於公共秩序及利益為要件之一本案被上告人等主張牛駝鎮歷來市面舊規業主典賣房屋須先儘原住租户留置不能擅自賣與他人云云姑無論該鎮是否確有此項習慣兩造既有爭執即尚難遽予斷定就令假定該鎮舊有業主賣房先儘租户留置之習慣非虛則以此項習慣不僅限制所有權之處分作用即於經濟之流通與地方之發達均不無障碍於公共之秩序及利益計斷難予以法之效力乃原審誤以該習慣為應予以法之效力認被上告

人等之主張為正當致將上告人潘耀宗合法訂立買受房屋之契約判令取銷顯非允協應即由本院予以糾正夫本案被上告人等以租住房屋關係提起反訴為自己主張先買權雖不能認其請求為合法成立惟兩造成訟以後被上告人等迭次主張自向鄧姓租住該房開設商店已閱多年且各添蓋有房間等語則於上告人潘耀宗訴請收房關於此項添蓋之房間應如何解決自屬本案應予審究之問題乃原判竟誤於法律上之見解認上告人等之買房契約應予取銷而於被上告人之租住該房經商已久且經添蓋房

屋是否可認為有鋪底權或其他權利足拒絕被上告人
等收房之請求尚未令兩造就此為充分之辯論為之明
確認定即本院自無從為法律上之判斷故關於上告人
收房之本訴應認為有發還更審之原因
據以上論結本案上告不能謂為無理由應將原
判撤銷除關於被上告人等以反訴主張先買權
之部分逕由本院為之依法改判外其關於上告
人收房之本訴即予發還原高等審判廳迅予更
為審判至本案上告係原判誤於寔体法上之見解
終應分別改判及發還更審之件故本判決依本院

現行事例既以書面審理行之特為判決如右

中華民國七年三月二日

大理院民事第二庭

審判長推事　余棨昌

推事　胡詒穀

推事　高种

推事　李棟

推事　王式通

大理院書記官　劉世瑗

【大理院民事判決】八年上字第二六九號

【判例要旨】

由習慣而生之先買權，原得對抗第三人，如第三人違反該習慣，致害及先買權人之利益者，該先買權人自得請求撤銷其買賣契約。

中華民國八年三月十五日
判決宣告
中華民國八年三月二十日
原本領收
書記官 徐 發

塗二字

大理院民事判決八年上字第二六九號

判決

上告人 王敦德堂 四川富順縣人省寓正府街仁吉店年五十歲

被上告人即附帶上告人 王德敷 籍貫同前寓東大街正元店年四十一歲

黃鑑廷 籍貫住所同前年四十二歲

被上告人 洪芝生

羅源遠

右上告人對於中華民國七年三月十三日四川高等審判廳就上告人與被上告人因鹽井涉訟一案分別所為第二審之判決均聲明上告被上告

判決用紙 大理院

加收乙字
塗一字添一字

八亦聲明附帶上告經本院審理判決如左

主文

原審就本案分別所為之第二審判決併予撤銷發還四川高等審判廳迅予更為審判

理由

查本案兩造[illegible]源井份涉訟經前自貢地方審判廳於民國二年七月十五日為第一審之判決[illegible]民國五年十一月十八日經富順縣知事重予判決原審以該縣閱於前地方審判廳業經判決之爭点併案審判係屬一事再理固無不合惟既有未經第一

審判決之部分則該縣所判明係補充判決其訟爭標的以及訟爭之當事人均屬同一殊無分别判決之必要且檢閱原卷洪芝生及羅源遠等均在本案當事人之列該縣補充判決因以之與王德敷黃鑑廷同列被告即自貢地方審判廳原判亦已將洪芝生等録列在内原判漏列顯係疏忽均應由本院予以糾正

復查本案自貢地方審判廳作成正式判詞雖在民國二年七月十五日而其當庭諭知判決則在民國元年十一月八日被上告人王德敷旋於是月十二

判決用紙　　大理院

日即以廳判難遵等情聲明不服上告人亦於原審節經狀請提審無論原審嗣後久未審理是否因兩造均已回籍並其間他項經過之情形如何要之被上告人對於第一審原判既經聲明不服在先即無確定之可言其六年七月三日筆錄中所載地廳判詞並未判錯一語查係原審發問之詞被上告人黃鑑廷則明明答稱判斷不公乃上告人據此遂謂訴訟業經消滅原判早已確定殊有未審

復查上告人所稱不服之理由臚陳論據雖多然除其中並不屬於民事審判之範圍或原判並未提及

又或上告人不服理由係對於判詞送達後原審就上告人狀詞所為之批示並其他無關訟争要点之種種[illegible]依法均應毋庸置議外其[illegible]事項中如被上告人王德敷佃推該井下節日分所佔田盛田與田源三井[illegible]基經兩審判令另向上告人酌量議佃被上告人関於此点並無不服之聲明上告人雖尚以損害為詞攻擊原審不予追究然未經第二審判決之事項本院自亦毋庸逐予審究茲兩造訟争之要点應行審究者約言之(一)為佃井問題(二)[illegible]子孫井份問題查閲訴訟記録本案係上告人於民

判決用紙　大理院

國元年七月以歛害條規等情出為原告具訴該井
上節洪芝生等不諳廠規私佃夥外同年九月七日
並以王德敷復串下節止有十一天半之羅源遠抵
塞混爭請求併歸原案判決則是上節與下節井分
自初即均有爭執原判乃謂上告人對於下節羅源
遠出佃之井係始終無何等爭議遂認該縣就此所
為之補充判決係出原告人請求之外殊有不合故
解決此項訟爭仍應以被上告人承佃此上節及下
節之井份是否違反廠規為最要關鍵原審既以洪
芝生前將井份佃與羅鈞三時業有取銷先例認上

加二字

塗三字改乙字

改一字

告人之主張不為無據則欲謂洪芝生出佃與被上告人之先業經儘上告人因上告人不肯出價以致另佃自須有明確之証憑今原判理由所称羅鈞三接佃契約投憑商會取銷後中經數月上告人久不議佃而洪芝生於取銷羅鈞三之契約出有挂紅銀兩何肯再佃夥外甘受賠償商會亦不至自違先例復予作中代覓夥外均不過[illegible]推[illegible]之詞豈能以此断定當日必已儘問如謂上告人在第一審所繳佃價銀兩少於王德敷等之佃價而王德敷等所出之中資襍費上告人又竝不承認即應推定

入乙字

添一字

改乙字

塗一字

以前不肯出價無論仍係推諉之詞且上告人既稱佃價較少係因上節十一天半之井份內其自身原有一天三時之故而中資等項則屬賍賄不應出之費自非就此調查釋明即難保非因彩外接佃有違先例索收遂致貿然出此不正當之用途以冀爭佃故不能因此項理由認上告人優先承佃之權利即棄其下節羅源遠出佃之井份原審既認上告人提出之乙巳合約係屬真寔不過謂羅源遠原佃之期尚未逾越又約內所載或佃或接回自辦之語係屬兩可之詞並未絕對限制羅源遠於期限內

加改乙字 塗改乙字 加乙字 改乙字 改乙字

不得轉佃故認其出佃正當殊不知原約期限以內雖可任由羅源遠承佃而羅源遠轉佃於夥外之人則約中縱未表示限制之意思而該地習慣如何自[illegible]為解釋之[illegible][illegible]茲原判既謂夥外之人貿然援佃不免違背慣規乃又援合約並無限制之明文[illegible]解即不免有所牴觸況約中並載有「限滿之後所有此[illegible]夜全日分（中略）概歸上節及地主管理」字樣何得謂純係兩可之詞而上告人就此自初即有爭執又如前述即亦不能以此遂棄置不論故原判理由寔不足以[illegible]折服復查訴訟記錄民國元年十

一月十二日王德敷狀称即云照數退還羅源遠日分與洪有連帶關係自應一律作退又民國四年七月三十一日黃鑑廷在該縣供称王敦德堂甘願全日取回民等退他就是如祇取洪芝生價廉日份民等不能折服又同年九月二十九日王德敷供王敦德堂総説民不應買民願將日份完全交出只求断他完全補給商等銀子其他供詞（如四年七月十六日十月二十二日十二月十二日供）略同是被上告人迭[illegible][illegible]示願退全井之意思茲於上告審内謂係初審[illegible][illegible]並無此供即足見其不寔而據上告人在

該縣供詞今黃鑑廷既願將二十三天完全交出民亦願完全接手補他銀子但他當日所出背手挂紅又是甚麽利息等項民即不出只出伊佃井正價銀九千兩（見四年十月二十二日及十二月十二日供）則被上告人固願將井份全退上告人亦願接照其所出正價接佃所爭祇在背手等項費用應否由上告人補給之一点而関於此点上告人前在兩審迭以被上告人承佃之井與全井三十天之数不符種種攻擊其為詐欺究竟虛寔如何自應詳予審究如果實緣被上告人以夥外之故上節本不應佃而因

無法混爭遂賄串下節高價接佃因以一律作退為
抵塞夥內之計則正價以外之費用自不能令上告
人照出又即使並無賄串情事而究竟被上告人所
出之背手掛紅以及利息各項銀兩是否屬寔且在
該處習慣上是否夥內接佃亦須照出均應分別研
鞫明予認定果其用途正當固不能由上告人僅以
正價接佃否則被上告人等之出佃字據內明明載
有如地主王姓阻滯生非有羅六一堂經手人承担
其有上下兩節夥事不明羅姓自行理楚所有用度
及躭延日期不得派給客人等語則王德敷等此

改一字

塗一字改一字

項用費自有承担之人原審乃於上開事實關係概置不理於法誠有未合更就第二問題而論廠規定有儘內之習慣上告人根據習慣就此項年後子孫井分有主張項買之權利並為附帶上告論旨所不爭惟称被上告人既非夥內即無遵守廠規之義務且當日曾先儘上告人不願承買故不能於被上告人項買之後忽又混爭查現行法例由習慣[illegible]之先買權原得對抗第三人如第三人違反該習慣致害及先買權人之利益者該先買權人自得請求撤銷其買賣契約惟被上告人既主張有儘買之事依訴

添四字
塗乙字
[illegible]字
改一字
[illegible]字
[illegible]字

判決用紙　　　　　　　　大理院

訟法例自應審究被上告人有無方法証明其儘買
之事寔被上告人因原判関於承佃一項認係上
告人不肯出價所致遂謂承佃有效頂買亦有效
前[illegible]迺固[illegible]合惟查原審辯論筆録関於此
点並未予該當事人以充分辯論之機會遽謂被上
告人不能証明已嫌率[illegible]即使應由上告人頂買
被上告人與洪姓原立之字約因侵害上告人之先
買權不能有效然亦須上告人直接與出賣之洪姓
交涉不能[illegible]上德敷轉買且上告人既称德敷並
未付價更無從給予利息查據洪芝生同夥之陳憲

章在第一審供詞亦謂佃井頂井一共五千銀子我們只得了頭関的一千三百两餘還未付（見元年十一月六日八日及二年正月七日供）原審並未説明當日買價實已付清有何根據而遽令上告人於買價之外兼償中資襍費利息等項尤欠正當其原判所称上告人應有地脉井分七天經第一審判决羅源遠並未聲明不服已屬確定一節查民國三年一月二十四日羅源遠在原審供詞尚謂地主日分七日當日主人占三日半民占三日半了約一層並不知道故究竟此点能否認為確定亦尚有查明之必

添三字

判決用紙　　大理院

要故均應認為有發還更審之原因至上告人主張
黃鑑廷欠款係未訴經一二兩審判決之事項不得
遽向本院聲明上告應繳訟費額數案經發還更審
自應由原廳併予判明又被上告人所称頂買之用
費損失各項應否向上告人請求賠償自應以其頂
買子孫井份是否害及上告人之先買權為先決問
題関於頂買部分之訟爭既經發還更審亦應
審判本院就此毋庸置議
據上論結應將原審就本案分别所為之第二審判
決併予撤銷發還原高等審判廳更為審判又本案

上告係因原審認定事實尚未明瞭終應發還更審之件依本院現行事例即以書面審理行之特為判決如右

中華民國八年三月十五日

大理院民事第三庭

審判長推事 [illegible]

推事 陳爾錫

推事 張康培

推事 林鼎章

推事 李棟

判決用紙　　　　　　　大理院

大理院書記官　徐敬

書記官唐球監印

【大理院民事判決】八年上字第二七八號

【判例要旨】

典質權人對於典質物有習慣上之先買權者，雖為現行法例所認許，然若明知業主將該典質物別賣，並不表示留買之意思，且聽其回贖者，則應認為捨棄先買權。

中華民國八年二月十七 判決宣告
中華民國八年二月廿二 原本領收
書記官 錢承䥅

大理院民事判決八年上字第二七八號

判決

上告人 何毓南 年五十歲福建閩侯縣人住福履營電報局職員

被上告人 鄭禮炳 年三十歲福建閩侯縣人住泰安橋業儒

右上告人對於中華民國七年四月二十六日福建高等審判廳就上告人與被上告人因典產先買權涉訟一案所為第二審判決聲明上告經本院審理判決如左

主文

本案上告駁回

判決月日　大理院

上告審訟費由上告人負担

理由

按典質權人對於典質物有習慣上之先買權者雖為現行法例所認許然若明知業主將該典質物別賣並不表示留買之意思且聽其回贖者則應認為捨棄先買權本案上告人典受被上告人公房所有南台泗洲鋪庫屋一所前因回贖涉訟業經判令被上告人備台伏五千二百十三元向上告人贖回等因確定在案茲上告人根據習慣並援引現行律例所載如契未載絕賣字樣或註定年限回贖者並聽

回贖若賣主無力回贖許憑中公估找貼一次另立
絕賣契紙若買主不願找貼聽其別賣歸還原價等
語主張就原典之業有儘先留買之權本院按上告
人所引律例係對於無力回贖之業主准其要求找
貼及將業別賣並非即許典主以先買之權本案上
告人典受之業被上告人既經按約回贖自無找貼
之可言則上開例文寔無適用之餘地上告人據此
為先買權之主張殊屬誤會至上告人主張該地習
慣謂典主有先買典地之權該習慣事寔是否存在
原審僅查據上告人所呈魏文乾湊斷之契遽予否

塗一字
塗一字

認雖未盡合然查閱前案原卷上告人於民國四年四月二十一日在第一審與被上告人之別責中人黃木文質對後隨於是月二十四日狀称陳幼明於本案發生之後始被鄭林氏委任到庭聽審茲本次庭訊有證人黃木文當庭供述去年五月此屋曾由陳幼明商賣林處立有小約由林給定五百元後於舊年十一月復立斷契合湊一千五百元由幼明色贖似此幼明非屬鄭姓後裔而全盤均握其手此中弊竇不問可知（中略）請判令照胎典契約履行（即回贖須照胎典字所載補償短息及修理費用）云云五

月二十日被上告人之共同訴訟人鄭宗周在第一審狀称周等已將該庫店業賣斷與林姓契券已成祇待取贖鄭子敬所押該庫內隨繳契十四張交與林家付執即清轇轕等語上告人六月一日對該狀辯訴於所称賣斷與林姓一節又毫無異詞是上告人於前案繫屬第一審時即明知被上告人將該業業別賣之事寔乃至該案歷經三審不但迄未表示留買之意思且迭称鄭家如將本息統還情願贖地歸他云云（四年四月二十一日筆錄）則假定該地習慣上告人應有儘先留買之權亦不能謂為尚未捨

塗乙字

判決用紙　大理院

棄至謂胎主無先買權典主始有之上告人在前
案訴爭之目的為欲舍典就胎故未便主張先買權
云云然查上告人在前案之主張乃謂胎借關係與
典質關係同時存在並無舍典就胎之說倘有留買
之意思原無不便主張之處原卷具在尚可復按上
告人此項論旨顯屬狡飾至上告人所稱曾經催告
找貼一節固可視為留買之意思表示然事在被上
告人訴請回贖以前上告人既於被上告人訴請回
贖後並明知有別賣事寔初不就回贖一點有所爭
執(惟爭回贖之價額)且以歸還利息為條件情願給

贖則以前所為留買之表示已成過去之陳迹亦不能復行藉口原審駁回上告人之請求殊非不當上告意旨不能認為有理由

依以上論結本案上告為無理由即予駁回上告審訟費依本院訟費則例應由上告人負担至本案上告係上告人空言不服原判並無法律上正當理由終應駁回之件故依本院現行事例即以書面審理行之特為判決如右

中華民國八年三月十七日

大理院民事第一庭

判決用紙　　　　大理院

審判長推事　余棨昌

推事　胡詒穀

推事　李棟

推事　黃德章

推事　劉鍾英

大理院書記官　錢承愷

書記官[illegible]監印

第五章　佃權

【大理院民事判決】　四年上字第三八九號

【判例要旨】

欠租盜典，苟其事實一度發生，則其撤佃原因即一度成立，不能以佃戶允為補繳或贖回，即可謂其原因消滅，而得拒卻業主撤佃之主張。

四年四月九日
四四三十日
宋庚蔭
除二字 塗[illegible]

大理院民事判決四年上字第三百十九號

判決

上告人李治榮 年四十四歲昌縣人業儒住施[illegible] 同

右代理人鄧爾班 律師

被上告人王德山 年四十九歲昌平縣人業農住[illegible]庫門牌六號崔家

右上告人對於中華民國三年八月十四日
京師高等審判廳就該上告人與被上告
因祖地涉訟一案所為第二審判決聲明
告經本院審理判決如左

主文

原判撤銷

本案發還京師高等審判廳迅予更為審判

理由

本案據上告人稱前清光緒二十七年暨宣統三年先後用價兩次買得富俟旗地四十五畝升科稅契租給被上告人耕種至今被上告人不惟欠二年租錢不給又將地盜典與村人馬秉奎耕種得價使用現被查知不讓收地據被上告人稱租種上告人地四十五畝屬實此地本係京中富俟旗地賣與上

改一字

告人管業伊由富侯手租種迄今數十年地內已葬有坟塋三塚上告人無收地之必要至典與馬秉奎地十三畝僅有上告人地八畝內有五畝係自己所有二年之租是上告人故意不收並非拖欠各等語是本案應解決之點有二即(一)旗地變為民地其地上所存之永佃權是否因之消滅(二)有無撤佃原因是也茲先就第一點審究之據被上告人稱前清嘉慶年間種得富侯圈地三段共計二頃一十三畝光緒七年將內中兩段與

添一字

別人自己種得四十五畝歷年交租有執照可憑等語是被上告人對於該地業已取得永佃權毫無疑義姑無論該地是否變為民地即使變為民地其地上所存之永佃權亦不能因之消滅況查閱訴訟記錄上告人在原審始終並無主張富侯之地係當初富侯購置民地並非圈地茲至上告審乃忽變更主張謂該地原係民地自屬不合再就第二點審究之按現行法例欠租固為撤佃之原因但被上告人究屬有無欠租自不能不予以

審究據原審稱民國二年租子控告人（被上告人）實存本鎮永泰號被控告人（上告人）於七月二日在昌平縣當堂具領在案可見欠租之事本非控告人不交實被控告人不受等語惟檢閱昌平縣記錄頭役謝永旺調查覆稱永順布店執事人趙純德言稱王老虎並無將元二年租項存在該舖之事等語是被上告人曾否將兩年租項交存永順布店原審尚未明確認定至盜典能否為撤佃之原因要視其所典者究係該地之所有權抑

塗一字
添一字

改一字

添一字
塗一字

係該地之永佃權前者可為撤佃之原因而後者不得為撤佃之原因蓋永佃權移轉抵押無妨於業主之權利故也本案被上告人將租種上告人之地出典八畝於馬秉奎究竟其所出典者為所有權抑為永佃權原審亦未明確認定於盡職權上應盡之能事顯有欠缺又欠租盜典苟其事實一度發生斯其撤佃原因即一度成立不能以佃戶允為補繳或贖回即可謂其為原因消滅而得拒却業主撤佃之主張原判關此之理由殊欠

允洽故上告人之上告即不得謂為毫無理

由

據上論結原判應予撤銷本案發還京師高等審判廳迅予更為審判至本案原審於認定事實未能明確終應發回更審之件故依本院現行事例本判決以書面審理行之特為判決如右

中華民國四年四月九日

大理院民事第二庭

審判長推事余棨昌

推事　胡詒穀

推事　李祖虞

推事　李懷亮

推事　陳爾錫

大理院書記官　宋庚蔭

第九章　擔保物權

第一節　通則

【大理院民事判決】　七年上字第八二七號

【判例要旨】

關於債權，即使曾經設有擔保物權，而設定擔保物權之債務人，究不得強使債權人以擔保物抵償其債務。

中華民國七年十二月十三日
判決宣告
中華民國七年十二月廿日
原本領收
書記官 王□□

大理院民事判決七年上字第八二七號

判決

上告人 張　鵬 年六十四歲湖北蘄水縣人住東一區陳富安甲內業商

代理人 張越千 年二十八歲餘同上

張惠波 年二十六歲餘同上

被上告人 李朝宇 年二十四歲湖北蘄春縣人現住英山鳩鳴河

右上告人對於中華民國六年十二月十四日湖北高等審判廳就上告人與被上告人因錢債涉訟一案所為第二審判決聲明上告本院審理判決如左

主文

加乙字

判決用紙　大理院

本案上告駁回

上告審訟費由上告人負担

理由

上告意旨略稱(甲)上告人先年與被上告人之父曁其叔在共界鴉鳴河鎮合夥開設三益和記夥約載明一為李仁記一為李信記一為張蔚記数年生意折本甚鉅李遂分夥所有陳本責上告人負担借貸関係由此而生並非日後上告人獨自開設有所虧欠分股攤還自属正當原審對于該項事実尚未明瞭乃謂上告人應獨負責準情酌理豈淂謂乎(乙)上

改乙字

告人在初審詞称一還銀七百零八两一還銀一百七十七两及陸續支錢六百九十串零三百九十二文夫曰還銀曰支錢文義雖不同履行則一況有清單足資証明至李朝宇慳吝性成寧有蔕欠未清慨然發還摺票之理控訴審未遑根究乃徒舞文弄墨抹却真情反謂上告人信口虛捏難以折服又查上告人先後共借宇銀一千餘两原以帳拠為憑上告人清還宇銀除漏寫息銀一百四十四两外皆有總錄可攷上告人果能任意湊寫則全部債權均歸銷滅何至付銀反有遺漏原審謂此項總錄毫不足拠

判決用紙　　大理院

改乙字

不知準何法理(丙)上告人先後共借字銀先將田稞紅契五紙作質田經踩看契付執存坵段望落逐一載明上告人以經商虧折遂將此項田稞抵償證字罔念商艱強廹售産竅促還銀原審乃反謂上告人主張無拠殊非適法等語

本院查(一)本案上告人主張三益和號係與被上告人之父及其叔所夥開雖拠呈出三益和合夥約拠為憑然核其前後所呈二紙成立月日同在一時所書合夥員名號則一為李仁記一為李仁亞記彼此不符而上告人所持簿拠與被上告人所持摺拠又

改乙字

改乙字

改貳字 加三字

均無仁記或仁亜記戶名該上告人亦不能証寔此等戶名確為被上告人父叔之名義是所稱夥買一節已屬無從証明况查民國五年十二月八日上告人訴狀內稱初守父叔輩邀民在英界之鴨鳴河鎮開設三益和記店數年生意虧折李遂分夥只究伊本及息要民一人承認此與李姓負債之漸也民後一人開店與李姓前後銀錢往來約共萬計等語上告狀內亦稱生意折本李遂分夥所有陳本責民負担借貸關係由此而生是當初開設該號縱令有合夥事實而據此項狀詞亦足証其嗣後業經解約所有李姓

加乙字　加乙字　塗改乙字　加乙字

判決用紙　　　　　　　　　　　　　　大理院

成本由上告人一人認償還現在自不得藉詞推諉
至解約後所負之債務被上告人本無責任可言尤
不得藉口於曾經合夥主張分担原判令上告人如
數清償於法自無不合(二)上告人主張所欠被上告
人債款于乙卯年已清償一部雖提出三益蔚總
錄簿及被上告人所書清單為憑然既經原審查明
簿內関于李姓者共計十頁其筆跡既係首尾一致
又與前後各頁不相符合顯有捏造形跡而所載數目
復與被上告人所持息摺不能一致依法自難採用
至被上告人所書清單內載去歲所收款項未入帳

塗乙字

改乙字

算一筆既批寫帳人陳伯揚到案証明確係貸款與本案借項無関(見六年十二月五日供)而上告人于亦經供承被上告人欠貸款屬寔此外又別無其他証憑足証明本案欠款確已清償一部則原判不予採用於法亦無不合(三)復按現行法例債務人非經債權人承諾不得違反債權契約之本旨以他種給付代價供清償(代物清償)即使関于該債權曾經設有担保物權而設定担保物權之債務人究不得強使債權人以担保物抵償其債權本案上告人對于被上告人所負担者為金錢債務即有以金錢清償之

判決用紙　　大理院

責該上告人雖欲以田契代供清償然既經被上告人一再拒絕該上告人自不得再為此項主張上告論旨以該債款中之一部曾經交有紅契五紙以供担保遂主張應以該契代償亦非有理

據以上論結本案上告為無理由應予駁回並依現行訟費則例令上告人負担上告審訟費又本案上告係以空言攻擊原審認定事實之不當與關于法律上之見解終應駁回之件核與現行書面審理之例相符故即依書面審理特為判決如右

中華民國七年七月十一日

大理院民事第一庭

審判長推事 姚震

推事 朱學曾

推事 李懷亮

推事 曹祖蕃

推事 張康培

大理院書記官 王[illegible]

【大理院民事判決】七年上字第一五四五號

【判例要旨】

按動產及不動產之質當，乃屬擔保物權，原為確保債權而設。凡債權之設有擔保物權者，定期債務於到期後，不定期債務則於催告後，債務人即應負履行之責。如債務人不即履行，債權人得將擔保物即行變賣抵償債務，其有不足之數，仍應由債務人補償。

中華民國七年十二月廿八日判決宣告
中華民國七年十二月廿□日原本領收
書記官 徐□

大理院民事判決七年上字第一五四四號

判決

上告人 慶柴氏 年六十歲四川華陽縣人住上東大街

被上告人 彭德齋

彭嘉于 年三十八歲四川雙流縣人

右上告人對於中華民國七年五月十日四川高等審判廳就上告人與被上告人因債務涉訟一案所為第二審判決聲明上告本院審理判決如左

主文

原判及第一審判決除關於利息之部分外撤銷

肇字

肇民字 除字

判決用紙　　大理院

本案被上告人應即償還上告人銀八百兩以省城
臥龍橋市平兌交如不即行償還上告人得將所承
當之雙水碾碾日四天變賣清償其有不足之數仍
應由被上告人補償
修復雙水碾費用應按上告人原當碾日由上告人
及被上告人兩造分担至所費若干發還四川高等
審判廳迅予更為審判
上告人關於利息之上告駁回
理由
查閱訴訟記錄本案上告人借給被上告人銀一千
兩承當雙水碾碾日五天嗣由被上告人還銀二百

夾添拾弍字

改壹字
添壹字

兩贖回碾日一天有上告人之子常俊臣及被上告人所立出當承當合同文約為証該承當約內並敘明此銀一千兩作為碾日當價及自當之後任隨俊臣自行收課或當或寫別人收課彭姓不得異言等語是該碾日非僅指作利息甚為明顯原審認定被上告人借用上告人本銀一千兩以該碾日出當並非無據上告人不得強詞狡執惟按動產及不動產之典當乃屬担保物權原為確保債權而設凡債權之設有担保物權者定期債務於到期後不定期債務則於催告後債務人即應負履行之責如債務人

改壹字　塗數字改弍字又弍字　改壹字塗弍

不即履行債權人得將担保物即行變賣抵償債務
其有不足之數仍應由債務人補償本案上告人所
出當之礦日並未定有期限為兩造所不爭上告人
因迭向被上告人收討原本被上告人未經償還為
被上告人訴追原審六年十二月一日七年一月
十六日筆錄原審既認定上告人其所主張之債款為
真實而又以該礦業經被上告人修復仍聽上告人
按日收課謂與上告人原有權利無妨將上告人之
請求駁斥殊屬不當又按典當之標的物非因應歸
責於典主之事由而消滅其損害應如何負担在現

塗壹字　加壹字　塗加五字

行律雖僅對於以收當為營業之典商定有收當貨物失火延燒或鄰火延燒時之辦法自非普通典產所能一律援用然查典產延燒依通常條理及本院先例應由原主及典主分担損害本案上告人所承當之碾水碾於宣統末年被水冲毀民國四年始由被上告人修復為不爭之事實該碾既係被水冲毀不應歸責於上告人與典產延燒事同一律自應類推解釋所有損害即修復之費用由典主及業主分担以昭平允原判乃將此項費用亦依照原當約所定令上告人將所承當碾日四天應派攤之數由上

塗弍字
塗四字
加七字
改除壹字
改壹字
除壹字

告人全部負担而不知此項修復費用與該當約上所約定之每年照日應攤之培修工費性質並不相同殊不知當惟查此項修復之費用究為若干七年四月十日上告人彭壽于狀稱係二千餘金按月攤派上告人應出二百餘兩本月十九日筆錄被上告人彭壽于又供稱培修共去三千多銀簿據均在經知事勘明亦估計要用二千餘兩本月二十四日狀交培修帳单又載共銀二千二百七十兩按日攤派每日應銀七十六兩四錢上告人每日四天該銀三百零五兩六錢又去年（即六年）七月河水暴漲河堤冲

決修補未完將來告竣大約二百兩有餘按日攤派每日大約銀七兩上下上告人每月四天應該派銀二十八兩五月二日復狀交培修帳簿一本其培修之費究為若干被上告人先後供狀所稱既不相同其所交呈驗之帳單帳簿究竟是否可信原審為事實審衙門自應依法調查認定查被上告人在原審及第一審屢稱民國四年係集股培修究竟其他股分每碾日攤派若干尚不無審究之餘地且修補河堤之費用及每天應攤派之銀額據被上告人呈驗帳單均屬大概數目原判雖謂本廳核算相符而憑

改壹字

何核算並未說明又上告人於被上告人將該碾修復後所應收之課米曾據被上告人單列自五年九月起至七年三月止約十五石每石約值七兩四錢共銀一百一十一兩並以此項米價扣抵培修費用然所收之課米究竟是否十五石每石是否價值七兩五錢上告人是否承認以此項課米扣抵亦未由原審為相當之釋明即據被上告人單列數目於培修費用內扣抵殊屬不合上告人關於上列各點之上告意旨不得謂為無理由至上告人承當該碾日後先後當約內均未約明利息若干僅於二十九年

加貳字
添捌字　又塗壹字
添貳九字
添壹字　塗貳字

原當約內載明按日收課以作德齋所借俊臣名下
一千兩銀之利該碾被水沖刷後上告人既不自行
修復又未催告被上告人修復何得對於被上告人
復行主張利息此項上告意旨殊屬不當又被上告
人所主張借墊培修費用利銀業經原審駁斥被上
告人並無聲明不服應毋庸議

依以上論結本案上告一部為有理由原判及第一（除關於利息之部分外）
審判決應予撤銷本案被上告人應償還上告人本（如本判決償還上告人得將承當碾日處費其有不足仍應被上告人補償）
銀八百兩按照原約以省城臥龍橋市平兌交修復
復水碾費用按上告人所承當之碾月攤派由兩造

添拾四字

添弍字

判決用紙

分担至所費若干發還原審逕予更為審判本案訟（[illegible]人關於利息之上告駁回）

費依現行則例由原審更審判決時併予裁判之至

本件係關於法律上見解及原審釋明事実未盡明

瞭應分別改判或發還更審之件依現行事例得用

書面審理特為判決如右

中華民國七年十二月二十八日

大理院民事第三庭

代理審判長推事　李懷亮

推事　張康培

推事　林鼎章

推事　劉含章

推事　張孝琳

大理院書記官　徐彬

第三節　不動產質權

【大理院民事判決】　三年上字第二六〇號

【判例要旨】

質權人變賣質物所得價額，如因故意、過失低於時價，自不得不以時價為標準，而定其返還餘額之數。

中華民國三年五月一日

判決宣告

中華民國三年五月十六日

原本領收

書記官 鄭耿光 耿光

大理院民事判決三年上字第二百六十號

判決

上告人劉季東 湖南辰谿縣人年三十四歲農校畢業生住馬路坪

被上告人高笏年 湖南湘鄉縣人年五十五歲住東長街商業

胡懋龍 同上年三十二歲業商

譚鼎豐 同上年二十三歲業商

胡長興 同上年五十五歲業商

右上告人對於中華民國二年十一月六日湖南高等審判廳就上告人與高笏年等因股票押借糾葛一案所為第二審判決聲明上告經本院審理判決

改一字

如左

主文

原判除確認上告人應返還被上告人高笏年本息錢三百二十五串外撤銷發還湖南高等審判廳迅予更為判

理由

上告人上告論旨畧稱上告人於壬子年寄寓譚鼎豐棧是年五月初五日將五百元鐵路股票押借胡懋龍錢文至期取贖詎料胡譚二人互相籠延至癸丑年二月上告人始呈請鐵路公司飭胡懋龍收款

退票胡懋龍又着伊叔胡長興從中勸和迫令上告人呈請銷案并立給未繳收條字據旋訴經原審判決令高笏年還上告人錢二百吊查此項股票照現在市價約計八百五十千之譜除本年外去年尚存息銀三十元被胡懋龍等籠卡年餘僅蒙判給此數實難甘服等語被上告人並未依式呈遞答辯書狀本院按以質權担保之債權債務人於清償有遲滯者應聽憑質權人按照時價將質物變賣以供清償如有餘額即以返還質物所有人此定例也本案質權人是否為高笏年及上告人於清償債務有無遲

塗字

滯在上告人雖猶有爭執然按現行訴訟法例當事
人於自己有益之事實上主張應負立証責任查閱
原審訴訟記錄本案自起訴以來不惟胡懋龍等指
高笏年為質權人即高笏年亦且出而自承上告人
雖稱高笏年之自承係由胡懋龍等串出搪塞然徒
以空言攻擊并無立証方法至於押借款項上告人
未能如期清償之原因雖據稱係由於胡懋龍等
之互相推諉而亦未能立証是原審認定高笏年為
質權人及上告人有遲滯情事於法並無不合惟依
前述法例高笏年變賣股票所得價額如果與時價

添一字

相當自應以所得賣價先清償其債權而以其餘額
返還上告人如賣得價額因故意過失致低於時價
自不得不以時價為標準而定其返還之限度至於
債務人之遲滯與質物賣價之低昂並無關係不得
遽以清償遲滯為分担損失之根據原審關於該股
票之賣得價額及其時價未予調查遽以上告人未
能如期清償判令分担變股票之損失於法殊有未
合又查該股票於變賣以前有無紅息該紅息是否
已由高筠年等領取及應否返還一層原審衙門未
予審理亦不免疎漏是本案上告不得謂為全無理

由

依上論結本案原高等審判廳關於高筍年返還質物賣價餘額之部分既未能將事實關係剖釋明晰本院自難據為法律上之判斷應將原判一部撤銷發回原高等審判廳依法迅予審理至本案上告關係於証據法則及實體法則之意見並原審未盡職權上應盡能事終應發回更審之件依本院現行事例得為書面審理故本判決即以書面審理行之特為判決如右

中華民國三年五月一日

塗一字

添一字

塗二字注一字

大理院民事第二庭

審判長推事 余棨昌

推事 黃德章

推事 李祖虞

推事 朱學曾

推事 孫鞏圻

大理院書記官 鄭耿光

【大理院民事判決】四年上字第一六一號

【判例要旨】

供擔保之房屋，其權利人有使用、收益之權者，在民法上謂之質權，與抵押權不同。

中華民國四年二月十九日判決宣告
中華民國四年二月廿七日民一庭領收
書記官劉世駿

大理院民事判決四年上字第一百八十號

判決

上告人王辛歧 江蘇吳縣人住上海三馬路年五十歲業商

代理人陸炳章 律師

費廷璜 律師

被上告人即附帶上告人王張氏 直隸寶坻縣人住蘇城張家巷年五十三歲

右上告人對於中華民國三年六月二十四日江蘇高等審判廳就上告人與被上告人因房屋糾葛一案所為第二審判決聲明上告被上告人亦聲明一部附帶上告經本院

審理判決如左

主文

本案上告及附帶上告均予駁回

上告審訟費由上告人負担

理由

查本案係爭房屋其所有權屬諸上告人已屬不爭之事實所爭者被上告人主張該房屋已由上告人弟壽記設定担保物權上告人則並不承認壽記為上告人之弟故欲解決此項爭訟固以兩造提出之証據為衡而

塗二字 改一字

改一字

添一字

添三字

其先決問題尤當審究王壽記是否上告人之弟為最要關鍵按現行訴訟法例當事人於訴訟中所為之承認固有相當拘束效力但即使堅不吐實審判衙門合前後供述參觀互証或蒐集他項方法足以証明其事實關係之存在因而衡情認定苟非違法即不容當事人以未經承認藉詞爭執本案上告人所稱王壽記實非其弟者不過藉口於兩審再四鞫從未供明王壽記為上告人之弟謂有記錄可查殊不知婚在第一審供稱

弟號王辛臣繼在原審又供其弟號辛山始而供認該屋係辛臣向鄧錫洲接買辛臣故後始由上告人經管繼又改稱一向係歸上告人收管是其前後所供無不矛盾其為揑詞爭辯已極顯然原審將此項供述參觀互証因認定王壽記確係上告人之弟核與認証法例尚無不合至所稱印照契據完全無缺該屋租戶祇有顧王麥三姓並無顏嶺泉各節查上告人所持印照已據原審從形式上之証據力認定為非真實上告人並無碻

塗一字

實反對之証明自不能以印照契據尚存即足為該屋從未設定担保物權之証其向來租戶是否祗有顧王麥三姓主張事實者應負立証之責不能僅憑空言檢閱訴訟筆錄原審問顧姓王姓租摺租票現在是否尚存上告人供稱均已廢棄無可証明至丁仁卿之証言上告人原祗主張買屋原中是丁仁卿故丁仁卿在庭陳述亦祗言上告人買屋在光緒二十七年其他民不知道並未証明該屋租戶有顧仁甫無顏嶺泉其郁富卿

添二字
塗一字
改一字

供述雖稱曾祖與王姓而原審問王姓現住何處則並不知原審復問以前的事是否知道答稱光緒三十三年以前事不知道等語是則物証既已不存人証復於係爭要點並無何等之証明是上告人所稱從前租戶並無顏嶺泉其人殊難認為真實又況王壽記既如前述業經原審証明係屬上告人之弟設定此項担保物權者又係王壽記而王壽記所立之借據並未據上告人為何等之否認則被上告人所持之印照丈契縱有虛偽

改一字

改一字

塗一字　添一字

塗一字　添一字

亦應由王壽記負責被上告人僅持借據無不可主張債權故關於此點已無論爭之餘地上告意旨均不認為有理由

至被上告人附帶上告請求判還歷年利息一層查此項利息既據稱係王壽記以該屋月租抵業將取用房佃顏嶺泉月租揩據移轉於被上告人收執則可見用供担保之房屋上告人已有使用收益之權此在民法上謂之質權與抵押權不同縱令設定此項質之壽記物故被上告人自可對物行

塗六字 [illegible]

改十字 塗二字

塗十字

塗字

添字

使權利何以數年之久並不招租而[illegible]
於原租[illegible]後[illegible]招租未[illegible]為[illegible]
[illegible]招租[illegible]
故原審認定該担保物權為抵押權其法
律上之見解雖有錯誤而其不予判還利息
之處仍應予以維持
據上論結本案上告及附帶上告均應認無
理由即予駁回又本案係屬實體法及訴訟
法上之論爭依本院現行事例本判決即以
書面審理[illegible]之特為判決如右

中華民國四年二月十九日

大理院民事第二庭

審判長推事 余棨昌

推事 李祖虞

推事 孫鞏圻

推事 李懷亮

推事 陳爾錫

大理院書記官 劉世璦

【大理院民事判決】 十年上字第一五一二號

【判例要旨】

不動產質權人因擔保債權所占有之不動產，得依其用法而為使用、收益，並得就其賣得之金較他債權人先受清償，惟不得阻止債務人（設定不動產質權人）更行抵押於人，若債務人變賣償債，亦不得濫行干涉。

中華民國十年十二月廿三日
[illegible]公告
中華民國十年十二月十三日
[illegible]記
[illegible]官 顏曾佑

大理院民事判決十年上字第一五一二號

判決

上告人同興棧號東

代理人孔英臣 年五十歲

劉興泉 年四十歲昌圖縣人同興棧執事

被上告人劉永津 年四十四歲餘未詳

右開上告人對於中華民國十年四月十八日奉天高等審判廳就上告人與被上告人因押地涉訟一案所為第二審判決聲明上告本院審理判決如左

主文

本案上告駁回

改一字 加一字
加二字
塗五字
改二字

上告審訟費由上告人負担

理由

本院按不動產質權人因担保債權所占有之不動產得依其用法而為使用收益並得就其賣得之金較他債權人先受清償雖不得阻止債務人（設定不動產質權人）更行抵押於人若債務人變賣尤無准其干涉之理此本院認為至當之條理者也本案兩造因担保物權涉訟原第一審因當事人間関於地畝之質押及其所担保債權之數額均無争執第以被上告人與已故之叢自有就該地畝復向他債權人抵押借欵致起訟争故判將上告人所質之地畝拍賣以所得價銀儘先歸償上告人之債權金額

加二十字 改十字 塗廿五字 塗一字 塗一字 塗十五字 改一字

加一款

有餘再為其他債權人分配按原第一審此項判決因在上告人一面上告人債權担保之成立在前即准其此地抵押權人優先受償委屬有利益於上告人依法自無許上告人聲明不服之餘地原審維持原第一審判決駁斥上告人等所為收租抵息應以照載畝數為準之主張其理由是否盡洽姑不具論而要其所判固無不合茲上告論旨臚列多詞以為攻擊原判之論據自屬無足採用至於上告人主張代領至內浮多所墊之款亦應認為該地担保之債權一節查閱訴訟記錄關於此項墊款如何並未據原審及第一審判及依法即不得遽由本院裁判上告人此點主張亦難謂為正當

據以上論結本案上告為無理由應予駁回上告審訟費
按本院訟費則例應由上告人負担再本案件核與本院現
行書面審理之事例相符故本判決即以書面審理行之
特為判決如右
中華民國十年十一月二十三日
大理院民事第三庭
審判長推事　李懷亮
推事　李棟
推事　林鼎章
推事　陳瑾昆
推事　張秉運

大理院書記官 顏曾佑

書記官孟錫善監印

第四編　親屬

第一章　通則

【大理院民事判決】　四年上字第六五〇號

【判例要旨】

一經出嗣，則其親等之關係即經變更，自難仍計算本生之親等。

中華民國四年五月廿八日
判決宣告
中華民國四年六月十九日
原本領收
書記官劉世稜

塗字

塗叁字注叁字 塗字

大理院民事判決四年上字第六百五十號

判決

上告人司慶功 年四十六歲山東東河縣人業農 住丁家堐李家店

司慶安 年三十二歲籍貫住址同上

司鳳

被上告人司姜氏 年六十九歲山東東河縣人 住西公界南首路西

司玉璽 年四十五歲籍貫住址同上

右開上告人對於中華民國三年九月二十五日山東高等審判廳就上告人與被上告人等因承繼一案

大理院 判決用紙

塗序

塗序

所為第二審判決云云聲明上告經
總檢察廳檢察官李杭文陳述意見
本院審理判決如左

主文

本案上告駁回

上告審訟費由上告人負担

理由

本院按前清現行律關於民
事之規定除與國體及嗣
後頒行之成文法相抵觸外

當然繼續有效例載婦人夫亡無子守志
者合承夫分須憑族長擇立昭穆相當之
人繼嗣又載無子立嗣除依律外若繼子
不得於所後之親聽其告官別立其或擇
立賢能及所親愛者若於昭穆倫序不失
不許宗族指以次序告爭并官司受理等
語是守志之婦立嗣雖應以族長為憑而
擇立之權終應屬於本人若所賢愛則雖
以疏間親但於昭穆倫序不失者即不得
以親等之遠近告爭此定則也本案上告

註乙字

判決原紙　大理院

人之兄司慶常出繼與司龍為嗣病故無子由被上告人司姜氏(即慶常之妻)以被上告人司玉璽(慶常之族姪)年方壯足以管理家事擇立為嗣原審查其昭穆相當依擇賢擇愛之例准其擇立於法自無不當茲上告人雖謂司玉璽支派較遠而司姜氏曾經擇立司玉廷(即上告人司慶安之子)為嗣子且姜氏與璽年齡相等不應擇立云云以攻擊原判然查上告人等僅係司慶常本生之兄弟慶常既經出嗣則

其親等之關係即經變更自難仍計算本生之親等茲就司玉璽與慶常是否親等較遠姑不具論依上開法例守志之婦擇立賢愛若於昭穆倫序不失即非他人可以親等之遠近為爭執至謂司姜氏曾經立玉廷為嗣一節查所立繼單僅稱劉氏遺命並無姜氏之署名畫押又為被上告人所否認自難認為姜氏所甘願則司玉廷之承繼即不能謂為合法若謂姜氏與司玉璽年齡相等不合承繼云云則在現

行律上承繼本無年齡之限制且上告人所稱姜氏與玉璽年齡僅差三歲亦徒託空言在原審並無何等之確証又何得遽據以聲明不服故本案上告寔為全無理由

據以上論結本案上告應予駁回並依本院現行訟費則例令上告人負担上告審訟費又本案上告純係寔体法上之見解依據本院現行事例以書面審理行之特為判決如右

中華民國四年五月二十八日

大理院民事第二庭

審判長推事　余棨昌

推事　胡詒穀

推事　李祖虞

推事　孫鞏圻

推事　陳爾錫

大理院書記官　劉世援

第二章　家制

第二節　家長及家屬

【大理院民事判決】　七年上字第九二二號

【判例要旨】

妾為家屬之一員，應與其他家屬同受相當之待遇。

中華民國七年八月七日
判決宣告
中華民國七年八月九日
原本領收
書記官 黃懋楨
添字

大理院民事判決七年上字第九二二號

判決

上告人 田徐氏 大興人住崇文門內棲鳳樓北門牌五號年六十九歲
田于氏 年五十一歲餘同上
田鶴亭 年三十六歲餘同上
右代理人 白鋆 律師
被上告人即附帶上告人 田崔氏 大興人住香廠永安橋門牌一號年二十七歲
右代理人 李岫雲 律師

右上告人等對於中華民國六年十二月二十四日
京師高等審判廳就上告人等與被上告人因身分

及養贍涉訟一案所為第二審判決聲明上告經總檢察廳檢察官李杭文陳述意見本院審理判決如左

主文

原判除認定被上告人為田祿生之妾田鶴亭搬去衣飾家具等件應如數返還之部分外撤銷

本案被上告人應由上告人等接回家中扶養

其他上告及附帶上告部分均駁回

訴訟費用仍由上告人等負担

理由

改壹字　添壹字 改貳字　添壹字 塗壹字

查本案被上告人是否已故田祿生之妾在上告人等原有爭執原審根據世伯五之証言及被上告人所呈婚書認定確係祿生之妾於法固屬有據茲追加上告意旨又稱被上告人如欲真心守節情願接回家中即不啻已認其妾之身分為真實尤屬毫無疑義依現行法例妾為家屬之一員應與其他家屬受同等之待遇原審謂被上告人妾之身分未經變更以前應有受贍之權自不能謂為不當惟查據原卷被上告人對於上告人等起訴請求歸家守節並屢次聲稱

半分月紙　大理院

改壹字　改壹字　添注壹字

如能令其歸家即不另[illegible]養贍茲上告意旨既称
情願接回扶養是本諸兩造之意思應由本院
予以改判被上告人請求判令上告人等找一妥
寔鋪保係逾越原來請求之範圍以外於法不
合且有無虐待係將來之事現時亦毋庸鰓
過慮至被上告人請求返還衣飾家具一節查
原審認定上告人田鶴亭確有搬取物件情事
係本諸該管警署之函件茲上告人等既自認
被上告人所開列之服飾器皿均係尋常日用
而徒以空言主張搬去物件不能如此之多殊

難認為有理由

據上論結本案上告及附帶上告均非全無理由原判除認定被上告人為田祿生之妾田鶴亭搬去衣飾家具等件應如數返還之部分外應予撤銷被上告人即應由上告人尋接回家中扶養其他上告及附帶上告均應予以駁回訴訟費用仍由上告人等負担至本件係依法律上見解終應分別撤銷改判或駁回之件依本院現行事例得以書面審理特為判決如右

中華民國七年八月七日

判決用紙　大理院

大理院民事第三庭
審判長推事　朱學曾
推事　李懷亮
推事　張康培
推事　林鼎章
推事　劉鍾英
大理院書記官　黃懋楨

第三章　婚姻

第一節　婚姻之要件

【大理院民事判決】四年上字第二一三號

【判例要旨】

婦人一經依法離異，即與夫家斷絕關係。應否改嫁，即應歸母家主持，決非夫家所得干涉，自更無前夫家族憑空置喙之理。

決定日期 民國四年三月十四日
本的抄 書記官宋庚蔭

塗一字
塗一字

大理院民事判決四年上字第五百十三號

判決

上告人 王邦彥 河南河陰縣人住西大街李永泰店年七十一歲業農

任氏 籍貫同前省寓大興街路東年二十三歲

被上告人 張莫妮 籍貫同前住老虎門明遠堂

張象坤 籍貫同前

右上告人對於中華民國三年七月二十五日河南高等審判廳就上告人與被上告人等因婚姻糾葛一案所為第二審判決聲明上告經總檢察廳檢察官熊兆周陳述意見本院審理

判決如左

主文

原判及第一審判決撤銷

本案原告即被上告人之請求駁斥

訴訟費用歸被上告人負担

理由

上告意旨畧稱張小孩之父早死其母李氏改嫁張書賓將張小孩帶去認為養子張書賓媒聘氏與伊養子張小孩為婚家庭不和時常打罵癸丑十二月間張小孩合家將氏逐回娘門

生一字

改二字

塗一字

不准復還氏父無奈為氏另行擇配恐有不合
在縣具呈請示蒙批離婚後張書賓同子小
孩用黃布一丈書立離婚書上有張小孩足印
手印永斷轇轕是月三十日氏父作主令氏與
王邦彥之子王同海為婚家室和平相安無事
氏改適王姓時王姓出錢五十五千文張莫妮
從中獲得十千餘被伊叔張象坤全行吞使因
此慾心未遂於二月間在縣以覇婚強娶等情
控訴縣判氏與張小孩重行婚娶送歸張莫
妮收管居住月餘不啻禽獸少不遂意即行打

改一字　改一字　塗一字

罵經巡警解復回娘門自與張小孩離婚後並未一面實無相處數月之事今第二審判決理由明明認定氏與張小孩離婚改適娘門為正當乃以縣令昧於事理勒令張小孩與氏復為夫婦迄今相處數月未便再行離異為維持原判之根據按張小孩為張書賓養子並未歸宗以張書賓之家為家非以張莫妮之家為家如令氏與張小張孩復行合婚應由張書賓與其子小孩其妻李氏認可復回張書賓家方能完聚將氏交張莫妮收管與張莫妮同居何能

添一字改一字

塗一字

與張小孩完聚乃竟憑此維持原判名為不使氏抱轉徙無定之憾實陷氏於無可生活之地此不服之理由一也張莫妮雖張小孩本宗叔父而張小孩並未歸宗中間毫無關係離婚既與法律不背伊當然無告訴權縣長受理已屬違法斷氏與王姓離婚復勒令與張姓完聚可為理法所無不惟氏不肯復歸即張姓亦仍不相容氏在王門家室咸宜不惟無絕氏之心即氏亦無他適之理第二審判決全拂當事人本心此不服之理由二也氏雖女子亦人類也

塗一字

添一字塗二字

改一字

添一字

塗二字

判決原稿

人格權當然行使此時氏即不顧廉恥令張則張令王則王氏前在王門受孕六月餘矣情理上法律上事實上萬無再回張姓之地步此不服之理由三也令氏與王姓離婚王姓尚能再娶令氏與張小孩復娶伊並未依允不准氏入其門令仍照縣判令氏不張不王為第三者之張莫妮收管致無生活之地步此不服之理由四也請求撤原判更為審理使與王姓復行婚娶如以請求為不合法即祈准氏老死娘門不再他適云云

被上告人並未依式提出答辯意旨書

總檢察廳檢察官對於本案之意見畧稱查現行律載夫妻不相和諧而兩願離者不坐本案張小孩與妻任氏不睦互願離異小孩並立具休書聽任氏擇配再嫁是情既已離難強其合河陰縣昧於法理勒令已再嫁之任氏與小孩復為夫婦殊屬謬誤原審不將違法部分更正僅為變更追還財禮之判決亦不得謂為正當應請糾正云云

本院查本案之先決問題當以上告人任氏與

張小孩之離婚是否有效為斷按前清現行律關於民事各條除與國體及嗣後頒行之成文法相抵觸部分外仍應繼續有效該律內載夫妻不相和諧而兩願離異者不坐又載嫁娶皆由祖父母父母主婚各等語可見離婚一事原非法律所禁而婦人一經依法離異即與夫家斷絕關係應否改嫁即應歸母家主持決非夫家所得干涉自更無前夫家族憑空置喙之餘地此尋繹律意即可類推而得者也本案上告人任氏於癸丑十二月與張小孩離婚據原審

認定事實係緣彼此兩不相容商允離異有張小孩所具離書並脚模手印在卷檢閱訴訟記錄張小孩供稱我夫婦見面就有口角原來就是不和固毫不諱飾即被上告人[印]為本案原告關於任氏休回娘家由於夫家不和亦屬不爭之事實是此項離婚委因不相和諧兩願離異在現行律上實已具備法定要件不能不認為有效而既為有效之離婚則任氏與張小孩即已脫離關係自後改嫁與否以及嫁與何人張小孩且不能過問乃被上告人[印]

[illegible]月氏

注三字

注三字

大理院

以小孩之累竟於任氏父傳相擇令改適上告
人王邦彥子同海後出頭告爭汾陰縣不究其
離婚之有效與否遽斷令任氏仍與張小孩完
聚即將任氏交由被上告人收管其為荒謬固
不待言原審既認該縣昧於事理而徒憑任氏
抱轉徙靡定之憾復就此點維持第一審判決
殊欠允當要之離婚既屬有效即由任氏父主
婚改嫁按諸前示規定毫無不法之可言該被
上告人等藉詞妄加干涉實屬無理
據以上論結本案上告應認為有理由即將原

改字
添十字

判及第一審判決撤銷並將原告即被上告人
之請求予以駁斥又本件係屬實體法上之見
解依本院現行事例本判決即以書面審理行
之特為判決如右

中華民國四年三月二十日

大理院民事第二庭
審判長推事 余棨昌
推事 胡詒穀
推事 孫鞏圻
推事 李懷亮

判決原本

推事 陳爾錫

大理院書記官 宋庚蔭

【大理院民事判決】四年上字第六一一號

【判例要旨】

聘財之種類及其輕重厚薄，無一定之限制。

中華民國四年五月二十四日
判決
中華民國四年八月十四日
書記官錢承愷

大理院民事判決四年上字第六二一號

判決

上告人王屈氏 香山縣人年八十一歲

王俊聲 香山縣人年三十五歲

被上告人王梁氏 香山縣人年二十歲

右列上告人等對於中華民國三年八月十二日廣東高等審判廳就該上告人等與被上告人因嗣產涉訟一案所為第二審判決聲明上告經總檢察廳檢察官李杭文陳述意見本院審理判決如左

判決用紙　大理院

主文

本案上告駁回

上告審訟費由上告人負擔

理由

查現行律載已聘未娶媳能以女身守志

應為其子立後又載婦人夫亡無子守志者

合承夫分須憑族長擇立昭穆相當之人承

繼又載無子人家貧聽其賣產自贍各等語

本案據[illegible]審[illegible]民國三年八月十一月[illegible]訴

訟筆錄上告人王屈氏供稱孫桂榮是四月

死的他七月来守節上門守節曾經拜過神等語又查第一審同年五月七日之訴訟筆錄王歷氏供稱王梁氏即氏之孫媳婦等語是被上告人之為桂榮之妻上告人之孫媳及入門守節各事並非虛捏查照上開例文該被上告人王梁氏應得承夫之分准其提欵仍仰憑族長立後成家亦不得再有異志致蹈騙財之嫌至上告人所稱當日未曾食過王家茶禮不得謂為已聘然查聘禮之種類及其輕重厚薄本無一定之制限既經納送戒指（見三年八月

十一日原卷（戒指已呈驗）即屬納有財禮不得
謂非婚約成立其以女身守志亦即律例所稱
已聘未娶之媳上告人尚何有不服之可言所
陳上告意旨殊難採用
依以上論結本案上告為無理由應予駁回並
依本院訟費則例令上告人等負担上告審訟
費至本件上告係以空言攻擊原判認定事
寔之不當及關於法律上見解終應駁回之
件依本院事例為書面審理故本判決以書
面審理行之特為判決如右

中華民國四年五月二十四日

大理院民事第一庭

審判長推事姚震

推事許卓然

推事朱學曾

推事陳彰壽

推事石志泉

大理院書記官錢承愷

【大理院民事判決】七年上字第三八七號

【判例要旨】

娶同祖父母之妻者，其婚姻依律自應撤銷。

華民國七年四月五日
判決宣告
中華民國七年十二月三日
原本領收
書記官錢承愷

大理院民事判決七年上字第三八七號

判決

上告人陳周氏 年三十一歲湖南益陽縣人住廿一里業農

陳長生 年三十五歲餘同上

被上告人陳廣生 年四十三歲餘同上

陳雨階 年五十八歲餘同上

陳敬堂 年五十七歲餘同上

陳福山 年四十七歲餘同上

右上告人等對於中華民國六年九月八日湖南高等審判廳就上告人等與被上告人等因婚姻涉訟一案

判決用紙　　　　　　　　　　大理院

所為第二審判決聲明上告經總檢察廳檢察官馬奕德陳述意見本院審理判決如左

主文

本案上告駁回

上告審訟費由上告人等負担

理由

上告意旨略稱查前清現行律所定婚姻條文雖仍継續有效然对於婚姻成立以後業經生育子女忽令離異者此項子女究應如何歸屬仍未規定勢不能不援擬民法法理以資裁斷且大理院二年十八號判例有

許字夫兄不能遽認為婚姻撤銷之原因等語此項判例當然優於現行律自可援用原審乃捨棄不採而於親子關係則漏未裁判於法律上之見解寔未臻於妥洽再以事寔而論上告人陳周氏以先夫陳冬生没後迫於衣食自嫁於李姓年餘李没乃再醮於陳長生被上告人陳廣生當時在場並不出為阻止及至本年産生一子乃啓嫉妒之心始謂家財應須重分繼謂婚姻親子不足為憑其意無非壟斷家財原審不察遽依前清現行律以為判斷殊不思上告人等兩不願離即令判決亦屬執行困难等語

判決原紙　　大理院

本院按現行訴訟法例凡訴訟物之性質必須合一確定者[illegible]共同訴訟人內一人所為之訴訟行為若有利益於共同訴訟人視與全体所為同本案被上告人等以陳長生與陳周氏為共同被告提起撤銷婚姻之訴自係必須合一確定之件故上告狀雖無陳長生之名而依上開說明仍應並列為上告人

復按現行律載凡娶同宗無服之親及無服親之妻者各処十等罰若娶緦麻親之妻及舅甥妻各徒一年小功以上及收祖父妾者各以姦論其曾被出及已改嫁而娶為妻妾者各処八等罰並離異等語除制裁部分

失其效力外餘均繼續有效本案上告人陳長生與陳周氏結為婚姻係以同祖兄而娶其弟之妻此有証人湯少海汪海波等在第一審之供詞可証復經上告人等自認無異(見民國六年七月七日第一審庭訊筆錄)則原審維持第一審判決仍將上告人等之婚姻撤銷於律自無不合茲上告意旨明知其違背現行律例無可諱言乃誤引本院判例並以被上告人陳廣生意在壟斷家財及其親子関係原審漏未裁判等詞攻擊原判殊不知陳廣生壟斷家財一層無論上告人所称徒託空言未必果係真寔即使確有其事亦不在本案範圍以内至称所生之子應歸何人既未經第一審裁判又非在

塗弍字

改乙字

第二審判可以擴張之新請求依法自不得由原審越級審

判又查本院二年十八號判例所謂許字夫凡不成為撤銷婚

姻之原因者係謂女子所許字之人（未婚夫）若未及成婚而故

在現行律上並無禁止另行許字其弟之文則該女子若與已

故未婚夫之弟合法締婚即不得以曾經許字其兄謂為有撤

銷原因若本案上告人陳周氏與陳長生之同祖弟冬生既經

成婚多年則其於冬生故後嫁與長生為妻即在前開律文禁

止之列自不能與許嫁未婚者同一而論上告意旨各節均屬無可採用

據以上論結本案上告為無理由應予駁回並依現行訟費則例令上告人

負担上告審訟費又本件係空言聲明不服無法律上正當理由終應駁回之件核與現

行書面審理之例相符故即依書面審理特為判決如

右

中華民國七年四月十五日

大理院民事第一庭

審判長推事 姚震

推事 朱學曾

推事 李懷亮

推事 張康培

推事 劉鍾英

大理院書記官 錢承鋕

【大理院民事判決】

七年上字第一一七三號

【判例要旨】

退婚祇須兩造確已同意即生效力，本不以訂立書據為要件。

中華民國七年十月四日
判決生效
中華民國七年十月二十三日
原本領收
書記官陳燦奎

大理院民事判決七年上字第一一七三號

判決

上告人鍾萬春 陝西漢中縣人年三十五歲住皋蘭貢院巷傭工

被上告人宋謝氏 皋蘭縣人年三十九歲住縣門街

鄭九頭保 皋蘭縣人年四十二歲住鼓樓南業商

右上告人對於中華民國七年三月二十九日甘肅高等審判廳就該上告人與被上告人因婚姻涉訟一案所為第二審判決聲明上告經總檢察廳檢察官戚運機陳述意見本院審理判決如左

主文

判決用紙　大理院

添乙字
塗乙字

本案上告駁回

上告審訟費由上告人負担

理由

本院按現行訴訟法例認定事實應憑証據而証據之憑信力則應由審理事實衙門於法律所許範圍內衡情認定之本案上告人主張伊於民國四年舊歷七月聘定被上告人宋謝氏之女交過財禮有宋謝氏所出婚帖及原媒可証而被上告人則謂上告人定婚雖有其事但於民國五年因發見宋謝氏之女有孕憑媒退婚彼此所出

之財禮婚帖互相退還故將其女改嫁於被上告人鄭九頭保云云兩造情詞各執原審閱於上告人在民國五年與宋謝氏合意退婚一節經傳媒証蔡雲年萬順等隔別訊問均言之鑿鑿因予認定於法自非無據茲上告人上告論旨雖主張(一)被上告人所稱退婚之時上告人尚未回至蘭州(二)退婚並無字據可証(三)宋謝氏一女兩婚原審不重懲其重婚之罪反使上告人人財兩空殊難甘服云云然查(一)上告人所稱回籍一節既在兩審毫無確証且核其供狀忽稱在民國四年九月

忽稱在五年十月實屬前後矛盾且據被上告人主張當時上告人係因延醫診治其女之疾發見有孕故欲退婚而上告人在第一審亦承認五年舊歷九月間曾為延李姓醫生為其診病(見本年二月六日筆錄)則宋謝氏之主張不為無據雖上告人仍力辯當時延醫為其女診病並未因其有孕即欲退婚但上告人既有為女延醫診病之事又經原媒各人供証確因其女有孕退婚即不容在上告審憑空指摘各人之証言之不實以為不服(二)又按退婚只須兩造確已同意即生效力本

不以訂立書據為要件今上告人退婚雖未立有書據亦詎容藉此以圖狡爭若謂宋謝氏所出之婚帖尚在上告人手中足証並未退婚一節查上告人所呈婚帖既經原審訊據各媒証認定為上告人私揑亦自難仍據此以相攻擊(三)宋謝氏將其女改嫁於鄭九頭保原在上告人退婚之後且經宋謝氏將由鄭九頭保所得之聘財退還於上告人亦經各媒証供明屬實則其攻擊宋謝氏將其女重婚致伊人財兩空云云亦非有據

據上論結應將本案上告駁回並依現行訟費則

判決用紙　大理院

例令上告人負担上告審訟費至本案上告係純
憑空言攻擊原審認定事實並無法律上理由終
應駁回之件依本院現行事例得為書面審理故
本判決即以書面審理行之特為判決如右

中華民國七年十月　四　日

大理院民事第二庭

審判長推事　李祖虞

推事　許卓然

推事　孫鞏圻

推事　曹祖蕃

推事　胡錫安

大理院書記官　陳燦奎

【大理院民事判決】 八年上字第九二三號

【判例要旨】

納妾所出資財，在習俗并無一定之名稱，有時即用財禮等名稱，亦不能視為法律上定婚之財禮。

中華民國八年八月十四日
判決宣告
中華民國八年八月廿日
原本領收
書記官張逢慶

大理院民事判決八年上字第九二三號

判決

上告人羅應氏 浙江寧波縣人年二十六歲

右代理人黃思曾律師

被上告人羅鳴歧即羅鳴其 江蘇上海縣人年三十三歲

右代理人秦聯奎律師

右上告人對於中華民國七年十二月三十一日江蘇高等審判廳就上告人與被上告人因婚姻涉訟一案所為第二審判決聲明上告經總檢察廳檢察官徐煥陳述意見本院審理判

大理院判決用紙

改一字

決如左

主文

本案上告駁回

上告審訟費由上告人負担

理由

上告意旨(一)謂婚姻成立之要件為婚帖與聘財二者苟具其一婚姻即為成立雖律称同媒妁寫立婚書但媒妁容有死亡婚帖則永久存在媒妁口說無憑婚帖則固定不易故是以証明婚姻關係者自以婚帖為重上告人在第一

塗一字

審提出婚帖經第一審認為真寔乃第二審僅憑潘松林等之陳述遽將婚帖捨棄不採不知潘松林等因有帮助重婚嫌疑其証言豈能信為真寔阿金并未為媒且係串出其陳述亦未能碻証上告人之是妻是妾豈得以其空言遂推定其為無媒妁無婚書將重要証憑之婚帖捨棄不採不服一云云查婚書固為婚姻成立之要件之一然其婚姻當事人已經發生爭議及其婚書內容形式尚有疑義者則不能以婚書為唯一之憑証本案上告人在原審主張

添一字

添二字

判決用紙　　大理院

係被上告娶之妻提出婚帖并舉潘松林等
曾經說媒及龔松其曾說被上告人前妻已故
之語為証經原審傳訊潘松林龔松其等據潘
松林供當時並未應允作媒且曾告上告人之
母既係作妾不必要媒人等語龔松其供并未
向上告人之母說過羅家前妻已故等語與上
告人所主張之事實既顯有牴觸原審因以認
定上告人所提出婚帖不足憑信按之証據法
則毫無違背上告意旨不得謂為有理由(二)謂
上告人與被上告人成獨有婚帖兼有聘財被

改一字

上告人所陳述聘金三百元或稱財禮三百元即串記之阿金姐亦稱財禮三百元由伊交去原判亦認阿金姐所送付者為禮金按律稱聘財即聘禮上所供之金錢無論稱為聘金財禮禮金與聘財固無二致聘財既為婚姻成立之要件則納妾安容有聘財原判既認有聘財猶不認上告人有妻之身分幾若妻妾均有聘財而孰妻孰妾須憑証人之指稱與現行法上聘財為成婚之要件尤相背戾不服二云云查納妾所出資財在習俗并無一定之名稱則有時

塗一字

即用財禮等名称亦不能視為法律上定婚之財禮本案被上告人及証人阿金姐在原審供述雖均称為財禮然上告人與被上告人既不能証明有婚姻関係則此項財禮祇能解為納妾所出之資財上告人所稱財禮禮金與聘金[illegible][illegible]二致殊無根據(三)謂納妾必須有文契以証明所供之金錢非聘財而為身價與聘財之得獨單獨成立婚姻者絕對不同原判以之相例可謂擬於不倫被上告人既不能提出文契以為碻寔之反証則上告人婚帖聘財之合法

憑証絲毫未受破毀乃原判於婚帖聘財則舍棄不採於文契則謂散佚何傷未免顛倒若謂人証可憑亦祇口頭之指妻作妾較之書証及聘金等証言足以証明婚姻成立者孰重況指為妾者不過阿金姐等片面之語而胡雪堯等真寔之証言又何以置之不論不服三云云查雙方証據孰為可採當然由審判衙門於法定範圍內衡情定之又人証之憑信力雖不足以敵物証然物証未盡可憑則人証自可供判斷之資本案上告人所舉婚書財禮等証物証言

依前述說明既不能証明與被上告人碻有婚姻關係所舉証人僅胡雪堯為有利益於上告人之供述其餘則與上告人為反對之陳述原審據以為判斷基礎認上告人所請求為非正當於法自無不合上告意旨無可採用

據以上論結本案上告全無理由應予駁回上告審訟費依現行則例應由上告人負担至本案上告係空言攻擊原判之不當毫無法律上正當理由終應駁回之件核與本院書面審理之事例相符故以書面審理行之特為判決如

右

中華民國八年八月十四日

大理院民事第一庭

審判長推事 余棨昌

推事 胡詒穀

推事 沈家彝

推事 劉鍾英

推事 鄭天錫

大理院書記官 張逢慶

【大理院民事判決】　十一年上字第一六六五號

【判例要旨】

孀婦自願改嫁，依法固應先由翁姑主婚，惟翁姑如果行蹤莫明，而該婦之父母因留養維艱，即予主婚改嫁，按之現行律例孀婦改嫁主婚順位之精神，尚不能謂為違背。

中華民國十一年十二月十九日 本件證明與原本無異 書記官 徐翔 （徐翔改正一字）

大理院民事第三審判決十一年上字第一六六五號

判決

上訴人劉王氏 住安徽靈璧縣莊家圩

被上訴人李大生 住安徽靈璧縣朱家集

王氏 住址仝上

右兩造因婚姻涉訟一案上訴人不服安徽第一高等審判分廳於中華民國十年十月二十四日所為第二審判決提起上訴經總檢察廳檢察官徐煥陳述意見本院審理判決如左

主文

本件上訴駁

第三審訟費由上訴人負担

理由

上訴人不服原判畧謂王延仍雖故原審不傳其子王訓典及劉德申王氏等訊明氏子劉廣順下落王氏與李大生之婚姻當然無效查閱原審記錄上訴人供稱大兒子（指劉廣順）死有十年了（見十年九月十三日筆錄）是劉廣順已故為上訴人所供認原審依直接審理之結果認定劉廣順於民國元年逃荒在外染病身死並糾正第一審認為劉廣順遠出未回之未合自無不當茲在本院上訴復謂伊子下落不明殊屬狡展劉廣順既經身故其妻王氏自願改嫁依法固應由上訴人

主婚惟據王氏在第一審供稱那年逃荒我同婆母劉王氏及丈夫到臨淮關分手不期丈夫染病亡故我孤身無倚回家乞討迫於無奈纔嫁於李大生等語當時上訴人尚未回籍行踪莫明而王氏夫故女幼其父王延仍又留養維艱行乞無門棲身無所即由王延仍主婚改嫁按之現行律例孀婦改嫁主婚順位之精神並無違背王氏改嫁有年且已生子上訴人於民國九年回籍始行訴請將該婚姻撤銷第一審駁斥其請求原審予以維持洵屬允協上訴論旨不得謂為有理由

據上論結本件上訴為無理由依民事訴訟條例第五百四十九條第五百十七條第百零三條應為駁斥上

徐張

條例第五百四十條毋庸經過言詞辯論特為判決如

右

大理院民事第四庭

審判長推事胡詒穀

推事黃德章

推事張康培

推事徐觀

推事殷汝熊

中華民國十一年十二月九日作成

第三節　婚姻之效力

【大理院民事判決】　九年上字第一一號

【判例要旨】

夫或家長給予妻或妾之衣飾，本所以供日常生活之用，自應認為妻妾所有。

中華民國九年一月廿日
判決宣告
中華民國九年一月廿日
原本領收
書記官 謝宣誠

大理院民事判決九年上字第十一號

判決

上告人 魏炳炎 湖北武昌人住大朝街德昌賓館年四十五歲 律師

被上告人即附帶上告人 魏彭氏 籍貫同前住金蘭賓館年五十九歲

右上告人對於中華民國八年四月三十日湖北高等審判廳就上告人與被上告人因婚姻及養贍涉訟一案所為第二審判決聲明上告被上告人亦聲明附帶上告經總檢察廳檢察官徐煥陳述意見本院審理判決如左

主文

判決用紙 大理院

添二字

塗四字

塗一字

塗二字

本案上告及附帯上告均駁回

上告審訟費由上告人負担

理由

上告論旨略謂審判衙門認定事實方可為判断之基礎締結婚姻必有一定之條件方為有效彭氏之屬流妓乃屬一種姘識行為後以妾名不過掩飾從前姘夫敲詐之計策不但終未締結契約概未具備如何條件自不能認為婚姻之成立即據彭氏在地檢廳供称乃属寓住棧房而成足見其姘識確鑿事寔上断無以姘識行為而竟認為婚姻成立

淦三字

之法理原審既經合法認為并非正式婚姻又何有於婚姻部分認為不合離異條件之判決查現在有效之現行律例內稱嫁娶應由祖父母父母主婚如俱無應從餘親主婚等語是婚姻不備此條件者當然在撤銷之列早經判為先例彭氏始終無何人主婚原審已經認定假使不備一定條件無論何項婦女只要姘識行為而即取得妾名則凡天下之姘婦與相姘者不幾均有妾之婚姻關係耶況妾之地位當然服從家長載在譜牒而彭氏既未得髮妻陳氏允許又未與髮妻同居譜牒上終未列入對於家長

塗一字

塗一字

大理院

判決用紙

遑悶服從種種不能認為婚姻關係之事寔原判竟
認定為有婚姻關係不服者一彭氏在第一審供稱
他現在把咎我受我也不願跟他云云是明明對於
炳炎寔行請求脫離姘識之關係也語句明瞭應無
代為曲解之餘地原判反謂我也不願跟他一語究
竟是否表示離異之意思抑係僅以不同居為限此
種推斷未免過於代為曲解如謂先後具訴意旨係
以追交私財以全養膳為詞即為推斷不願跟之一
語遂非請求脫離之表示誠不知何所根據殊不知
請追私財者詐欺行為亦為單制潛捲財物之方法

也私財屬於捏造既經原審合法訊明則訴追屬於詐欺與罩制之手段更屬明確既寔施詐欺罩制手段當然有脫離心思況明明有不願跟之表示手即伊之代理人亦屬當庭請求離居則離居之陳述當然屬於脫離之隱語以當庭明白請求脫離之宣言原判反謂不合離異之條件不服者二查民事法工視為家族之一入始有養膳之義務彭氏對於炳炎屬於姘識行為終未取得妾之名義對於家族概未待遇閱於家譜又未載列應無養膳之必要況此次訴由伊起而告訴之目的確在詐財既曰把持我

受終不能指出乃受何等苦況既捲財於先又圖詐財於後心藏惡險已可概見且除捲匿財物外并將文憑圖章制服公文等件一併捲去終不交給已不得謂非圖害行為迨後攔途捕殺不但路人皆知即地廳之警吏莫不親覩原審概不加查反謂逞兇圖害不能有所証明而竟判令應負扶養終身不服者三第一審判決彭氏之衣服首飾判歸彭氏所有部分炳吏明明附帶上訴狀內請求改判末段聲敘明白何得謂為均未聲明不服至於第一審判詞旋因清單內所載之官票等件一部分謂無証據兼之彭

塗一字

塗一字

改一字塗四字

塗四字

氏堅不承認遂付闕如隨後發見清單內益泰厚之紅票即屬單內之確切証據原判何得謂為亦不能舉出反証以資証明不服者四夫彭氏於捲匿財物之後尤在詐收錢文曾用正式狀請并追竟置不理似此種種背謬事宜請求撤銷原判再已經認為確定之借字等件可否准予提前具領並候批示云云

附帶上告論旨略謂益泰厚之紅票本屬氏私財借於當事人之欵前已陳明在卷無須[illegible]贅[illegible]者三最可憐者氏一女流年屆六旬所有私財

塗字

添乙二字塗四字

判決用紙

前被氏夫炳炎術誘扯挪殆盡後存之欵又因用伊名義斷為伊所有現被訟累典賣一空眼見上告期間延綿半載數月之間何以生存為此除遵章答辯附帶上告外并懇將氏名義借與他人錢券三紙發交給領以延殘喘云云

本案除借字一項經第一審認為各别所有原審就此維持兩造均請求分别具領應即認為確定

爭執之要點(一)兩造是否正式婚姻並應否離異問題(二)為扶養及衣服財物問題查閱訴訟記錄民國八年二月二十七日上告人在第一審供稱

大理院

我跟他並非正式婚姻那時候他居在魏家巷我長在那頑如是有些苟合到光緒三十年我在省開棧房於是因苟合成婚當時並將他的所有衣服均退還張姓並由我出了一百串錢又八年四月三十日在原審供稱因與他有苟合情事（中略）後他乃迫我納他為妾並稱他（指被上告人）在地方檢察廳亦曾自認為妾各等語是則上告人雖不認與被上告人為正式婚姻然曾因苟合成婚並曾出有財物則固供認無異而此項婚姻關係上告人稱之為妾即被上告人在武昌地方檢察廳供詞亦自認不是結髮

判決原稿　　大理院

夫妻原審因認其為上告人之妾自屬有據上告論旨乃以未得髮妻陳氏允許當日既無何人主婚亦未上入譜牒拒認有妾之關係殊屬不合而其應否離異上告人不過謂被上告人在第一審供詞有他現在把苦我受我也不願跟他之語以為係表示離异之合意但被上告人既於原審供稱是説不跟他的妾同在一塊並不是説同他離异我先跟了他原是想個依靠現他討了妾即不要我我現在有了五六十歲既無子又無家要我到那裏去以為反對之主張則此不願跟他一語是否僅表示不願與妾同

欧一字
添四字

居之意自當參觀其前後主張以憑認定茲原判閱於此点既係根據被上告人在第一審先後具訴意旨以為解釋之資料即無不合之可言上告人拘泥此語攻擊原審代為曲解亦殊非是雖所称被上告人攔途捕殺逞兇謀害事果屬寔不得謂非有離异之原因存在但上告人前在原審閱於此項主張係以夏端鄉在地方檢察廳告訴原卷為據(見八年四月三十日供)檢察上告人在該案供詞不過謂正妻無出次妾亦無出纔娶賀氏是彭氏要我娶的現在家中又起這樣衝突甚是慚愧彭氏打賀氏背上脫

上受有傷痕並未主張有謀殺上告人情事原審因
認茲事於上告人自身毫不相涉不能以此為彭氏
對於上告人逞兇圖害之証明遽判離异於法尚無
不當既未便遽准離异則上告人應負扶養義務即
屬當然之論結其上告人清单內所開益泰厚紅票
業經原審認定為上告人所有是於上告人並無不
利而單內所載其餘官票等件被上告人既於其中
有所拒認苟非上告人提出相當之証明自不能因
益泰厚紅票即據一面所開之清單推定其餘概有
隱匿情事關於被上告人之首飾衣服第一審判歸

塗一字

被上告人所有後上告人前於原審實曾状称衣飾價額已屬不少悉屬身所購買何能判歸伊受原審不認為上告人不服之聲明誠有未當惟夫或家主給予妻妾之衣飾本所以供日常生活之用自應認為妻妾所有第一審原判確認其所有權屬於被上告人於法本無不合故該項衣飾就令確係上告人購買原判関於此点之理由寔有未當而其所判仍應予以維持上告理由即難成立至被上告人所称上告人扯挪私財及對於益泰厚紅票之争執各節原審係以被上告人所舉人証於上告人曾否用

去私欵毫不能有所証明而益泰厚紅票亦無確據
証明其為私有因以駁斥被上告人之請求今被上
告人對於原判既不能指明其認認有何不當而徒
以同一空言主張私有豈足為憑故附帶上告理由
亦難成立
據上論結應將本案上告及附帶上告均駁回並判
令上告審訟費由上告人負担又本案上告係屬法
律上之見解依本院現行事例以書面審理行之
特為判決如右
中華民國九年十一月十四日

大理院民事第三庭

審判長推事　林[illegible]

推事　陳爾錫

推事　張康培

推事　左德敏

推事　劉鍾英

大理院書記官　謝意誠

書記官　廖[illegible]

第四節　離婚

【大理院民事判決】四年上字第三三一號

【判例要旨】

現行律載：「妻犯七出之狀，有三不去之理，不得輒絕，但犯姦者不在此限。」是妻對於其夫有不貞潔之行為者，當然可為離異之原因，惟對於此類行為，其夫實已故縱在前（並非僅因保全名譽為事後之掩飾）者，則妻之責任即已解除，夫不得以業已故縱之行為請求與其妻離異。

中華民國四年三月廿九日
判決宣告
中華民國四年五月廿二日
原本領收
書記官 彭昌

大理院民事判決四年上字第三三一號

判決

上告人 衛輔堯 江蘇吳縣人年

右代理人 潘承鍔 律師

被上告人 衛孫氏 江蘇吳縣人年三十一歲

右代理人 陸炳章 律師

費廷璜 律師

右上告人對於中華民國三年三月十日江蘇高等審判廳就上告人與被上告人因離婚涉訟一案所為第二審判決聲明上告經總檢察

廳檢察官熊兆周陳述意見夲院審理判決如左

主文

原判撤銷夲案發還江蘇高等審判廳迅予更為審判

理由

夲院按現行律載妻犯七出之狀有三不去之理不得輒絕但犯姦者不在此限是妻對於其夫有不貞潔之行為者當然可為離異之原因惟對於此類行為其夫實已故縱在前並非

僅因保全名譽為事後之掩飾者則妻之責任即已解除夫不得以業已故縱之行為請求與其妻離異此至當之解釋也本案上告人主張被上告人犯姦事實業經原審合法認定而原判認上告人對於被上告人之犯姦行為有故縱事實者不外以被上告人犯姦事實為上告人所已知而不即舉發之一點然知姦行而不即舉發或係因顧全名譽暫時容忍或因其他原因未便宣揚要不能即以為有故縱之斷定也上告人果否故縱自應以

塗一字

姦行以前或當時有無對於被上告人可以盡
防止之方法而乃顯與同意或以言語動作表
示不加究詰無所不可之意思為準據按訴
訟法例原審即應命當事人有立証義務者
提出相當憑証並以職權為必要之處置
是原判未免理由不備本案事寔関係既未
臻於明確本院礙難遽為法律上之判斷上
告意旨尚非全然不當

據以上論結本案上告為有理由應予撤銷
原判發還江蘇高等審判廳迅予更為審判

又本案係原審判理由不備終應發還更審之件核與本院書面審理事例相符故以書面審理行之特為判決如右

中華民國四年五月二十九日

大理院民事第一庭

審判長推事姚震

推事許卓然

推事朱學曾

代理推事李懷亮

推事陳彰壽

第六月給　　大理[illegible]

大理院書記官彭昌榜

【大理院民事判決】四年上字第一四三三號

【判例要旨】

現行律夫妻除不相和諧兩願離異者外，非有合法條件不能離異，遺妻不養，雖合法定離異之條件，惟其夫係因赴京應試而離家，並非無故遺棄者，亦自不足為請求離婚之根據。

大理院民事判決四年上字第一四三三號

判決

上告人 鍾楊氏 湖南人住縣前街深橋楊厲年二十歲

被上告人 鍾大猷 賀縣人年五十一歲

鍾梁氏 大猷之母

右上告人對於中華民國四年四月二十八日廣西高等審判廳就該上告人與被上告人因離婚涉訟一案所為第二審之判決聲明上告經總檢察廳檢察官熊兆周陳述意見本院審理判決如左

改乙字

塗乙字

判決用紙　　大理院

主文

本案上告駁回

上告審訟費由上告人負担

理由

本院按現在繼續有效之前清現行律例夫婦除不相和諧兩願離異者外非有合法條件不能離婚又按主張事實者須負立證之責任如其主張事實並無証據或雖有証據而並不足以証明者則審判衙門衡情否認其主張自無不法本案上

告人以被上告人有妻更娶主張與被上告人離婚並稱有賀縣人陳姓姓者確知其事然陳姓何名並其現在何處上告人均不能知悉是其主張顯屬不實原審判上告人不得與被上告人離婚揆之上開法則自無不當上告人又謂兩造當成婚之初被上告人曾承認為上告人代養父母今出外三年置上告人母女於不顧故迫上告人不能不請求離婚云云違背代養父母之約能否為請求離婚之原因姑

添一字

添字

添字

置勿論但被上告人既堅不承認此約上
告人又毫無方法足以証明是其主張顯
難憑信至遺妻不養雖合請離婚之條件
惟既経原審查明被上告人之離家係因
来京應試並非無故遺棄亦自不足為請
求離婚之根據上告論旨均難為有理由
至稱被上告人四年三月二十七日在原
審所遞訴狀有上告人別有所屬不必強
為挽留足証其自願離異一節查核訴狀
上雖有此語然閒離婚之條件七欵顯非

塗乙字

改乙字

單純之承認上告於其所開條件既均不
能遵行則所謂協議上之離婚自不成立
原判関於此點即亦無不當
據上論結應即將上告駁回並依本案訟
費則例令上告人負担上告審訟費至本
案上告係上告人空言攻擊原判毫無法
律上正當理由終應駁回之件依本院現
行事例得為書面審理故本判決以書面
審理行之特為判決如右
中華民國四年八月十七日

判決用紙

大理院

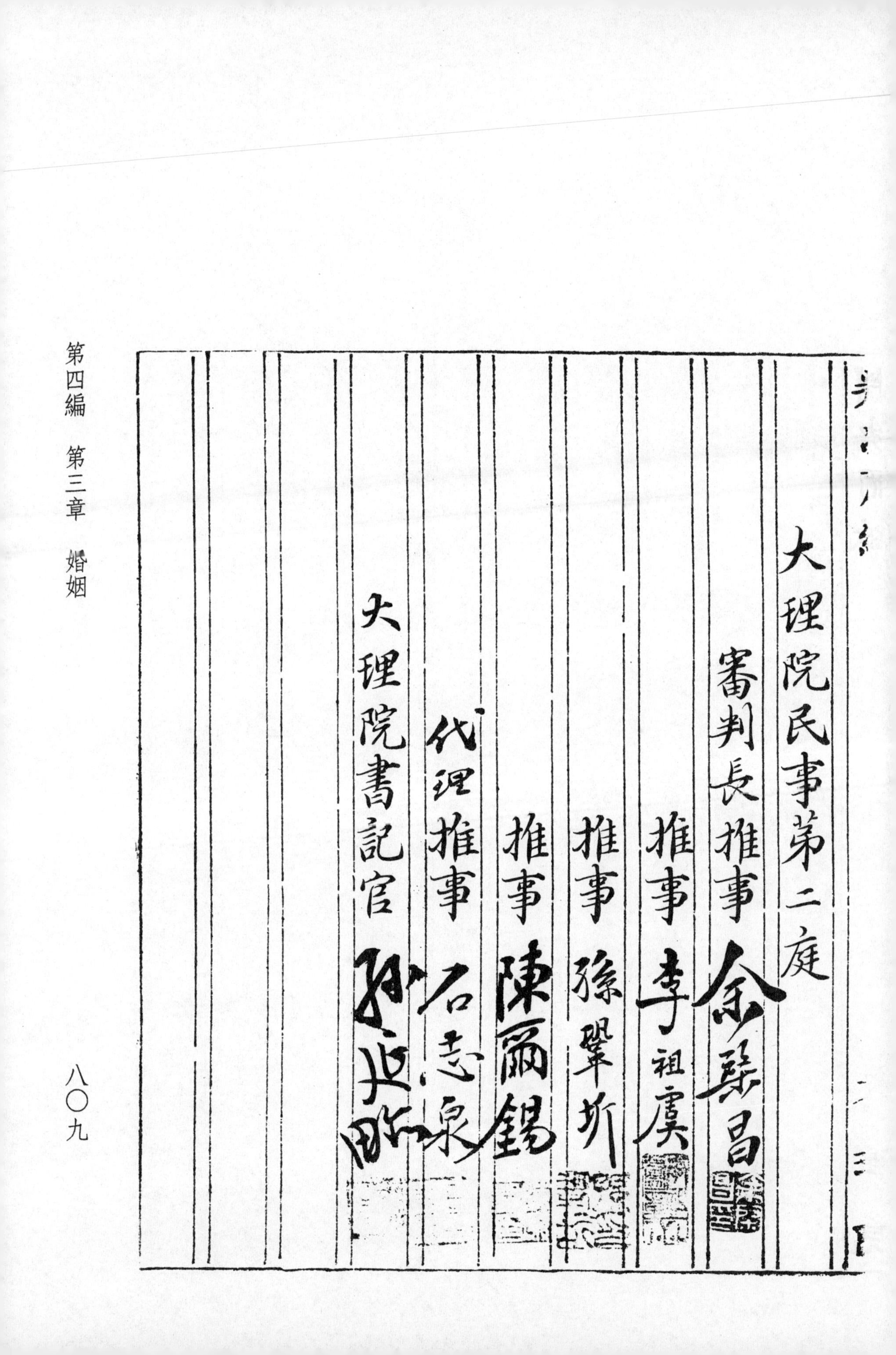

大理院民事第二庭

審判長推事 余棨昌

推事 李祖虞

推事 孫鞏圻

推事 陳爾錫

代理推事 石志泉

大理院書記官 [illegible]

【大理院民事判決】 七年上字第一三二號

【判例要旨】

夫婦協議離異，應由自身做主，他人不能代為主持，為妾與家長協議解除關係，當然應予準用。

中華民國七年二月十四日判決宣告

中華民國七年二月廿三日原本領收

書記官

大理院民事判決七年上字第一三二號

判決

上告人史王氏 年三十四歲貴州貴陽縣人住紅石板

被上告人史步周 年三十二歲貴州貴定縣人住狗場

右上告人對於中華民國六年五月三十一日貴州高等審判廳就上告人與被上告人因婚姻涉訟一案所為第二審判決聲明上告經總檢察廳檢察官部修文陳述意見本院審理判決如左

主文

原判撤銷

塗乙字

添六字
改一字

改乙字

判決用紙　　大理院

本案發還貴州高等審判廳迅予更為審判

理由

查兩造間已否解除妾與家長關係之爭執原判雖查據證人曹儀賔供稱代書筆據時已唸給王黃氏聽等語認定兩造間之關係業因王黃氏之立據行為而不得再有異議惟本院按現行法例夫婦協議離異應由自身作主他人不能代為主持妾與家長協議解除關係當然應予準用本案查據原卷證人曹儀賔在原審既已供稱當民替他們寫字時適史王氏並未在場等語（見六年五月二十八日供）則以

添五字

改乙字

改ガ乙字

改乙字

改乙字

添改各乙字

改乙字

筆據所表示之意思是自王黃氏抑寔為所知情僅據該字據及曹儀賓之借證已難遽行斷定況據証人曹議賓所供隨寫隨唸之語上告人王黃氏既不識字則是否于該字據所載之意義即能了解亦應酌為告明且被上告人所呈史王氏筆據內明稱所生二子歸夫撫立亦不能與氏往來等語何以立據之後被上告人並不即將上告人所携多子小貴領回而徑離氏他去則上告人所稱被騙事寔尤不無審究之餘地原判僅以字據及曹議賓之借証為基礎遽將上告人之主張駁回究不是以昭折服至上

改兩字

改乙字

告人請求分居給贍一節如果兩造間關係不能詎為業已解除則應否斷令給贍分居自不能不更為查明寔在情形有無必要以資判斷及是兩造間關係如確已解除而上告人則仍請求給贍其是否正當既經第一審判決駁回上告人聲明控告（見六年五月二十五日筆錄）亦應併予裁斷原判此点亦屬誤解均有未協又交出小貴一節既據上告人上告狀稱步周作此留子棄母之行動於法於理寔有未順等情聲明不服自應併予發還更為審判上告意旨非無理由

添乙字

據以論結本案上告為有理由合將原判撤銷發還

原高等審判廳迅予更為審判訴訟費用應俟原廳

更審併予判決又本件係原審未盡職權上之能事

發應發還更審之件核與現行書面審理之例相符

故即依書面審理特為判決如右

中華民國十年十二月十四日

大理院民事第一庭

審判長推事

推事朱學曾

推事李懷亮

判決用紙

大理院

推事 曹祖蕃

推事 張康培

大理院書記官 童益咸

【大理院民事判決】八年上字第一七七號

【判例要旨】

兼祧後娶之妻，法律上應認為妾。惟定婚之時，不知有妻又不自願為妾者，許其請求離異。

中華民國八年二月廿四日
□□宣告
中華民國八年二月廿八日
原本領收
書記官錢承[illegible]

大理院民事判決八年上字第一七七號

判決

上告人　吳方氏　年二十七歲湖北黃安縣人住察院坡慶元祥京貨店

被上告人　吳蓮舫　年四十六歲湖北黃安縣人住漢口大郭家巷天寶棧茶商

右上告人對於中華民國七年十月二十二日湖北高等審判廳就上告人與被上告人因婚姻及扶養涉訟一案於本院發還後所為更審之判決聲明上告經總檢察廳檢察官李杭文陳述意見本院審理判決如左

主文

改字

塗字

本案上告駁回

上告審訟費由上告人負擔

理由

本案被上告人以兼祧秉鈞秉權之名義與上告人論婚是否因詐欺而成之法律行為應以被上告人兼祧之事是否真實並曾否明白通知上告人得其同意以為斷查據上告人起訴狀稱民國三年有近地富豪吳蓮舫央伊族正紳吳子鏡吳聯選臣等向氏父求聯姻事據稱舫係一子兼頂三房宗祧其原配袁繼配彭原係各項各房現均無出其以前宗派

尚缺一房未定祧室氏父以迹近妾媵遲疑未諧嗣經舫近屬戶房負一鄉重望名儒之鍾藻即至階將伊親筆所立之嗣書交氏父執質為證氏父始允婚等語是已將先娶兩房及兼祧三房之事明白通知上告人得其同意毫無可疑至被上告人族譜內並無秉鈞秉權之名據被上告人主張是否遺漏或夭殤均不得知等情固於兼祧是否真實之問題不免滋生疑實然據上告人信用之媒証吳玉階在原審供稱方家原指定孟福要運舫兼祧又指定須由敵紳寫立嗣書嗣因運舫有八句之叔祖母說孟福與

連舫中間相隔幾代如何能兼祧祗有秉鈞秉權代數較孟福隔得近可以兼祧敝紳當說既是要我動筆單是孀娘一句話不能為憑他乃把孝眷簿意旨書等（即修因簿）拿了六七本出來經敝紳看了確有秉鈞秉權的名字當同方家的媒人方鴻吉說方鴻吉當說這項本子他要拿兩本出去把靜齋（上告人之父）看靜齋原指定的是孟福現改為秉鈞秉權不知靜齋答應不即由他帶兩本去了後吳選臣回信說方靜齋的意思兼祧秉鈞秉權並無不可總要先寫嗣書於是把嗣書寫好交把他看了然後成立婚

塗一字　改一字　塗乙字

姻等語是上告人對於被上告人兼祧秉鈞秉權一層當日已為詳密之考慮且以寫立嗣書為定婚之條件而現在呈案之修因簿（據上告狀即訂婚之時交上告人父存查者）確有秉鈞秉權其人並核與被上告人呈案者無異（上告人謂被上告人呈案者有二叔早殤之文殊非事實）則兼祧之事並非被上告人借假借名義以為謀娶上告人之手段即本非因欺詐而成之法律行為亦殊明瞭原判認兩造之婚姻無撤銷之原因駁斥上告人之請求尚非不當茲上告人乃以秉鈞秉權幼殤

塗字

塗字

判決原紙　大理院

不應立後及被上告人已娶袁氏彭氏更娶上告人為妻係違反强行法規並謂涉訟以後不堪團聚等語情以為上告理由不知本案係被上告人以兼祧三房之名義與上告人論婚因此成立之婚姻能否撤銷惟問被上告人兼祧之事實是否實在而其兼祧是否合法殊非本案應行解決之問題上告人何得以此藉口又兼祧後娶之妻法律上概認為妾惟論婚之時不知有妻又不自願為妾者乃許離請求離異本案被上告人與上告人論婚之時既將已娶袁氏彭氏之

塗一字

塗一字

事實明白通知上告人仍情願為其三房之祧室豈能又於事後以其違法三娶為請求離異之原因又按請求離異須具有法律上一定之原因始能准許倘如上告人所主張涉訟以以後不堪團聚即據為應行離異之理由則凡男女之一造希圖離異一經涉訟即無依法准駁之餘地法定條件不幾等於虛設上告人此等主張尤屬毫無根據上告意旨不得謂有理由

據以上論結本案上告為無理由即予駁回

孫学

上告審訟費依本院訟費則例應由上告人負擔至本案上告係上告人空言不服原判並無法律上正當理由終應駁回之件故本院現行事例即以書面審理行之特為判決如右

中華民國八年二月二十四日

大理院民事第一庭

審判長推事　余棨昌

推事　李棟

推事　[illegible]

推事 劉鍾英

推事 曹祖蕃

大理院書記官 錢承𬭎

書記官唐球監印

【大理院民事判決】

八年上字第七〇〇號

【判例要旨】

夫因其妻不能善事舅姑，加以訓誡，而一時氣忿致有毆罵情事者，究與有意虐待不能同論。

中華民國八年六月十八日
判決宣告
中華民國八年六月廿三日
原本領收
書記官繆祿保

大理院民事判決八年上字第七〇〇號

判決

上告人馬馬氏 年二十七歲碾伯縣人住上川口

代理人馬拴龍 年六十七歲籍貫住址同上

被上告人馬三兒 年三十五歲皋蘭縣人住河北金城關

右上告人對於中華民國七年十一月二十七日甘肅高等審判廳就上告人與被上告人因離異涉訟一案所為第二審判決聲明上告經總檢察廳檢察官徐煥陳述意見本院審理判決如左

主文

原判撤銷

本案發還甘肅高等審判廳迅予更為審判

理由

查本案上告人之父馬拴龍在第一審係代理上告人提起離異之訴原第一審因列上告人為原告自係適法原審列該代訴人為控告人而於上告人反未列入當事人之列自有未合應由本院糾正

又按現行律例夫毆其妻固須至折傷以上始聽離異惟夫婦之一造如繼續受他造不堪同居之

改乙字

虐待者雖無毆至折傷情形而依類推解釋之例亦在應准離異之列惟夫因其妻不能善事舅姑加以告誡一時氣忿致有毆罵情事者究與有意虐待不能同論本案上告人主張受有被上告人虐待各節原審雖以上告人係因與姑失和經被上告人訓誡毆罵而所稱毆傷一節又驗無傷痕因以認定上告人之主張不能成立惟查原卷上告人之代理人馬拴龍於七年九月二十五日起訴狀稱伊母子無故將民女鞭杵酷拷受傷臥床不計其數適有同院鄰右白老四馬勤卜子馬

葭乙字

四五子等三家不忍袖視殘苛三四次喚民来省
查看親女民親到壻家察看得女受傷屬寔首經
本坊回教者老馬盤保馬學林[illegible]黄老大等嚴
管此事此時馬三兒到寺自知禮虧哀向衆鄉老
前對天發誓與民賠情聲言再不敢淩虐其妻民
乃忍息此事誰料馬三兒陽奉陰違乘民回碾無
端启衅且将民女鞭毒一夜是夜院鄰白老四三
家復與民来信民来省垣覩見女通體有傷等語
而証人白老四馬勒卜子馬盤保馬學林陝榮黄
得倉等於七年九月三十日第一審庭訊時供証

改乙字

加乙字

他們時常打架先曾調處勸令被上告人認錯事後又打屬寔被上告人同日六供十五日因他出言不遜我把他打幾下同年十一月十一日在原審又供女人與我不做衣服民有老母七十多歲不做茶飯與民親吃小的因氣憤打了幾下並無傷等語是上告人所稱被毆多次尚非全無根據此等毆打事寔縱令未至折傷然是否因被上告人有意虐待不堪同居非無審究餘地查批原卷証人白老四馬勒卜子等既據稱與被上告人同院居住則被上告人對於上告人是否有意虐

判決用紙　　　　大理院

待抑因其與姑失和加以告誡故偶有毆罵情事見聞較確自應重行傳喚到庭詳予訊究以資質証原審僅以上告人被毆未至折傷而於虐待一層擱置不問究不足以資折服上告意旨非無理由

據上論結本案上告為有理由合將原判撤銷發還原高等審判廳迅予更為審判訴訟費用應俟原廳更審時并予判決又本案上告係原審於事寔猶未合法認定與關於法律上之見解終應發還更審之件核與現行書面審理之例相符故即

以書面審理行之特為判決如右

中華民國　年

[illegible]

推事　陳尓錫

推事　張康培

推事　林鼎章

推事　張孝琳

大理院書記官　繆祿保

第四章　親子

第三節　庶子

【大理院民事判決】　八年上字第一四〇一號

【判例要旨】

母未為父妾以前，與父所生之子，自可於母取得父妾之身分時，亦取得庶子之身分。

中華民國八年十二月十五日判決宣示
中華民國八年十二月廿四日繕本領收
書記官錢承愷

大理院民事判決八年上字第一四〇一號

判決

上告人周鍾麟 年三十六歲膠縣人住布政司大街慶昇棧業儒

被上告人周紀氏 年五十一歲膠縣人住后宰門蚨聚公

周鍾麒 年職不詳餘同上

周鍾[illegible] 同上

右上告人對於中華民國八年四月十日山東高等審判廳就上告人與被上告人等因身分及分產涉訟一案所為第二審判決聲明上告經總檢察廳檢察官李杭文陳述意見本院審

理判決如左

主文

本案上告駁回

上告審訟費由上告人負担

理由

查閲訴訟記錄本年一月十二日據上告人在第一審供称民庶母周紀氏先曾在民家傭工即與民父有染嘗被民母察覺即行辭退民父乃隐瞞民母收納為妾由民父另租房屋與庶母紀氏居住生子周鍾麒周鍾麟二人後経民

塗字 添字 塗字

母知道生了兩個兄弟始令搬移来家居住等語是鍾麒鍾麟本係上告人之父納紀氏為妾後所生至為明瞭況依本院統字第一零二九號解釋文件子因父母之正式婚姻即取得嫡子之身分則依類推解釋母未為父妾以前與父所生之子自可於母取得為父妾之身分時其子亦取得庶子之身分本案紀氏所生之鍾麒即如上告人現在所主張謂係伊父與紀氏苟合所生其時紀氏尚未為伊之妾而依上開說明亦應於伊父收納紀氏為之妾時鍾麒即

取得親生子之身分至於鍾麟則上告人於本年四月五日仍在原審供稱鍾麟是我父納紀氏為妾以後生的等語其身分更無何等疑問乃上告人猶攻擊原審不予傳訊族人周廷樾周廷彬周振聲及立字人冷邦清並咎其不為調驗責字自屬無益之爭執至兩造所有家財依現行律載嫡庶子男分析家產不問妻所生祇以子數均分等語自應按兩造兄弟人數作為三股均分原審維持第一審原判除償還債務提出祭田並廷相未嫁之女奩費外命按三

分均分於法毫無不合上告人乃強援姦生子量與半分之法文攻擊原審引用失當殊屬無可採用上告意旨不得謂有理由

依以上論結本案上告為無理由即予駁回上告審訟費依本院訟費則例應由上告人負担

至本案上告係上告人空言不服原判並無法律上正當理由終應駁回之件故依本院現行事例即以書面審理行之特為判決如右

中華民國八年十二月十五日

大理院民事第一庭

審判長推事　余棨昌

推事　沈家彝

推事　劉鍾英

推事　鄭天錫

推事　林鼎章

大理院書記官　錢承鋕

第五節 姦生子

【大理院民事判決】四年上字第一五四七號

【判例要旨】

按現行律分析家財田產，依子量與半分之條例，自與義子之僅得酌給者不同。

民國四年九月九日
判決宣告
洪憲元年一月十九日
原本領收
書記官黃樾楨

大理院民事判決四年上字第一五四號

判決

上告人劉宜禧 湖南甯鄉縣人住龍從鄉年三十一歲

被上告人劉宜炳 籍貫住址同上年三十六歲

劉宜裕 年二十二歲餘同上

代理人姚潤仁 律師

塗弍字

右開上告人對於中華民國三年十二月十九日湖南高等審判廳就上告人與被上告人等因身分涉訟一案所為第二審判決聲明上告被上告人亦聲明一部附帶上告本院經總

塗弍字

檢察廳檢察官熊兆周陳述意見本院審理判決如左

主文

原判撤銷

本案發還湖南高等審判廳迅予更為審判

理由

查本案原審認定上告人為劉元嶟義子係以(一)光緒二十七年劉元嶟生前所建專祠其正樑書有奉命男宜炳宜鼎宜裕敬立等字樣而並無上告人宜禧之名(二)光緒二十九年新

改乙字

改乙字

疆巡撫潘效蘇所撰劉元嶟之墓碑內叙元嶟子三人為宜炳宜鼎宜裕而宜禧則明稱為義子遂謂劉元嶟生前早認上告人為義子而上告人亦久已默認為元嶟之義子云云其所根據固似信而有徵矣然查碑文內稱癸卯春其孤鄆公狀以表墓請予不忍辭云云所謂孤者當然即指碑內所載元嶟之子宜炳等三人而言蓋其時潘效蘇遠在新疆任所碑內所叙元嶟家世無非據被上告人等之函告故雖稱上告人為元嶟義子仍不能即據以為確證至

改乙字

改乙字

塗乙字

加二字

專祠正樑不書上告人之名一節查閱原審記錄亦僅據被上告人等之狀稱是否屬寔原審並未親往履勘遽採為判決之重要根據亦殊不足以資折服此外被上告人所舉之物證如遺囑分鬮等物既屬種種可疑而兩造所舉人證又復各執一詞原審以其均難憑信不予採用本非無見惟查證人中之葉瑤笙雖由上告人在初審所舉出而被上告人等固已明認其為本案最有力之證人（據原審三年十二月被上告人委任律師馬續常所稱辯護書及是月

十九日辯論筆錄且屢稱其言足資証明者（三）
年五月二十五日供及四月十日狀據葉瑤笙
在原審供稱我隨劉元嶟軍門多年劉移鎮浙
江溫州與貢院側一鴇來棧土娼章小陶姘識
及移鎮福寧有曾充劉樸堂公之賬房趙先勝
來營稱那鴇來棧婦人有喜疑是軍門的當稟
知送洋百元與章翌年軍門又使我前去接取
小兒至則稱已在乳母家乳養後抱來時那乳
哺婦人丁姓者向我哀哭問之則云此兒係伊
之子我無法祇得帶回時趙已來營充賬房囑

改乙字

塗乙字

添弍字

我勿言故軍門當時未之或知後來修譜我告知詳情軍門始悉等語（二年十二月二十九日供）果如所稱爲是劉元嶟雖未納章氏爲妾而所以將上告人收回撫養者固信其爲己與章氏所姦生之故非無故收養遺棄之小兒則揆之當日情形已屬毫無可疑與第一審調查報告內據周梅菴劉映台喻樹屛等三人所稱宜禧係姦生子之說適相吻合即被上告人宜炳在司法署供稱宜禧是否先父親生國民不曉得（元年十一月三十日供）在地方審判廳又供

稱說他是義子我也不清白(三年五月三十一日
供)各等語據其供述固亦未能確指上告人為
義子故使上告人果為劉元嶟之姦生子則按
照現行律分析家財田產姦生之子依子量與
半分之條例自與義子之僅得酌給財產者不
同原審於是否姦生一層未經審究遽認定其
為義子尚不能謂為確當本院殊難遽為法律
上之判斷至被上告人等對於原判加給田穀
之附帶上告業經發還更審應毋庸議
據以上論結本案上告尚非毫無理由應將原

判撤銷發還原審衙門迅予更為審判再本案係原審認定事實尚未確當終應發還更審之件故本院現行事例以書面審理特為判決如右

中華民國四年九月九日

大理院民事第一庭

審判長推事 [illegible]

推事 陸鴻儀

推事 許卓然

推事 朱學曾

推事　石志泉

大理院書記官　黃懋楨

第六節　養子

【大理院民事判決】　四年上字第一九七一號

【判例要旨】

已有親生子之人，雖不准立他人為嗣子，而收養他人為養子（一稱義子），則固為法所不禁。

中華民國四年十一月一日
判決宣告
中華民國四年十一月六日
正本領收
書記官 王[illegible]

大理院民事判決四年上字第九七一號

判決

上告人 陸嗣雲 江蘇武進縣人住婆羅巷年四十三歲

被上告人 陸陳氏 江蘇武進縣人住婆羅巷年五十五歲

右開上告人對於中華民國四年六月二十二日江蘇高等審判廳就上告人與被上告人因身分及家產涉訟一案所為第二審判決聲明上告經總檢察廳檢察官李杭文陳述意見本院審理判決如左

主文

改壹字

原判除維持第一審判決確認上告人非陸小峯嗣子之部分外撤銷

被上告人關於索回家產之請求應予駁回

上告人關於身分之上告部分駁回

訴訟費用由兩造平均負担

理由

查現行律載嫡妻年五十以上無子者得立庶長子又例載無子者許令同宗昭穆相當之姪承繼若立嗣之後卻生子其家產與原立子均分等語其餘律例中關於立嗣各條均冠有無

子字樣是在現行法上立嗣實以並無親生子為條件違者有繼承權之親生子即得出而告爭但立嗣在親生子出生以前者不在此限此現行法上至當之解釋迭經本院著為判例說明者也（見本院四年上字第六百七十五號判決）本案上告人主張其出繼陸小峯係在陸爾遲出生以前然查上告人本生父陸彥和所作析產記內載小峯公補缺令適年即終於任維時側室甫舉一子名爾遲彌留之際仲嫂張恭人向予索長子嗣雲為兼嗣子予以兄既有子毋庸

再嗣婉却之張恭人至長跪不起予不得已而許之等語明明稱上告人之兼嗣小峯在爾遲出生以後上告人謂當時因本生父見爾遲出生有撤嗣之議張恭人決計不允析產記內上開各語不過敘明此事云云就文繹義寔無由得如斯之解釋至族譜內列上告人於小峯派下並墓表內載張恭人生二子不育既乃命以嗣雲為嗣實森（即爾遲）妾陳氏出等語亦祇足証明上告人有出嗣小峯之事而不能証明其出嗣在爾遲出生以前墓表內稱命以嗣雲為

嗣云云乃言張恭人即陸張氏之命本不能作小峯之遺命解即令解作小峯遺命而其遺命果否在爾遲出生以前上告人固仍無法証明則原審根據析產記內之記載認上告人之出嗣小峯在爾遲出生以後並認其不能取得嗣子身分自不得遽指為不合惟查現行律例已有親生子之人雖不准立他人為嗣子而收養他人為養子（或稱義子）則固為法所不禁又父母喜悅之養子（或義子）不准嗣子藉端逼逐並應酌給財產（均見前示判例）上告人於光緒九

改壹字

年七月經陸張氏乞取為子徵之墓表族譜及析產記既屬不可爭之事實則上告人自經陸張氏乞取以後自不得不認為已取得養子之身分而對於小峯之遺產即應有受給一部（不及二分之一）之權上告人與爾遲均分家產據析產記定遠在光緒二十五年其於民國二年補分者不過為前分家產之契據縱謂民國二年議據內爾遲之畫押乃其患精神病時之行為而在光緒二十五年時則爾遲並未患精神病（被上告人原審代理人於四年六月四日言

改壹字

詞辯論供稱爾遅得病五六年）光緒二十五年
之析產記內雖未經爾遅及被上告人畫押而
自訂立以來閱時已十餘年爾遅及被上告人
既均遵守所分居各度毫無異議於其間則
當時實已變方合意自可斷言按照現在繼續
有效之前清律例載告爭家財但係五年之上
斷令照舊管業不許重分等語被上告人關於
家產部分之請求寔難認為正當原判所見殊
有未合上告意旨此點即不能不認為有理由
據以上論斷本案上告關於家產之部分為有

理由應將原判該部分撤銷改判被上告人不得索回已給之產其關於身分之部分為無理由即予駁回訴訟費用依現行法例應由兩造平均負担再本件純涉法律上之見解核與本院書面審理之事例相符故即依書面審理特為判決如右

中華民國四年十月十七日

大理院民事第一庭

審判長推事　姚震

推事　陸鴻儀

推事 許卓然

推事 石志泉

推事 曹祖蕃

大理院書記官 王爾同

【大理院民事判決】

四年上字第二四三二號

【判例要旨】

異姓養子就其義父之遺產，在現行法上，雖祇應酌分，不能完全承繼，然關於遺產之管理權，則於繼子未經立定以前，得行使之。

民國四年十二月三十日
判決宣告
民國五年六月廿二日
原本領收
書記官 黃懋楨

加弋字

大理院民事判決四年上字第二四三二號

判決

上告人 沈胡氏 江蘇上海縣人住福佑門年四十五歲

被上告人 胡文蔚 江蘇上海縣人住福佑門年三十二歲

右上告人對於中華民國四年五月二十六日江蘇高等審判廳就上告人與被上告人因遺產涉訟一案所為第二審判決聲明上告經總檢察廳檢察官李杭文陳述意見本院審理判決如左

主文

本案上告駁回
上告審費用由上告人負担
理由
本案據原審合法認定事實被上告人係胡研香養子研香兄錫九有坐落上海縣福佑門内一八二二號房屋一棟抵押於人經上告人夫沈穎川備價贖回并添造樓房兩幢錫九故後經研香與沈穎川涉訟由上海縣判令研香備齊贖價本利及樓房造價共六百元向穎川取贖兩造并無不服嗣因研香未贖復由穎川出

改弍字

加弍字

加弍字　又塗弍字

改弍字

資改造其前後所造之部分現共值銀一千一
百元為兩造不爭之事實至上告人上告意旨
則主張被上告人既係胡研香螟蛉之子則就
身分上已無承祀研香宗祧之權即不得承繼
研香財產況本案訟爭[illegible]產本為研香兄胡錫
九所遺被上告人尤不能有取贖之權等語本
院按異姓養子在現行法上雖不能承繼義父
遺產(但應[illegible]參)[illegible]然關於遺產之管理權則[illegible]於
繼子未經立定以前得行使之本案訟爭房產
[illegible]於光緒三十二年涉訟經上海縣判令胡研

香取贖上告人並無不服則研香關於該産有取贖之權自係業経確定取贖房產本為管理行為之一種胡研香於縣判之後未及取贖而身故復未立有繼嗣被上告人為其養子依前開法例自得行使其取贖權原判維持第一審判決令其備價取贖並償還上告人前後加造及改造之垷價於法自無不合上告論旨不得謂為有理由

據以上論結本案上告為無理由應予駁回并依現行訟費則例判令上告人負担上告審訟

改式字

費至本件上告係[illegible]於實体法上之見解依本院現行事例得以書面審理本判決即以書面審理行之特為判決如右

中華民國四年十月二十日

大理院民事第一庭

審判長推事 姚震

推事 陸鴻儀

推事 許卓然

推事 朱學曾

推事 石志泉

大理院書記官黃懋楨

第五編　承繼

第一章　總則

【大理院民事判決】　三年上字第一七一號

【判例要旨】

出繼子之財產，自不能反於該出繼子之意思，遽與本生父之財產同視，或以充作清償債務之用，或喪失其請求償付之權。

中華民國三年三月二十日
判決宣告
中華民國三年五月二日
原本領收
書記官[illegible]昌校

大理院民事判決三年上字第一七一號

判決

上告人 謝藹吉 廣東南海縣人年三十四歲業商住廣州市第六甫協和磁器店

張嘉 年齡住址籍貫職業同上

右代理人 朱少穆 律師

被上告人 黃惠民 廣東南海縣人年三十六歲住廣州西關西華二巷五號

李吉泉 年四十五歲籍貫住址同上

右上告人對於中華民國二年四月三十日廣東高等審判廳就上告人與被上告人等因揭款糾葛一案所為第二審之判決聲明上告經本院審理判決如左

塗二字

加一字

塗二字

添一字
塗二字

改一字
塗一字

主文

原判不認上告人張嘉對於德豐源有債權之部分撤銷發還原高等審判廳迅予更為審判

上告人謝藹吉之上告駁回

理由

查本案訴訟記錄上告人謝藹吉在原審關於限期清償債務及清償辦法之點已為裁判上之承認原判本此意旨表示一面確認其所主張之債權寔係存在面確認仍定期令德豐源各股東依債權人公認之清償辦法清償債務寔屬正當無可訾議該上

改二字

添六字

告人謝藹吉即無不服之可言至張嘉所稱各節在本案所應研究者附項與借項在該地習慣究有如何之分別是否股東或其親屬以附項名義付資于應歸大概不認為債權即無要求償還之權本案張嘉之債權是否即係附項原判決關於此點毫無釋明本有未合且依現行法例出繼子之財產自不能反於該出繼子之意思遽與本生父之財產同視或以充[illegible]其請求償付之權本案上告人張嘉是否出繼之子如確係出繼之子則其所主張之債權是否於出繼之先由其私財所支出凡此[illegible]點原判亦未釋明徒以該上告人張嘉

與店東有本生父子關係遽推定其對於德豐源之債權為不能成立未免有所不合

據以上理由本件謝藹吉之上告應予駁回張嘉之上告非全無理由應將原判不認該上告人對於德豐源有債權之部分撤銷發還原審依法迅予更為審判至本件上告係因原判關於寔體法則見解錯誤之件依本院現行事例得為書面審理故本判決即以書面審理特為判決如右

中華民國三年三月三十日

大理院民事第一庭

審判長推事 姚震

推事 林行規

推事 潘昌煦

推事 陸鴻儀

推事 馮毓德

大理院書記官 彭昌棫

判決用紙

大理院

【大理院民事判決】七年上字第九五七號

【判例要旨】

承繼之法律係有強行之性質，不容有相牴觸之族規存在。

[illegible]七年八月十六
[illegible]七年八月廿八
原本領收
書記官鄔繩準

大理院民事判決七年上字第九五七號

判決

上告人　宋名濬　江西奉新縣人住宋埠年四十歲

宋景新

右參加人宋立渭等

被上告人宋名衡　籍貫住所同上年二十七歲

宋帥氏

右上告人對於中華民國七年二月二十三日江西高等審判廳就上告人與被上告人因承繼及遺產涉訟一案所為第二審判決聲明上告經總

檢察廳檢察官王義檢陳述意見本院審理判決

如左

主文

本案上告駁回

上告審訟費應由上告人負担

理由

本院按前清現行律載尋常夭亡未婚之人不得

概為立後若獨子夭亡而族中實無昭穆相當可

為其父立繼者亦准為未婚之子立繼等語是除

獨子夭亡族中寔無昭穆相當可為其父立繼者

添塗壹字

外凡夭亡未婚之人概不許逕為立後律意至為明顯本案宋功煥之子名景係在十二歲時未婚夭亡為不爭之事寔而族中現有被上告人宋名衡承繼功煥昭穆相當是宋姓族中並非有寔無昭穆相當可為功煥立繼之情形依律自不得逕以上告人宋名濬之子顯發承繼夭亡之名景故無論顯發曾否確經親族會議之擇立要難認為適法即兩審之予以否認委無不當茲上告人及參加人之主張雖謂(一)本族譜有至十歲亡者准許立嗣之規定名景既已十二歲自可為之立

後(二)功煥故後已由其子名景承繼一切權利義務事關四年茲名景身故自當為名景立嗣不能捨名景而重為功煥立嗣(三)宋名衡與功煥有嫌隙且係不賢無繼續香祀誠心無維持遺產能力(四)除名衡不能承繼外其他族人昭穆相當可為功煥立繼者均不願繼自可為夭亡之名景立繼云云以為不服本院查(一)關於承繼之法律係有强行法之性質即不容與相牴觸之族規之存在令姑無論宋姓族譜有無至十歲亡者准許立嗣規定前清現行律既明載尋常未婚夭亡之子不

添乙字

得概為立後則此項與相牴觸之族規顯難認為有效即上告人及參加人藉此以為不服殊非正當(二)至功煥身故當時雖有親生之子名景可承其後但名景旋又夭亡即仍應依律為功煥立嗣何得因功煥身故在先即欲違律為尋常未婚夭亡之子立後(三)被上告人宋名衡前與上告人宋景新涉訟因景新即係名景之監護人故名景到案有名衡不好之語究不足為名衡與功煥父子有嫌隙之左証至謂名衡與功煥夫婦積有仇怨一節雖有功煥之女鄧宋氏為証然鄧宋氏之証言

既經原審依事寔審之職權衡情予以否認自無不合詎容更以同一空言以為不服又按法定順位名衡分屬應繼上告人及參加人能否因其不賢即據為拒絕承繼之理由已有疑問況所謂不賢又毫無寔據徒因名衡與功煥之婿鄧必友夥開功煥所遺之洪泰店各懷意見即行閉歇遂指為不賢亦非有據(四)名衡親等最近分屬應繼依上開說明又無嫌隙等應行喪失應繼權之原因即非族中寔無昭穆相當可為功煥立後之人是顯發之承繼寔非適法故上告人及參加人關於

添塗壹字

此點之論旨絕非有理由至被上告人宋名衡曾否由親族會議擇立為功煥之嗣亦為兩造之所訟爭經原審查據族人宋廣甫宋崑生宋敦吉宋尔言宋七獻宋敬心宋毅如宋功友宋學虎宋敦吉宋七春宋邦榮宋名才宋威逵宋繼郊等人之供狀認定確已經親族會議之擇立自屬有據雖據上告人及參加人主張宋敬心宋七獻宋七春宋毅如宋邦榮宋瑞堂宋學虎宋尔言宋威逵等人係由被上告人揑名投遞不足為據而宋廣甫宋崑生宋名才宋繼郊宋功友宋敦吉等人均係

同姓不宗不能認為親族會議之會員云云以為不服本院查第一審訴訟記錄宋敬心等最先遞狀已聲明族衆公議擇立名衡（見六年十一月十三日狀）雖旋又遞狀聲明盜名揑遞（見同年十一月十七日狀）其前狀是否屬寔固難遽予憑信然嗣後當庭傳訊除上告人指攻為同姓不宗各人外即宋毅如宋學虎宋威遠等人亦均明白供稱應由名衡承繼（見六年十二月十一日供）是名衡之承繼功煥寔已定於當時之族議縱令當時族議參加人等有未經到場或表示異議之人而其

所立既係按照法定順位即審判衙門自可逕予認定詎容族人之憑空爭執若謂宋崑生等係同姓不宗一節查在第一審當庭對質並無此項攻擊其後空言主張自不足信故關於此點之各論旨亦非有理由又被上告人宋名衡既經判認承繼功煥則上告人宋景新自應將功煥遺產悉数點交名衡承管詎容空言爭執以圖狡賴至第一審判令提田二十畝撥歸名濬之子之部分毫無法律上之根據原審予以撤銷委係允當亦難藉口當時其子出繼用度甚鉅云云以為不服故此

點上告意旨尤屬非是

據以上論結應即將本案上告駁回又依現行訟費則例上告審訟費應由上告人負担至本案上告要旨係關於法律上之論爭核與本院現行書面審理事例相符故即用書面審理行之特為判決如右

中華民國七年八月十六日

大理院民事第二庭

審判長推事李祖虞

推事許卓然

推事孫鞏圻

推事曹祖蕃

推事胡錫安

大理院書記官鄔繼準

【大理院民事判決】七年上字第一二二二號

【判例要旨】

按現行律於僧道娶妻雖有明文禁止，而於為僧道後，其俗家可否為之立後一層，並無何項規定。又按承繼之開始，本不限於死亡，如被承繼人之行跡長久不明，或於法律上得認為脫離家族關係時，除有特別法令外，均應認為開始承繼之事由，所有被承繼人之權義關係當然開始承繼，而出家為僧即為法律上脫離家族關係之一原因，其俗家之得為立繼，自係條理上當然之結果。

七十六
十二月十三日
徐敬

大理院民事判決七年上字第一二三二號

判決

上告人 鄭衍鑫 年三十四歲安徽懷甯縣人住高樓保

鄭本初 年未詳籍貫住址同上

鄭立都 年未詳籍貫住址同上

鄭承烺 年四十歲籍貫同上

鄭廷振 年三十九歲籍貫同上

鄭本泗 年二十八歲籍貫同上

鄭興隆 年三十五歲籍貫同上

鄭德剛 年三十四歲籍貫同上

鄭東山籍貫仝上

鄭本焰仝上

鄭因楷仝上

鄭壽廷仝上

被上告人

鄭桂馨年五十一歲籍貫仝上

鄭余氏年二十九歲籍貫仝上

右上告人等對於中華民國七年三月二十九日安徽高等審判廳就上告人等與被上告人等因入譜涉訟一案所為第二審判決聲明上告經總檢察廳檢察官戚運機陳述意見本院審理判決如左

主文

本案上告駁回

上告審訟費由上告人等負担

理由

查本案上告人等主張鄭本富不應立嗣其所立嗣子立邦即不便入譜各節無非以本富曾已出家為僧為其惟一之論據惟按現行法制對於僧道娶妻雖有明文禁止而於為僧道後其俗家可否為之立後一層並無何項規定再按民事法例承繼之開始本不限於死亡如被承繼之行踪長久不明或於法

塗乙字

塗乙字

律上得認為脫離家族關係時除有特別法例外均應認為開始承繼之事由所有被承繼人之權義關係當然由其承繼人開始承繼而出家為僧即為法律上脫離家族關係之一原因其俗家之得為立繼自係條理上當然之結果無庸滋疑查核原卷本案鄭本富是否為僧兩造互有爭執然依上開說明本富即令為僧亦應於其出家之時（即脫離家族關係時）認為承繼開始之時期無論現在是否死亡有立繼權人代為定繼要不得謂為不當上告人等主張本富係屬僧人俗家不應立繼一節已非正當

況查原審筆錄審判長問上告人等鄭本富在何處爲僧能否指出據答稱我們不能指出等語（七年三月二十八日供）其所稱鄭本富之譜稿係由被上告人親姪鄭鴻飛繕出交由伊房鄭因楷查閱付梓竣後轉給鄭鴻飛領去一節又與在原審之供述不符則其主張不實已可概見（上告人等於七年三月二十八日在原審供承被上告人來稿以本受子過繼本富非如譜上現刻所載等語茲在本審對於該筆錄縱有攻擊然查該筆錄上上告人等業已署名簽押其所稱自難徵信）而被上告人等所稱當日刻有

紅譜於本富名下載明以立邦為嗣並無出為僧人字樣等情復經原審查明該紅譜確與上告人等所呈宗譜字體篇幅均屬相符証人余炳坤在第一審又供証上告人等確有翻板削繼情事(見七年一月二十二日筆錄)尤足見被上告人等主張本富并未出家尚非無據原判據以認定鄭本富並非僧人上告人等故意改譜阻繼均無不當上告意旨主張各節均不能認為有理由

據以上論結本案上告為無理由應予駁回并依現行訟費則例上告審訟費由上告人等負担又本案

上告係以空言攻擊原審認定事實之不當與關於法律上之見解終應駁回茲核與現行書面審理之例相符故即以書面審理行之特為判決如右

中華民國七年十二月十六日

大理院民事第三庭

審判長推事

推事 李懷亮

推事 張康培

推事 林鼎章

推事　劉含章

大理院書記官　徐毅

第二章　宗祧之承繼

第一節　總則

【大理院民事判決】　七年上字第七八三號

【判例要旨】

成年之子如係小宗而未成婚者，與有守志之婦必須立嗣者究有不同，如果其直系尊親尚有別子可以承繼宗祧，已經表示不為其小宗未婚立子嗣之意思者，則嗣後族人不得強為立嗣，希圖承繼其應分之遺產。

中華民國七年七月三日
判決宣告
中華民國七年七月五日
原本領收
書記官 徐敬

大理院民事判決七年上字第七八三號

判決

上告人張義良 河南輝縣人年三十六歲住三元店

張義臣 年三十一歲餘均同上

被上告人張金書 年四十八歲籍貫同上住石門口

右上告人對於中華民國六年十二月十三日河南高等審判廳就上告人等與被上告人因繼嗣及遺產涉訟一案所為第二審判決聲明上告經總檢察廳檢察官戚運機陳述意見本院審理判決如左

塗添各乙字

判決　大理院

主文

原判及第一審原判決均予撤銷

被上告人之請求駁回

各級審訟費應由被上告人負担

理由

本院按現行律所載尋常夭亡未婚之人不得概為立後係指夭亡而又未婚者而言如果成年之後（現行律以十六歲為成年）始行死亡則縱使尚未成婚亦不在不得立後之列惟既未成婚則與有守志之婦必須立嗣者究有不同　如果其直系尊親尚有別

添書字

子可以承繼宗祧已經表示不為其未婚之子立嗣之意思而又事越多年者則嗣後族人不得強為立嗣希圖承繼其應分之遺產檢閱訴訟記錄本案上告人等既謂福慶係十七歲亡故按照上開法例已非尋常夭亡未婚之人法固得為之立後上告人等斷斷以福慶為夭亡未婚不得立後為爭執之理由雖不免誤會惟查上告人等稱伯祖福保三叔祖福慶均係夭亡未婚繼曾祖母郭氏不許為伊等立嗣有族長張福申可証其後產業亦係福同福善兩房均分等語張福申到案供稱當我叔父去世時繼嬸

母郭氏將業按福同福慶福善三門均分後福慶死了又將福慶之業按份分了若欲與之立嗣即不分了等語（見六年十二月十日原審筆錄）被上告人雖指張福申為非家長然查被上告人在原審所遞辯訴狀稱光緒三十二年族人張福申為民祖墳立碑等語則其証言已非不可採用況被上告人於六年九月十九日第一審時供稱小的叔父張福慶早已病故沒有兒子未上堂穴遺有田產張福同合張福善（被上告人之父）均分等語又於六年十二月十日在原審供稱福慶係在咸豐年間死的等語是福慶

亡故之時其母郭氏尚在既已將其遺產由福同福善兩房均分並未將福慶名下應分之產另為保留即據被上告人所呈分書僅批日後兩分產業無論增減二分均分字樣亦無福慶應立嗣之語則郭氏在日因尚有福同福善兩子不欲復為其未婚之子福慶立嗣其意思已極明顯且福慶亡故既在咸豐年間如果欲為立嗣豈有遲至五十餘年迄未擇立之理上告人之主張自屬信而有徵由是而論福慶雖非尋常夭亡其母郭氏當日既不欲為之立嗣迄今事越多年被上告人何得忽為主張立嗣希圖承

判決月氏

繼其名下應分之產第一第二審原判遽准被上告人之請求令其入繼福慶於法殊有未合上告意旨不得謂為無理由

據以上論結本案上告認為有理由應將原判撤銷即予改判又按現行訟費則例訴訟費用應由被上告人負担至本案上告係關於法律上之見解終應撤銷改判之件核與本院現行書面審理事例相符故即依書面審理之特為判決如右

中華民國七年七月三日

大理院民事第三庭

審判長推事 陸鴻儀

推事 許卓然

推事 孫鞏圻

推事 陳爾錫

推事 胡錫安

大理院書記官 徐敬

判決用紙

第二節　宗祧承繼人

【大理院民事判決】　四年上字第一四八號

【判例要旨】

擇繼之權自可由被承繼人逕自行使，若被承繼人已故，由其守志之婦憑族長行使，若夫婦均亡，而無直系尊親屬，則由親族會議共同行使。如親族協議未成，則可由審判衙門以裁判定之。

中華民國四年二月十八日判決宣告

中華民國四年四月廿三日原本領收

書記錢承[illegible]

大理院民事判決四年上字第一四八號

判決

上告人 高日太 吉林雙城縣人年三十三歲業農

高日海 籍貫職業同上年三十歲

右代理人 楊學源 律師

被上告人 高春祿 吉林雙城縣人高日永之孫餘不詳

高李氏 吉林雙城縣人年三十九歲高文清之妻

右代理人 劉肇洵 律師

右上告人等對於中華民國三年六月十七日吉林高等審判廳就該上告人等與高春祿因承繼涉訟

添壹字

判決用紙

大理院

一案所爲第二審判決聲明上告經總檢察廳檢察官熊兆周陳述意見本院審理判決如左

主文

本案上告駁回

上告審訟費由上告人等負担

理由

上告意旨畧稱查本案事寔毫無爭議其研究之點全係法律上問題查第二審判決其違法之點有二㈠違反旗族之特別章程也前清時代旗人負有當兵之義務故每丁一名給予

丁地以資餬口而丁又分正丁幫丁旗署向章若正丁缺嗣絕户將幫丁挨丁揀丁以本旗人為限若非絕户有寡婦在時准其擇賢擇愛不以本旗人為限惟須呈由旗署允許並取具本旗族中並無纏攪糾葛甘結而後可覩民國三年三月三日雙城縣旗務分處覆雙城縣函可以瞭然本案烏金保一支即上告人等本支為正白旗什往一支為正藍旗以偶旗而論春祿為旗族章程所限制當然無承繼之資格又何待言且不僅隔旗已耳又有隔支之關係該廳判令以春祿為嗣置旗

判決用紙　大理院

族向章於不顧是違反特別法之規定其對於法律之適用已欠允洽乃該廳原判引高日令承繼高安為詞不知高日令承繼高安乃高安死後寡婦高温氏自行擇賢擇愛立為嗣子經旗署允許與旗族向章亦屬相符非絕户可比又安得援以為例耶此不服原判之理由一也(二)違反繼續有效之前清律也查前清律載無子者許令昭穆相當之姪承繼先儘同父周親次及大功小功緦麻如俱無方許擇立遠房及同姓為嗣此種規定係規定立嗣先儘近親也又云子婚而故婦能孀

守已聘未娶媳能以女身守志及已婚而故婦雖未能孀守但所故之人業已成立或子雖未娶而因出兵陣亡者俱為其子立繼若支屬內寔無昭穆相當為其子立後之人而其父又無別子者應為其父立繼待生孫以嗣應為立後之子此種規定雖以為子立繼為常例然以支屬內有無昭穆相當之人為標準若支屬內寔無昭穆相當為其子立後之人當然應為其父立繼待生孫以嗣立為立後之子條文已屬瞭然本案烏金保本支寔無昭穆相當為文玉立後之人高日令又無別子律以立繼

添壹字

先儘近親之義春祿以隔支之故當然無承繼資格律以應為父立繼之義本支內既無為文玉立繼之人永魁為日令嗣子寔與法相合況文玉等之死由於疾疫非有出兵陣亡種種條件何得以當為文玉立繼為理由耶此不服原判之理由二也應請撤銷原判改判云云

答辯意旨畧稱(一)該上告人謂違反旗族特別章程也其詞曰前清時代旗人負有當兵義務故每丁一名給予丁地以資餬口若正丁缺嗣絕戶將幫丁挨丁揀丁以本旗人為限若非絕戶有

塗壹字
塗壹字

寡婦在時准其擇賢擇愛不以本旗為限須呈由
旗署允許並取具本旗中並無纏攪糾葛甘結
而後可云云旗人丁地有幫丁正丁誠如該上告人
所云惟舉挨丁揀丁一層顧乃斷章取義措辭
雖狡豈遂能逃秦鑑鏡耶夫向章所謂挨丁者如
兄為正丁弟為幫丁兄死之後無相當承繼人亦
以幫丁繼正丁是謂挨丁所謂揀丁者如一丁既
死遠近支皆絕無相當承繼人亦無可挨丁者另
由旗署揀異姓頂丁是謂揀丁故挨丁不越支揀
丁不越旗雖令高日令祖孫父子相繼甃命然遠

近支庶甚衆不惟揀丁之法絕對無效即挨丁之法亦且不適用何故蓋既有宗親則無須異姓宗親內若有相當承繼人亦無須挨丁以亂昭穆也故揀丁挨丁同是濟承繼之窮而為一種財產處分之特別法不能認為嗣續否則與清律異姓亂宗昭穆紊亂處罰之條不幾衝突乎今上告人強欲以斷章取義之例外挨丁拒絕中國千古不易之昭穆承繼法自滋誤會(二)該上告人謂違反繼續有效之前清律也其詞曰清律載無子者許令昭穆相當之姪承繼先儘同父周親次及大功小功緦麻如俱無

方許擇立遠房及同姓為嗣又云子婚而故婦能孀守已聘未娶媳能女身守志及已聘而故婦雖未能孀守但所故之人業成立或子雖未娶而因出兵陣亡者俱為其子立繼若支屬內寔無昭穆相當之人而其父又無別子者應為其父立繼待生孫以嗣應為立後之子云云揆立法本意待生孫者係指父在子故者而言今高日令先故文玉後死此條已不適用自應適用前半規定而高日太之子為文玉之功服弟不能為相當承繼人自應次及遠枝春祿為文玉之緦麻服姪枝。派亦近又非獨長子且經親族會議決雙城

考法用紙　力理四

府判認定尚何異議至於隔旗一層係指挨丁揀丁者而言前已詳述是其第二理由亦不能成立應請駁回上告云云

總檢察廳檢察官對於本案之意見稱查現行律例載無子者許令同宗昭穆相當之姪承繼先儘同父周親次及大功小功緦麻如俱無方許擇立遠房及同姓為嗣若立嗣之後卻生子其家產與原立子均分等語本案文玉既鮮近親春祿以緦麻服姪承繼自係正當原審判令春祿為文玉嗣子並令所遺正丁歸春祿註冊頂補並無不合所有上告不

能認有理由等語

本案據兩造不爭之高氏統系表及原審合法認定事實依成亮生五子次曰什住三曰烏金保五曰六成戹烏金保生子二人長曰高安次曰高峯高峯生子三人長曰日太次曰日海日太有子曰長魁高安無子立六成戹子高俊次子日令為嗣日令生子三人長曰文玉次曰文魁三曰文祥文玉生子曰慶武前清宣統三年春因地方患疫高日令全家疾亡其族人高俊長子高日申之子高文清議立什住之玄孫春祿為高文玉後嗣

光緒月給　丁玉臣

高日太高日海則議以高日太之子永魁為日
令嗣子待永魁生子以嗣文玉同時上告人高日
海稟報旗署請將高日今所遺正丁一缺由高
日太頂補兩造遂致涉訟原審以高文玉捿照
前清現行律應為其立後之人高春祿之父
文閣與文玉同為依成亮之玄孫則支屬內既
有昭穆相當之人可為文玉繼嗣即與律載所
故之人無嗣可立應為其父立繼者有異至旗
制挨丁及揀丁辦法係為正丁無後時而設若
正丁有子繼承即不生挨補揀選問題尤與本

洛重字

案無涉遂斷令以被上告人高春祿為文玉嗣子高日令所遺正丁歸被上告人呈報頂補現上告人等上告意旨謂旗署向章若正丁缺嗣絕户將幫丁挨丁揀丁（原文）以本旗為限若非絕户准守志之婦擇繼補丁不以本旗為限惟須取具同旗族人切結得旗署許可立被上告人高春祿為嗣既未經高文玉之妻行使擇繼權而高春祿又非本旗人顯與雙城旗署復文及旗民單行法不符云云本院民國二年八月二十四日雙城旗務參處復雙城縣文內稱高

日凌（即日令）故後據高日海聲稱伊姪高永魁有過繼日淩之說懇請更補永魁頂充本署以向章繼嗣先立過繼單然後由原丁經由本旗報明該管衙署核准方能更冊高日海所請與定章不符未予遽准等語其民國三年三月三日復該縣文又稱正丁缺嗣絕户由幫丁挨丁揀丁（原文）以本旗為限至被擇承繼之人不以本旗為限等語是據該旗署所述之旗章正丁應由承繼人補充至擇繼之權按照現時繼續有效之現行律條例自可由被承

添貳字

繼人徑自行使之若被承繼人已故由其守志之婦憑族長行使之若夫婦均已依照本院歷次判例得由其親族共同代為行使如已經親族協議未調自可由審判衙門以裁判定之檢閱訴訟記錄高氏親族因繼承之事協議未調請求裁判斷令以高春祿承繼高文玉為嗣至頂補正丁仍由高春祿按照旗章向該管旗署呈報其所斷於現行法例及旗民特別規例均無不合關於此點之上告意旨殊非正當上告意旨又謂為金保本支現無昭穆相當之人高日令

判決用紙　七　理　完

現亦已無別子且按照先儘近親之律意當然
不能為文玉立後云云本院按現行律載無子
立嗣先儘同父周親次及大功小功緦麻如俱
無方許擇立遠房及同姓為嗣又載其有子
婚而故婦能孀守及已婚而故婦雖未能孀
守但所故之人業已成立者俱應為其子立後
若支屬內實無昭穆相當之人而其父又無別
子者應為其父立繼待生孫以嗣應為立後之
子各等語查民國二年五月十四日雙城旗務分
處復雙城縣文稱高日凌全家疫沒日凌（即高

日途歿時年四十七歲其子文玉年二十八歲文玉妻闞氏年三十歲文玉子慶武年六歲等語是本案高文玉業已成立其妻又守志病終自係為應為其立後之人現時別無同父周親及大功小功近族可繼之人而高春祿則為文玉緦麻服之姪是被上告人高春祿既為其支屬內昭穆相當可繼之人原判斷令為嗣於現行法例並無違背本院自應仍予維持上告意旨殊難採用

據以上論斷本案上告為無理由應予駁回

判決[illegible]

大理院

判決原本　大理院

上告審訟費依本院現行則例應由上告人
等負擔又本件上告純屬實體法上之論爭按
照本院現行事例得為書面審理故本判
決即用書面審理特為判決如右

中華民國四年二月十一日

大理院民事第二庭

審判長推事　姚震

推事　林行規

推事　陸鴻儀

推事　許卓然

推事 朱學曾

大理院書記官 錢承愷

【大理院民事判決】 四年上字第二四三三號

【判例要旨】

無子守志之婦，固有為夫立嗣之權，惟依家務統於一尊之義，被承繼人如尚有直系尊親屬存在者，非得該尊親之同意，則該尊親自得主張撤銷。

中華民國四年十二月卅日
判決宣告
中華民國五年七月十四日
發交日期
書記官 黃楚楨

大理院民事判決四年上字第一四三三號

判決

上告人 王吳氏 新都縣人住成都鼓樓北三街年六十八歲

王樹聲 年四十八歲餘同上

被上告人 王樹矩 新都縣人住成都大墻後街年三十六歲

王澤仁 年二十四歲餘同上

右上告人等對於中華民國四年六月二十六日四川高等審判廳就上告人與被上告人等因立繼涉訟一案所為第二審判決聲明上告經總檢察廳檢察官張祥麟陳述意見本院審理判決如左

添壹字

判決用紙 大理院

主文

原判撤銷本案發還四川高等審判廳迅予更為審判

理由

本案上告人上告論旨可分為四點(一)上告人王樹聲弟樹屏之妻朱氏故時曾有遺囑以立嗣之權付託於上告人王樹聲而樹屏繼母王廖氏未得樹聲同意即立澤仁為樹屏嗣應屬無效(二)上告人王吳氏為樹屏之繼祖母則立嗣之權即應由王吳氏作主而不應由樹屏之繼母王廖氏擅專(三)樹屏同父之弟樹元既生有第四子澤澂則為樹屏立嗣自應立近支之澤澂而不應立遠族之澤仁(四)王廖氏王樹矩等立澤仁為樹

塗壹字
添壹字

屏嗣之時并不通知親支同族私立撫約背地請縣批示尤難有效等語本院按現行法例無子守志之婦固有為夫立嗣之權惟依家務統於一尊之義被承繼人如尚有直系尊親屬存在者非得該尊親之同意則該尊親自得主張撤銷若被承繼人及其守志之婦均已死亡則該直系尊親自有為其子立繼之權即非他人所得干涉此固本院認為至當迭經著為判例者也本案已故王樹屏之妻王朱氏既為王廖氏之媳苟未得王廖氏同意自無專擅立嗣之權又何能以遺囑將專擅立嗣之權委託於上告人是無論該遺囑果否真實既經王朱氏反對上告人即無主張立嗣有效之餘地上告論旨第一點固難

塗壹字

成立惟上告人王吳氏如果為樹屏之繼祖母則樹屏之繼母王廖氏為樹屏立嗣之時依上開家務統於一尊之法例自亦不能不得王吳氏之同意然核閱訴訟記錄前清宣統二年十一月新都縣將王樹矩訴王廷模一案訊斷情形錄覆四川高等審判廳詳文內稱前署縣鄧令於光緒三十四年七月因王廖氏訴王樹元并王吳氏續呈案內曾經集訊認王吳氏為王廖氏庶姑等語當時王吳氏并無不服即民國三年四月該縣呈高等檢察廳文內亦稱復查王吳氏為已故王樹屏庶祖母等語乃何以原審竟認該上告人王吳氏為樹屏之繼祖母似此嫡庶名分所關亦即為立嗣同意權存否之根據原審未

經釋明自有未合上告論旨第二點即不得謂無理由復按現行律例無子立嗣固應以服族之親疏遠近為準然立繼之人本得於昭穆相當親族內擇賢擇愛聽從其便且所立之人親等雖遠而一經合法立定之後則雖親等較近之房亦斷不得再行告爭本案王樹屏及其妻王朱氏既均死亡則樹屏之繼母王廖氏當然有依法為子擇繼之權該氏既以澤仁為賢愛而擇立為樹屏嗣子即無不合無論當時澤澂已未出生均不得謂澤仁為不應承繼上告論旨第三點亦非有理復按現行律立嫡子違法條例所稱守志之婦應憑族長立嗣係謂立嗣之時應以族長為憑証之謂并非以得族長同意為立嗣

塗壹字

之要件故雖無族長到場而有他項証憑足証明立嗣屬寔者如無其他不合法原因即不得以族長未經到場謂為無效至其餘族人之到場與否尤於立嗣之效力無涉上告論旨第四點以王廖氏未經通知親支同族謂為無效不能認有理由

據以上論結本案告尚非全無理由應將原判撤銷發還四川高等審判廳迅予更為審判訴訟費用應由原廳於更為審判時并予判決至本件上告係因原廳於職權上應盡能事尚有未盡終應發還更審之件故依本院現行事例以書面審理行之特為判決如右

中華民國四年十二月三十日

大理院民事第一庭

審判長推事　姚震

推事　朱學曾

推事　石志泉

推事　曹祖蕃

推事　林鼎章

大理院書記官　黃懋楨

【大理院民事判決】

六年上字第一三八三號

【判例要旨】

現行律被承繼人亡故之後，如有守志之婦，其立繼之權自在守志之婦，惟其直系尊屬，苟因不忍其子之無後，指定某人入繼，立有遺囑，而守志之婦亦已表示同意者，則自應認該遺囑為有效。

中華民國六年十二月十九日判決宣示
中華民國七年〇月十九日原本領收
書記官錢承模

大理院民事判決六年上字第一三八三號

判決

上告人 胡蕭氏 年三十二歲湖南甯鄉縣人原住三都八區現寓省城富雅里陋園高軒寄舍

代理人 徐光模 律師

被上告人 胡壽春 年四十二歲湖南甯鄉縣人住三都八區業農

胡憲章 年十八歲業儒籍貫住址同上

代理人 馬續常 律師

張文範 律師

右上告人對於中華民國六年七月五日湖南高等審判廳就上告人與被上告人等因承繼涉訟一案所為

判決用紙

判決用紙　大理院

第二審判決聲明一部上告經総檢察廳檢察官李杭文陳述意見本院審理判決如左

主文

本案上告駁回

上告審訟費由上告人負担

理由

上告意旨略稱(一)上告人翁果將憲章立為上告人後何以不於光緒三十四年分家時憑族衆立約何以必與壽春分居析產上告人翁所立遺囑又何以不交上告人而反交與壽春收執又遺囑字跡何以與分關不

符凡此各點均足証明遺囑寔屬偽造原廳於証物未為合法認定不服一(二)上告人翁原生三子長小春既已早殤則壽春應以次子為嫡子依中國經訓凡大宗不可無後今壽春除憲章外并無他子乃舍大宗而継小宗有背古人之経訓不服二(三)查鈞院判例守志之婦合承夫分有自主立継之權又族長或其他親族不得守志婦之同意而逕為其夫立継者其所立之嗣非経守志婦之合法追認於法當然不生效力今原廳以判決强制守志之婦追認與上開判例有背不服三(四)查鈞院判例承継事寔雖経認定屬寔然因承継人與

被承繼人不相得亦准依法廢繼本案被上告人憲於民國元年偕其父壽春阻止收租縱令未達成年而現在口出逆言誓殺上告人以為快豈得謂之相得乎不服四(五)查鈞院判例擇繼之權在守志之婦而以族長為憑証非謂族長即有代行立繼之權本案被上告人所主張之遺囑縱令確係真寔亦應因上告人之反對而失效況憲章之婚娶上告人均未到場則平日感情之惡可以想見有子而不能事親與無子何異不服五

(六)現行律載若應繼之人平日先有嫌隙則於昭穆相當親族內擇賢擇愛聽從其便本案上告人先翁因恐

塗四字
添三字

壽春欺壓上告人故於光緒三十四年將家產分析於分關內聲明二年內為上告人立繼憲章娶婦亦無上告人到場均可証明應繼之人平日與上告人已有嫌隙況上告人族中如憲章之昭穆相當者甚多經族衆証明而原審不認上告人有立繼權不服六等語

本院查現行法例被承繼人亡故之後如有守志之婦存在其立繼之權自在守志之婦惟其直系尊屬苟因不忍其子之無後指定某人入繼立有遺囑而守志之婦亦已表示同意者則依家務統於一尊之義該項遺囑自應認為有效至長支長子出繼或兼祧他支在現

判決用紙

添一字

行律上並無禁止之明文本案查據原卷被上告人胡壽春呈驗其父春華命憲章承繼上告人蕭氏之遺囑經原審與胡春華親筆所立之分關依法核對寔屬筆跡相符而上告人當時在場由胡厚元挑得金蓮帶同憲章送到上告人住所又經胡厚元及胡德華陳應吾等到庭供証無異（六年五月二十七日供）原審認定該遺囑屬寔並經上告人同意於法毫無不合茲乃猶以同一空言聲明上告殊難認為有理由至主張廢繼一節查繼續有效之現行律載繼子不得於所後之親聽其告官別立係為維持家室之和平使確有具体之事

寔致所後之親不能相得即依常情論斷然不復能與之相安者准所後之親告官廢繼別立此本院信為至當之解釋曾經著為先例者也本案上告人主張被上告人胡憲章應行廢繼之原因雖曾聲明該被上告人有阻止收租及口出逆言之事寔然迄不能提出何種之証據以為証明僅以空言爭執自屬無從徵信上告意旨關於此點亦難認為有理由

據以上論結本案上告為無理由應予駁回并依現行訟費則例令上告人負担上告審訟費又本案上告係以空言攻擊原判無法律上正當理由終應駁回之件

判決用紙　　大理院

核與現行書面審理之事例相符，故即依書面審理特

為判決如右。

中華民國八年十二月十七日

大理院民事第二庭

審判長推事　姚震

推事　李懷亮

推事　曹祖蕃

推事　張康培

推事　劉鍾英

大理院書記官　錢承愷

【大理院民事判決】　七年上字第三三九號

【判例要旨】

現行律廢繼須經告官程序之規定，係指繼子不得於所後之親，由所後之親之一方主張廢繼而言，若雙方合意解除承繼關係者，即無經過告官程序之必要。

七の二日

判決宣告
中華民國七年の月十七日
第二類收
書記官 鄭耿光

塗一字

大理院民事判決判決七年上字第三三九號

判決

上告人賀虞 年四十七歲平縣人寓北京前門外内前紅井門牌一号

被上告人賀梁氏 年四十三歲平縣人寓濟南普利門外大成棧

賀巨生 年二十一歲餘同前

右開上告人對於中華民國六年八月十日山東高等審判聽就該上告人與被上告人因承繼涉訟一案所為第二審判決声明上告經總檢察廳檢察官李杭文陳述意見本院審理判決如左

判決〔民繼〕　　　　大理院

主文

原判撤銷

本案發還山東高等審判廳迅予更為審判

理由

查現行律廢繼須經告官程序之規定係指繼子不得於所後之親[illegible]由被承繼人一方主張廢繼而言若雙方合意解除承繼關係者則即無經過告官程序之必要本案上告人故夫賀慶係同胞弟兄分度多年賀慶娶妻趙氏無子復娶被上告人為妾生有一子數

南　塗六字，加四字

添四字

添四字

添三字

塗一字

月即天於光緒三十一年間憑親族人等過繼伊堂兄賀秉彝之子賀巨生為嗣立有繼单為兩造所不爭而應審究者即(一)繼單上之廢字是否係賀慶所批(二)如係賀慶所批則廢繼是否係賀慶一方之意思抑係雙方之意思是也関於第一點查閱訴訟記錄民國五年十月十八日被上告人賀巨生供稱小的哥哥賀喜於四月去要過繼单其時父親病重多疑將繼单寫上廢字又稱狀稱今年四月十日有張殿臣向身家索取身所奉祀繼母

判決用紙　　　大理院

趙氏木主身生父恐將木主收回向後並無出繼之憑當向伊追要繼单以為收執兩身之繼父病重氣盛因一時之怒亦未相商身之繼母梁氏並立繼人等自將繼单塗寫一廢字又十月二十一日被上告人賀梁氏狀稱繼子賀巨生之繼单既經氏夫親書廢字有否效果出自公裁各等語是繼单上之廢字係賀慶所批已為被上告人所自認茲被上告人復稱繼单上之廢字核與賀慶生前親書趙氏木主之筆迹不符自屬不合關於第二點查閱訴訟記錄

被上告人賀梁氏狀稱民國五年舊歷四月初旬氏夫病重時曾向賀秉彝家索取趙氏木主賀秉彝當恐將趙氏木主奉交後遂無伊子出繼之憑証故向氏家追索繼單氏夫當病勢增劇即由氏取出繼單由張殿臣代為交付等語被上告人賀巨生亦有同一之狀述查賀虔向賀秉彝索取趙氏木主賀秉彝向賀虔索取繼單之行為似非絕無原因究竟此種行為是否兩造有合意廢繼之意思原審為釋明事實關係自應予以審究說明

改一字

半行月紬　大理院

又賀慶將繼单批廢後賀巨生是否仍與賀慶夫
婦同居抑即回本生父家且據被上告人賀梁
氏称氏夫在時曾函囑巨生好好學習生意並
託同義興舖長刁永祥捎去衣色當有巨生自
韓郵寄覆函是巨生並無不得於其繼父之行
為等語查閱被上告人呈案之信其書面一書
利泰永寶號一書利泰永寶號祈面交賀梧崗
（即賀巨生）平安家信等樣既係覆其繼父之
信何以不書其繼父之名究竟該信是否真寔
不能毫無疑義凡此諸点與巨生有無廢繼不

塗一字改一字

塗一字

塗十字 改一字

改一字

無關係原審為不厭求詳亦應予以審究如審
究之結果賀慶向賀秉彝索取趙氏木主賀秉
彝向賀慶索取繼单之行為確有合意廢繼之
意思及賀慶將繼单扯毀後已生即回本生父
家則此項廢繼即無須親族為之証明原審於
廢繼未置問僅謂若係雙方合意必經親族為
之証明方能取消前議質之族証皆當時立繼
在場之人均稱並不知情其非合意廢繼可知
於職權上應盡能事有所未盡而於法律上
之見解亦有誤會故本案應認為有發還更

塗一字 添二字

塗二字 添二十四字

塗九字

塗十一字

判決用紙

審之原因並關於賀慶遺產一案查原審漏未裁判茲本案既經發還更審自可請求併予

裁判

據上論結本案上告不能認為全無理由應將原判撤銷發還原高等審判廳迅予更為審判至本案上告係原審於職權上應盡能事未能畢盡而於法律上見解亦有錯誤會終應發還更審之件故本判決依本院現行事例以書面審理行之特為判決如右

中華民國[illegible]

大理院

大理院民事第二庭

審判長推事　余棨昌

推事　胡詒穀

推事　高种

推事　李棟

推事　[illegible]

大理院書記官　鄭耿光

【大理院民事判決】七年上字第一二六三號

【判例要旨】

無承繼權人雖不能對於他人之承繼輒行相爭，但事實上有無嗣子之身分，凡有利害關係之人，均得爭執，並不以有承繼權人為限。

中華民國七年十月二十五日判決宣告
中華民國七年十一月二十日原本領收
書記官 陳爍奎

大理院民事判決七年上字第一千七百六十三號

判決

上告人 鍾閔林 浙江新登縣人住潭山莊年三十一歲

被上告人即附帶上告人 鍾耀德 籍貫同上住折桂鄉年五十歲

右上告人對於中華民國七年四月十九日浙江高等審判廳就上告人與被上告人因身分及祭田涉訟一案所為第二審判決聲明一部上告被上告人亦聲明一部附帶上告經總檢察廳檢察官戚運機陳述意見本院審理判決如左

主文

判決用紙 大理院

添乙字

原判除確認鍾世田所輪值之太順公祭祀應仍歸被上告人承管之部分外撤銷發還浙江高等審判廳迅予更為審判上告人關於上開除外部分之上告駁回

理由

本案兩造之訟爭原關於身分及祭田兩項茲先就祭田之訟爭審究之檢閱譜記錄太順公名下祭祀自前清同治十一年以來即分六班輪值鍾世田為第五班嗣後世田無子身故即歸被上告人父子承管至今有祭簿可憑當時上告人之父

順朝尚存亦無異議並非被上告人父子欺上告人年幼恃强霸管是世田所輪值之太順公祭祀早經族議改歸被上告人承管上告人又何得空言謂原應由伊父與被上告人同管乃為被上告人强霸云云以冀聳聽又查上告人所呈世系圖內載太順（即方來）原非立賢派下之人在同治年間世田以立賢派下之後人輪值該祭祀寔因當時乱後族人稀少故其輪值之權利絕不能認為立賢派下後人所共有縱令上告人確經族議承繼世元已為立賢派下之後人亦難據以告爭世田

改弍字
添乙字

所專屬之權利至被上告人父子曾否出費安葬
世田雖為兩造之所爭執但世田所輪值之太順
公祭祀既早經族議改歸被上告人承管又非立
賢派下子孫共有之權利則原審判令仍由被上
告人承管於法並無不合被上告人主張伊父子
出費安葬世田不過說明當時族議所以改歸承
管之緣由自可毋庸予以深究詎得就此嘵嘵爭
辯以為不服故上告人此項上告絕非有理由惟
關於官通建恭兩公之祭田檢閱第一審訴訟記
錄據上告人供稱民是立賢公派下子孫三股祭

田通融點不能的等語(見六年十二月十日供)是
上告人明在第一審關於官通建恭兩公之祭田
亦有請求乃原審誤認本案訟爭係以太順公祭
田為限遽將第一審判決關於官通建恭兩公祭
田之部分予以撤銷顯屬不當自應予以發還更
審又本案上告人是否為世元嗣子係關於身分
之訟爭原與承繼之訟爭有別故無承繼權人雖
不能對於他人之承繼輒行告爭但事實上未經
承繼之人自稱其有嗣子之身分者凡有利害關
係之人均得加以否認並不以有承繼權人為限

判決原紙　　大理院

今上告人主張其為世元嗣子僅以族議並宗譜為憑而被上告人則謂其未經族議私載宗譜以否認其身分依法自當就此予以審究原審乃謂未經承繼權人出爭以前應認上告人之承繼為有效殊嫌未當又查訴訟記錄原審審判長問閔林是否承繼世元名下被上告人僅答稱他是兼祧世元等語（見七年三月三十日供）並未明白表示不爭之意思且嗣後其訴訟代理人亦仍主張上告人無嗣子之身分（見七年四月十六日供）則原審認為被上告人不

爭亦屬誤會茲既據被上告人関于身分之訟
爭在上告審仍表示爭執之意思自應認為
亦有附帶上告併予發還更審
據以上論結應將原判一部撤銷發還原高
等審判廳迅予更為審判並將上告人上告
之一部駁回至本案係因原判於適用訴訟
法則尚有未當而上告之一部亦非有
法律上理由終應分別駁回發還上告及發
還更審之件核與本院現行書面審理事
例相符即用書面審理行之特為判決如右

塗式字

塗貳字

判決原紙　　大理院

中華民國十年十月二十五日

大理院民事第二庭

審判長推事　李祖虞

推事　許卓然

推事　孫鞏圻

推事　曹祖蕃

推事　胡錫安

大理院書記官　陳燦奎

【大理院民事判決】

八年上字第二三四號

【判例要旨】

獨子出繼之慣例，因法律既另有明文，自不得援引。

中華民國八年三月八日
判決宣告
中華民國八年三月十四日
原本領收
書記官 徐□

添字

添一字

添一字

大理院民事判決八年上字第二三號

判決

上告人 洪品元 浙江淳安縣人住港鎮年三十五歲

被上告人即附帶上告人 洪江春 籍貫住所同前年二十八歲

右上告人對於中華民國七年七月二十三日浙江高等審判廳就上告人與被上告人因承繼涉訟一案所為第二審判決聲明上告被上告人亦聲明附帶上告經總檢察廳檢察官李杭文陳述意見本院審理判決如左

主文

添六字

男……夫琵

原判撤銷本案被上告人之請求及附帶上告均予

駁回

各級審訟費由被上告人負担

理由

本院按异姓亂宗之限制無非為尊重血統保護同宗起見故違反此等規定亦惟同宗中之有承繼權者始得告爭否則審判衙門不能以違背强行法規之故遽為過當之干涉本院判決就此迭有先例本案被上告人為原告謂其服伯世甲有子春喜之嗣被上告人之子順炎原屬昭穆相當之姪故該族草

譜即係順炎入繼詎有世甲外甥朱石燕以其胞弟品元即上
告人入繼世甲之弟世由之故豔貪世甲遺產強將順炎
塗改以伊子朱有堂承繼因指為妨害順炎之繼權據起
訴狀則欲解決此項訟爭自以先行審究順炎有無合法之
承繼權為準查閱訴訟筆錄上告人在原審供稱我有一個
兒子即是順炎比我大輩也沒有小輩也沒有云云可見順
炎寔係獨子依獨子除兼祧外不得過繼他房之法例順
炎自不能出繼春喜為嗣而欲以之兼祧則據民國七年
二月十八日被上告人供稱春喜是民堂兄弟是與同父周
親之條件亦不相合則並無合法之承繼權已極明顯即謂

加墨

該族向有獨子出繼之慣例然亦必法律無明文者始從習
慣既有明文自不得援慣例自解原判乃以此項理由認
順炎有承繼權殊難謂為正當順炎既無承繼之權按
諸前示法例關於宗祧承繼即無被上告人告爭之餘地
而春嘉名下之產業被上告人又並未証明有保管之責
故是否[illegible]抑由共有其房屋是否借居均非被上
告人所能干涉已毋庸更予審究至所請剷除上告
人洪姓字樣判回姓朱各節係關於刊載譜牒之爭執
固不得謂被上告人無告爭之權惟異姓子之入譜在
現行法令既無禁止明文亦未據稱該族有不准

异姓入譜之先例而經原審認定世由無子先抱其甥朱會元為嗣會元殤始又改抱上告人入繼茲答辯狀内並承認會元死已葺入光緒十二年草譜中可無庸議則且有反對之譜例在先欲獨於上告人剗除其姓不許登載已屬無據且被上告人此項主張無非為尊重血統起見不知根本剗除將年湮代遠無從考究反與血統不免有混淆之虞若於譜上註明原姓或用他項標識則既非法之所禁而亂宗之弊亦無自而生自可一任自由故被上告人此項請求不免誤會

判決用紙　大理院

據上論結應將原判及第一審判決撤銷本案被上告人之請求及附帶上告均予駁回並判令訴訟費用歸被上告人負担又本案上告係屬寔體法上之論爭依本院現行事例即以書面審理行之特為判決如右

中華民國八年三月八日

大理院民事第三庭

審判長推事 [illegible]

推事 陳爾錫

推事 張康培

推事　林鼎章

推事　劉鍾英

大理院書記官　徐敬

書記官唐[illegible]印

【大理院民事判決】

九年上字第一〇三號

【判例要旨】

媵妾雖無自行代家長立繼之權，若請憑親屬會為嫡子立繼，則非法所不許。

大理院民事判決九年上字第一〇三號

判決

上告人 謝林森 年四十一歲河南內鄉縣人住土界山保

被上告人 謝林蔚 年七十四歲餘同上

謝王氏 年六十七歲同上

謝名南 年四十七歲同上

右上告人對於中華民國八年六月五日河南第一高等審判分廳就上告人與被上告人等因承繼涉訟一案所為第二審判決聲明上告經總檢察廳檢察官徐煥陳述意見本院審理判決如左

主文

本案上告駁回

上告審訟費由上告人負担

理由

上告意旨約分三點㈠媵妾於家長正妻均故後若欲立繼僅能請憑親族會議為之主持無自行代夫擇繼之權被上告人謝王氏係已故謝應祥之側室被謝林蔚之慫恿揑稱已立被上告人謝召南為嗣孫其偽繼書所列親族謝有安等均已故之人而族長謝承玉等則未到場與議是其立繼之手續已不

合法㈡若謂名南係繼謝應祥之子謝害為嗣查謝害係屬夭亡不應立繼若直繼應祥是以孫禰祖昭穆失序亦不合法㈢上告人雖係獨子然與已故謝應祥誼屬同父周親具有兼祧條件即有告爭之權利原判對於召南違法之承繼雖不明認為有效致違法例乃對於上告人之告爭力加駁斥陰施消極之袒庇殊屬違法實難甘服等語

查滕妾雖無自行代家長立繼之權若憑親族會議主持代其嫡子立繼則非法所不許被上告人謝召南所呈承繼謝害為子之繼約係憑同親族多人公

判決用紙　　　　　　　　　　　　　　大理院

議擇立並有上告人之父謝應選署名畫押上告人雖不承認其父到場原審訊據列名繼約之公親李茂公（即李茂幼）屈永昌（上二人皆上告人在第一二審所舉之證人）馮文元等均稱為謝害立子曾經在場立有繼約屬實雖其列名之族人均已死亡無從質訊既不能證明係屬揑造則立繼手續並無不合法之可言謝召南既係繼承謝害即非以孫繼祖原判理由內雖以謝林蔚供稱謝害係同治四年生人而謝王氏供稱光緒三年到家謝害已死因認定謝害係屬夭亡然查原審記

塗六字 塗十八字 塗十六字 添乙字 塗乙字

錄並無謝王氏光緒三年到家之記載而李茂公屆永昌等均供稱謝害是二十歲死的原審認為夭亡有無錯誤尚屬疑問惟原判並未宣告其承繼無效禁止上告人雖聲明原判所引供詞錯誤而亦未附帶上告仍請求維持原判即無庸議惟按現行法律例承繼事件惟自已或自己直系卑屬依法有承繼之權而未經拋棄者始得告爭否則既無告爭之權則他人之承繼無論是否合法即非所當問查六年四月二十八日上告人在第一審初呈內稱「不料民嫡

判決用紙　大理院

孀馮氏去世獨遺民庶孀王氏(即被上告人謝
王氏)林蔚垂涎王氏遺產業竟假以孫禰祖名
義着其三子名南(即被上告人謝名南)與王氏
承繼民雖有子毫無爭競又同年九月三日供
稱「謝林蔚不通親族知道着他兒子謝名南强
覇二門祖王氏繼產與民人除地三十六畝纔
又邀同親族照三分劈分各等語是被上告人
謝名南承繼二門上告人明明早經表示不爭
即上告人於承繼權業已拋棄依前述法例上
告人縱有兼祧二門之資格既經拋棄即不能

塗乙字

再行告爭則無論召南之承繼謝害合法與否均非上告人所得過問第一審判決及原判釋明理由雖未盡妥洽而其所為駁回上告人之請求之判決並無不當上告各論旨均不能認為有理由

據以上論結本案上告為無理由應予駁回上告審訟費依本院訟費則例應由上告人負担至本案上告係依法律上見解終應駁回之件故依本院現行事例以書面審理行之特為判決如右

中華民國九年二月五日

大理院民事第一庭

審判長推事　余棨昌

推事　沈家彝

推事　劉鍾英

推事　鄭天錫

推事　徐觀

大理院書記官　張遂芟

【大理院民事判決】　十二年上字第三四八號

【判例要旨】

親屬會之組織，若比較最為切近之人業經到場與議，其所擇立之繼子，在同一親等之人並無何項反對，即非比較疏遠之人以未經到場與議之故所得藉詞推翻。

中華民國十二年三月十七日
判決
中華民國十二年三月廿日
原本領收
書記官錢承[illegible]

大理院民事第三審判決十二年上字第三四八號

判決

上訴人賀宗氏 住天津河北三馬路椿壽里一號

訴訟代理人宋兆升

右參加人宗俊琦

被上訴人宗楊氏 住任邱縣

訴訟代理人張恩錄

朱念典

右參加人宗文煜 住保陽旅館

宗景銘 同上

右兩造因承繼涉訟一案上訴人不服直隸高等審

判廳於中華民國十一年三月四日所為第二審判決
提起上訴被上訴人亦提起附帶上訴經總檢察廳檢
察官熊兆周陳述意見本院審理判決如左

主文

原判廢棄

本件發回原直隸高等審判廳更為審判

理由

本件宗俊觀無後經原審判令由宗姓開合法親屬
會就宗俊琦諸子中擇一人為俊觀立嗣上訴人以
前次親屬會已經議定以俊琦之子壽乾承繼被上
訴人為次支之孀婦無告爭之權原審乃以毫無關

塗一字

添一字
改一字

係之人妄行爭執即俯循其請將前議取銷是以不服被上訴人則謂俊觀擇繼何人應任將来之合法親屬會議立上訴人為俊觀出嫁之女對於伊家繼事不得妄為干涉而以原審限制自俊琦諸子擇立故亦不服按民事案件應以當事人請求之事項為判斷之範圍為訴訟法上不易之理本件兩造訟爭事項上訴人原係主張前次親族會議立之壽乾有效被上訴人雖攻擊其私開親族會議而以長次兩門共立一人承繼為詞然亦並未指定應繼之人祇有俊琦諸子則解決此項訟爭自以審究以前親族會議是否合法如其合法固已毋庸更行議立否

塗四字改一字

添一字

添一字

則無論宗姓昭穆相當可為俊觀立後之人是否僅有
俊琦五子要之原審既認有另開親族會議之必要
即可任憑該親族會主持究不能遽以裁判代為限
定故原判此點無論如何於法不能謂合而欲解
決前次親族會議是否合法首當審究主張該會議
有效之上訴人對於俊觀繼事是否有權可以置喙
被上訴人就此雖謂上訴人為俊觀出嫁之女不能干
涉宗姓繼事然俊觀繼事要不能認為與上訴人有
密切之利害關係依本院向來判例自應認上訴人
就親族會議之擇繼可以主張異議請求裁判核與
告爭承繼尚屬不同被上訴人此項主張顯難謂當

塗一字

改一字

至親族會之組織按之条理凡與被承繼人比較最為切近之人自為該會重要之一員當然通知令其到場與議否則該會議之組織不能認為適法其由該會議所立之繼子亦自難認為有效（參觀民國六年本院上字第七五九號判例）故若比較最為切近之人業經到場與議其所擇立之繼子在同一親等之人並無何項反對即非比較疏遠之人以未經到場與議之故所得藉詞推翻本件前次之親族會原審不認為合法之組織係因宗文煜與宗景銘未曾到場與議然查原卷粘附被上訴人開具之宗圖俊觀俊宸之父為宗樹桐與樹椅樹楷樹枬同為宗于瀛之子以視與俊觀同一

添一字

曾祖之宗文煜及同一高祖之宗景銘當然以樹椅樹楷樹栒各房之人比較最為切近故若此最為切近之樹椅各房已經到場與議則比較疏遠之宗文煜等縱使未曾到場依上開說明亦難因此推翻其所議立之繼子原審既認前次會議係樹椅之子俊心樹楷之子俊瑄等在場究竟會議時情形如何是否除俊心俊瑄外同一親等之切近各房並未通知令其與議故該會議之組織是否不能認為適法尚難遽斷原判此點即亦有理由未備之嫌應認為有發還更審之原因

據上論結本件依民事訴訟条例第五百四十四條

第一項第五百四十五条第一項應將原判廢棄發回原高等審判廳更為審判又本件依同条例第五百四十条第一項毋庸經過言詞辯論特為判決如右

大理院民事第一庭

代理審判長推事 陳爾錫

推事 殷汝熊

推事 張孝移

推事 郭雲觀

推事 黃德章

中華民國十二年三月十五日 作成

第三章　遺產之承繼

第二節　遺產承繼人

【大理院民事判決】　七年上字第六一一號

【判例要旨】

義男、女婿為所後之親喜悅者，照律本有分受遺產之權，惟須較少於應分人數均分之額。

中華民國七年五月廿八日
判決宣告
中華民國七年六月十二日
原本領收
書記官鄔繩準

大理院民事判決七年上字第二一號

判決

上告人陳兆華 江蘇崇明縣人住縣城內年五十三歲業商

被上告人陳維庚 江蘇崇明縣人住縣城內年二十六歲

右開上告人對於中華民國六年六月十九日江蘇高等審判廳就上告人與被上告人因繼產涉訟一案所為第二審判決聲明上告經總檢察廳檢察官李杭文陳述意見本院審理判決如左

主文

原判除確認上告人對於被上告人有支出陳錫

判決用紙　大理院

元遺產之義務之部分外撤銷發還江蘇高等審判廳迅予更為審判

上告人關於前項除外部分之上告駁回

理由

查本案被上告人之承繼陳錫元已據族長陳金相在第一審供明本係應繼業經親族會議議決當時族中畫押者共有十五人等語是足為其合法成立之據至上告人不得承繼陳錫元已有本院確定判決自無再行爭執之餘地原判認被上告人之承繼合法成立上告人對之有交出遺產

之義務所見並無不當關於此點之上告殊難認為有理由惟關於上告人反對請求各節查上告人主張殯葬錫元及出嫁錫元二女並為清償會債合計由其生父處挪用四百餘千曾在原審聲明有回歸抵借據及帳簿為憑原審並未調驗此項帳據輒斷為不足憑信而亦未為其他調查(如上告人生父之資力如何錫元二女出嫁是否在錫元已死之後錫元遺產究可收益若干及該族族長陳全相是否知上告人有墊借費用之事)徒以第一審判決內有所有各項費用均係出自遺

塗乙字

塗乙字

產一語即據以斷定上告人之主張為不當不
知第一審判決內下此一語全係出於推測並無
何等根據原判何能率爾援用由此諉卸該事實
審判衙門應盡之職責復查本院歷來判例義
男女婿為所後之親喜悅者照律本有分受遺產
之權至其所應分受之額當以其所盡於該家之
勞績如何為斷惟須不滿按應分人數均分之額
本案上告人稱其已至陳家四十年錫元之殯葬
及其二女之出嫁均係由彼經理族長陳全相亦
曾在第一審供稱兆華到陳家時本在幼小迨後

做葬嫁姊妹亦是真情等語似其所盡於陳家者不為不多按照上開說明自得分受相當之遺產錫元所遺之動產及不動產究各值價幾何又上告人究應分受幾何原審並未詳予審究徒以含混之詞謂給與上告人之動產約可值數百千上告人不應再行爭執云云洵有未合且查被上告人五年十一月十六日狀呈第一審之動產清單內開什物約數十種均係日用家具似難值錢數百千之多即第一審五年十二月六日堂諭內亦有動用什物為數無幾之語原審僅據被上告人

添乙字

[illegible]

後日一面之詞認定動產可值數百千亦屬無據

關於以上兩點之上告不能謂為無理由

依以上論斷本案上告關於原判確認上告人有

交出遺產之義務之部分為無理由應予駁回其

他上告部[illegible]將原判部分撤銷發還

原高等審判廳更為審判再本件上告係關於實

体法及訴訟法見解之件核與本院書面審理之

事例相符故即依書面審理特為判決如右

中華民國七年五月二十[illegible]日

大理院民事第二庭

審判長推事 余棨昌

推事 胡詒穀

推事 李祖虞

推事 石志泉

推事 [illegible]

大理院書記官 鄔繩準

判决用紙

大理院

【大理院民事判決】　七年上字第七六一號

【判例要旨】

親女為親所喜悅者，其母於父故之後，得以遺產酌給，但須較少於應分人數均分之額。

中華民國七年六月廿六日
判決宣示
中華民國七年七月廿日
原本領收
書記官 鄔繩準

添乙字

大理院民事判決七年上字第七六二號

判決

上告人 胡忠桂 四川榮昌縣人住高橋里雙河鄉年三十一歲

被上告人即附帶上告人 胡唐氏 年三十五歲餘同上

被上告人 葉胡氏 年二十九歲餘同上

右開上告人對於中華民國六年九月十五日四川高等審判廳就上告人與被上告人等因贈產涉訟一案所為第二審判決聲明上告被上告人胡唐氏亦聲明附帶上告經本院審理判決如左

主文

添乙字

判決原紙　大理院

本案上告及附帶上告均予駁回

上告審訟費由上告人負担

理由

上告意旨畧稱胡賀氏與葉胡氏串商藉口胡氏行孝揑稱先兄遺囑擅以先兄遺產計田租五十石立約割與胡氏强求長兄忠福弊串三兄忠祥在付約内畫押竊思先兄遺產究屬有限似此任意送與於人將來嗣子幼女何以為生活奩嫁之現在先兄子女俱年幼無知且不諳法律長兄忠福棄仇言好含公不吐三兄忠祥隨聲附和圖飽

改乙字

私囊妾胡唐氏勢弱位卑更不敢言故無出而告爭之人上告人以骨肉至親寔不忍漠視來案起訴責無旁貸原判已認胡賀氏葉胡氏等之所為不合一面又謂上告人無告爭權不知設定蒸嘗雖無遺囑尚係公理所存習慣所認[illegible]無故分割人產則路人亦得而干涉之豈能禁親手足之容喙況上告人之起訴非在貪圖產業爭奪權利縱無告爭之權亦有應爭之理原判違法駁回寔難折服云云本院按夫故之妻依夫遺囑而為遺產之處分者與其夫自為之處分無異又親女為親

添弐字

所喜悅者其母於父故之後得以遺產酌分其女但須不滿按應分遺產人數均分之額此俱經判例說明者也本案胡賀氏及胡唐氏出立付約將單板橋田四十四畝付與已嫁之女葉胡氏（即朝陽）據稱係出於其故夫忠祿之遺囑如果忠祿寔無此項遺囑有如上告人所稱而其所付田產之價額又滿按應分遺產人數均分之額則該氏等此舉誠難謂為盡合惟查訴訟法例凡於訟爭事項無利害關係之人不能有告爭權胡賀氏等此項付田於女之舉於上告人並無直接之利害關

係在上告人自無告爭之權若謂此事不利於忠祿之嗣子等則該嗣子等既各有其本生父母在儘可代為主張利益更無勞上告人代為告爭原判此點尚無不合至稱忠祿曾有遺囑提田租五十石為伊夫婦設定蒸嘗一節姑無論所稱之遺囑並無何等証憑無從信為真寔且上告人並非受託執行遺囑之人而於此項遺囑又無何等利害關係按之訴訟法例亦無告爭之權原判此點亦無不當上告論旨各節得難認為有理由

被上告人胡唐氏附帶上告意旨畧稱故夫忠祿

添乙字

在日已抱忠祥之子信燮為嗣嗣因忠祿死後忠
福出頭阻喪逼賀氏雙抱伊子信果其時賀氏為
勢所迫不得已而諾之詎料忠福心猶不死每每
藉端呑蝕遺產並刁串么弟忠桂飾詞起訴纏訟
不休賀氏前在原審已曾聲請撤銷信果撫約嗣
當臨死之時猶以此事必須辦到為囑若不蒙判
毀約不但生者難安死者亦不瞑目又賀氏死後
信果不惟抗不奔喪且敢率領多人乘機抄擄當
即赴縣呼控未邀查究隨又赴高等分廳抗告蒙
批一並送院核辦應請判准撤銷撫約並飭縣定

案不許忠福及其子信果干涉家產云云本院按下級審未經判決事項不得以為控告或上告之目的被上告人胡唐氏所稱廢繼搶物各節不惟未經第二審判決亦未經第一審判決其就此所為之附帶上告當然為不合法所稱曾經赴縣續訴該縣未予受理等情如果屬寔仰向該管司法行政監督衙門呈請令催可也

據以上論斷本案上告為無理由附帶上告為不合法應併駁回上告審訟費依現行法例應由上告人負担再本件純係關於訴訟法上見解之件

核與本院書面審理之事例相符故即依書面審
理特為判決如右
中華民國[illegible]年[illegible]月二十六日
大理院民事第二庭
審判長推事 余棨昌
推事 胡詒穀
推事 李祖虞
推事 石志泉
推事 李棟
大理院書記官 鄔繩準

第三節　承繼遺產之效力

第二款　承繼人應繼之分

【大理院民事判決】　七年上字第三二一號

【判例要旨】

出繼他宗之子，雖不得主張分受本生父之家財，本生同父兄弟亦無許主張分受出繼兄弟之承繼財產之理。惟出繼子於未出繼以前，業已分得之產，則已為其個人之私產，自不能強令還本宗，又出繼子當未出繼前，如已約定將繼產與本生同父兄弟均分者，迨出繼之後，亦不得任其隨意翻悔。

中華民國七年十二月廿八 判決宣告

中華民國七年十二月廿一日 正本領收

書記官 童孟盛

大理院民事判決七年上字第三二一號

判決

上告人于讓卿 年三十七歲河南湯陰縣人住伏屯里南陳王村業農

被上告人于孟卿 即于義卿年四十一歲餘同上

右上告人對於中華民國六年八月三十日河南高等審判廳就上告人與被上告人因繼產涉訟一案所為第二審判決聲明一部上告本院審理判決如左

主文

原判中關於遺產及訟費之部分撤銷發還河南高等審判廳迅予更為審判

判決用紙

判決月編　大理院

理由

上告意旨略稱按現行法例所謂出繼子不得與本宗兄弟分析家財者係指出繼後不得分析本生父之家財而言至已經分受後出繼者自不在此限乃原審不察上告人於出繼之前已經分受本生父之家財而與出繼後分析本生父家財者一律相待自屬不合至事寔調查固為第二審之職權惟新事寔之請求則為法律所不許今被上告人之請求退還本門財產第一審既遺漏未判而乃原審逕判令上告人將該財產歸還本門亦屬違法等語

本院按現行法例出継他宗之子不得主張分受本生父之家財本生同父兄弟亦不許主張分受出継兄弟之承継財產惟出継子於未出継以前業已分得之產則已為其個人之私產自不能強令歸还本宗又出継子當未出継前如已約定將継產與本生同父兄弟均分者迨出継之後亦不能任其隨意翻悔本案上告人主張分得本生父之財產在未出継以前原審既認為真寔乃又謂其不能以此抵抗判令退歸本門兄弟承受於法洵有未合惟查核原卷上告人母于楊氏於民國六年一月十日在原縣狀称氏畢生三男豈肯歧視

判決用紙　　大理院

除各分本父遺業外再賸外房絶產勿論肥瘠自應一律平分比說當同族親早已議明惟次子譪卿見三房絶產豐肥独欲帶產承継逞刁强争被上告人於六年八月三十日在原審亦供称他承継說是將業一打三分各等語是上告人出継當時是否約定將継產與本生同父兄弟均分尚應傳訊于楊氏所謂當同議明之親族以資質証如果于楊氏及被上告人所称之事寔確係真寔固不得許上告人事後翻悔否則上告人既已分受在前自無令其退歸本門之理乃原審於此項要点未及注意殊不能謂其職務上之能事業已畢盡

上告意旨即不能認為無理至称被上告人退還本門財產之請求未經第一審裁判一節查原縣於民國六年四月十一日所為第一審判決係據于楊氏兩房絕產擬按三股分給三子之供述判令親族秉公照辦並非遺漏未判上告意旨此点殊屬誤會

據以上論結本案上告非無理由原判中関於遺產及訟費之部分應予撤銷發還原高等廳迅予更為審判訴訟費用應俟原廳更審時并予判決又本件係原審調查事宜尚有未盡能事終應發還更審之件核與現行書審理之例相符故即依書面審理特為判決如右

中華民國七年三月二十八日

大理院民事第一庭

審判長推事　姚震

推事　朱學曾

推事　曹祖蕃

推事　張康培

推事　劉鍾英

大理院書記官　童益咸

國家圖書館出版品預行編目資料

景印大理院民事判例百選／黃源盛編撰. 一初版.
一臺北市：五南，2009.04
面；　公分.
ISBN: 978-957-11-5050-5（精裝）
1.民事審判　2.民事法　3.判例彙編
584　　96023643

1Q87

景印大理院民事判例百選

編著者 — 黃源盛(303.1)
發行人 — 楊榮川
總編輯 — 龐君豪
主　編 — 劉靜芬　林振煌
責任編輯 — 黃琴唐　李奇蓁　張慧茵
封面設計 — 童安安
出版者 — 五南圖書出版股份有限公司
地　址：106台北市大安區和平東路二段339號4樓
電　話：(02)2705-5066　傳　真：(02)2706-6100
網　址：http://www.wunan.com.tw
電子郵件：wunan@wunan.com.tw
劃撥帳號：01068953
戶　名：五南圖書出版股份有限公司

台中市駐區辦公室 / 台中市中區中山路6號
電　話：(04)2223-0891　傳　真：(04)2223-3549
高雄市駐區辦公室 / 高雄市新興區中山一路290號
電　話：(07)2358-702　傳　真：(07)2350-236

法律顧問　元貞聯合法律事務所　張澤平律師

出版日期　2009年4月初版一刷
定　價　新臺幣5000元